Karl Lauterbach

Bevor es zu spät ist

Was uns droht, wenn die Politik nicht mit
der Wissenschaft Schritt hält

In Zusammenarbeit mit Lothar Frenz

Rowohlt · Berlin

Originalausgabe
Veröffentlicht im Rowohlt · Berlin Verlag, März 2022
Copyright © 2022 by Rowohlt · Berlin Verlag GmbH, Berlin
Satz Freight Text bei Dörlemann Satz, Lemförde
Druck und Bindung CPI books GmbH, Leck, Germany
ISBN 978-3-7371-0132-5

Für Luzie und Rosa-Lena

Inhalt

7. Ende des Routinebetriebs – die Zukunft und ihre Zumutungen

Das Jahrzehnt der Entscheidung

Schon lange wissen wir, was wir tun müssten, um unsere natürlichen Lebensgrundlagen zu erhalten: Die Wissenschaft hat die Fakten längst auf den Tisch gelegt. Dennoch handeln wir nicht ansatzweise konsequent genug – trotz besseren Wissens. Der von uns Menschen gemachte, sich beschleunigende Klimawandel ist das mit großem Abstand drängendste, aber nicht das einzige unserer globalen Probleme. Denn da sind auch noch die Biodiversitätskrise samt künftigen Pandemien, weltweite Wasserknappheit samt drohenden Kriegen und folgenden Migrantenströmen. Der Klimawandel hat mittlerweile eine solche Dimension erreicht, dass man von einer Klimakatastrophe sprechen muss. Die Klimakatastrophe und die übrigen Krisen hängen alle miteinander zusammen. Verschärft werden sie noch durch populistische Strömungen, die in unserer zunehmend von sozialen Medien beeinflussten Informationsgesellschaft um sich greifen und sowohl unsere Demokratie gefährden als auch die Bewältigung der globalen Probleme infrage stellen. Warum schafft es die Politik nicht, in Deutschland wie anderswo, die wissenschaftlichen Erkenntnisse rechtzeitig in Handeln umzusetzen?

Auch wenn mich viele wieder eine Kassandra nennen mögen, muss ich dieses Buch doch mit einer ehrlichen und schmerzlichen Einschätzung beginnen: Ich bin mehr als skeptisch, ob wir die anstehenden Herausforderungen überhaupt noch in der uns zur Verfügung stehenden Zeit bewältigen können. In den letzten Jahren habe ich mich intensiv auch mit den Ursachen des Klimawandels und mit den Möglichkeiten seiner Bewältigung beschäftigt. Ich gehe davon aus, dass die Ursachen ausreichend verstanden sind und dass wir bereits über die Technologie verfügen, die notwendig ist, um den Klimawandel noch rechtzeitig zu stoppen. Ohne dramatischen Wohlstandsverlust könnten auch Industrieländer wie Deutschland auf der Grundlage erneuerbarer Energien eine nachhaltige Zukunft erreichen. Ob dies gelingt, ist keine technische, sondern eine politische Frage, vor der alle Länder dieser Welt stehen. Vergegenwärtigt man sich die Diskrepanz zwischen dem Wissen und den technischen Möglichkeiten auf der einen Seite und den Treibhausgasemissionen und ihrer Entwicklung auf der anderen Seite, kann man nicht anders als pessimistisch in die Zukunft blicken.

Doch auch wenn es mehr als fraglich ist, ob es uns gelingen wird, für eine lebenswerte Zukunft auf unserem Planeten zu sorgen, kann und darf niemand vor dieser extrem schwierigen Lage die Augen verschließen. Ich bin selbst in die Wissenschaft und später in die Politik gegangen, um die Welt etwas besser zu machen, zunächst konkret unser Gesundheitssystem. So etwas mag aus dem Munde eines Politikers heute kitschig klingen. Aber so war es. Im Vergleich mit den Herausforderungen für unser Gesundheitssystem haben wir es jetzt allerdings mit einer ganz anderen Größenordnung von Problemen zu tun. Selbst die Coronakrise, mit deren Auswirkungen ich seit Februar 2020 befasst bin, verblasst dagegen. Die Einschränkungen zur Bekämpfung der Pandemie, unter denen wir alle so gelitten haben, waren geringfügig und zeitlich sehr begrenzt im Gegensatz zu dem, was wir in der Klimakrise erwarten müssen. Der jetzt vor uns liegende Klimawandel – oder wie gesagt besser: die Klimakatastrophe – wird sogar noch viele solcher Pandemien mit sich bringen.

Auf eine technische Lösung, die mit der Entwicklung und Produktion von Impfstoffen vergleichbar wäre, können wir hier nicht hoffen. Sicher wird Technologie bei der Bewältigung der Klimakatastrophe eine Rolle spielen. Aber die benötigten Technologien sind zugleich einfacher und komplizierter. Sie sind einfacher, weil etwa die Entwicklung von Photovoltaik- oder Windkraftanlagen keine abgehobene Raketenwissenschaft ist, gerade im Vergleich zu vielen Herausforderungen in der Medizin. Sie sind aber gleichzeitig sehr viel komplizierter, weil wir unendlich viele dieser Anlagen in vielfältige, noch aufzubauende Stromnetze samt Batteriespeichern integrieren müssen, um funktionierende Systeme für den riesigen Bedarf an erneuerbarer Energie zu schaffen.

Immer wieder wird in der Politik so getan, als ob die für die Energiewende notwendige Technologie erst noch erfunden werden müsste. In der Regel ist das nichts als ein Argument für das Nichtstun. Wir warten auf den Moment, in dem technische Neuerungen uns viele der harten und kostspieligen Entscheidungen erleichtern. In Fachkreisen dagegen weiß jeder, dass die Technologie längst da ist. Zumindest die Technologie, mit der wir die Energiewende schon jetzt bewältigen können. Diverse wissenschaftliche Studien haben gezeigt, dass in Deutschland so viel Energie erzeugt werden könnte, dass sich das Land damit autark versorgt und auch die industrielle Produktion erhalten bleibt. Im Wesentlichen könnte auf der Grundlage von Sonnen- und Windenergie der komplette Bedarf für Transport, Wärme, Industrie und Landwirtschaft gedeckt werden. Die dafür notwendigen Flächen stehen zur Verfügung. Eine ausreichend erforschte Speichertechnologie kann aufgebaut werden. Das Argument der Dunkelflaute, das auf Versorgungsschwankungen bei Sonnen- und Windenergie abzielt, kann durch die Planung und den Bau europaweiter Netze für Wasserstoff und Strom sowie von Gasspeichern zur Aufbewahrung von grünem Wasserstoff entkräftet werden.

Die entscheidende Frage ist also nicht, ob die Technologie da ist oder nicht. Sie ist da, und sie wird eingesetzt werden. Am Ende werden Elektroautos und zum kleineren Teil auch wasserstoffbetriebene Fahrzeuge alle Verbrennungsmotoren ersetzen. Alle Kohlekraftwerke werden geschlossen sein. Niemand wird mehr mit Gas oder mit Öl heizen. Die fossile Wirtschaft wird komplett sterben. Entscheidend ist, *wann* die bereits vorhandene Technologie eingesetzt wird. Noch rechtzeitig oder zu spät? Wenn sie zu spät eingesetzt wird, kann sie den Dominoeffekt der Kipppunkte, von dem später noch ausführlicher die Rede sein wird, nicht mehr aufhalten. Im Übereinkommen von Paris haben die Staaten 2015 beschlossen, den weltweiten Temperaturanstieg, wenn irgend möglich, auf 1,5 Grad zu begrenzen – gerechnet vom Beginn der Industrialisierung um 1850 bis zum Jahr 2100. Selbst wenn das 1,5-Grad-Ziel erreicht würde, was ich für unmöglich halte, bliebe eine Restwahrscheinlichkeit von deutlich mehr als 10 Prozent, dass wichtige Kipppunkte überschritten werden. Wenn das 1,75-Grad-Ziel erreicht würde, aus meiner Sicht leider ebenfalls unrealistisch, läge dieses Risiko vermutlich schon bei fast 30 Prozent. Niemand würde sein Eigenheim so sehr heizen, dass es mit einer Wahrscheinlichkeit von 30 Prozent in dreißig Jahren abbrennen würde. Genau das tun wir derzeit aber mit dem Eigenheim Erde.

Es mag zunächst einmal überraschend klingen, dass ich als Politiker das 1,5-Grad-Ziel für nicht mehr erreichbar halte. Bis zum Jahr 2030 müssten die CO_2-Emissionen im Vergleich zu 2010 um 45 Prozent reduziert werden.[1] Ich habe zwanzig Jahre in den

USA gelebt, war in vielen Ländern als Berater oder Wissenschaftler unterwegs – und mir fehlt die Phantasie, wie die politischen Mehrheiten für die entsprechenden Maßnahmen organisiert werden sollen. Von Fachkreisen abgesehen, bin ich bei diesen Reisen kaum auf Politiker gestoßen, die sich stärker für das Thema Klimawandel interessiert hätten. Und nicht zuletzt entspricht meine Einschätzung der Zunahme an Treibhausgasen in den letzten zehn Jahren und dem zu langsamen Rückbau der fossilen Energieträger weltweit. Ich hoffe, dass ich mit dieser Bewertung falschliege. Selbst wenn es unmöglich scheint, sollten wir alles dafür tun, das 1,5-Grad-Ziel zu erreichen oder zumindest in die Nähe zu gelangen. Wenn wir es tatsächlich nicht erreichen sollten, kommt es auf jedes Zehntelgrad an. Keine noch so pessimistische Einschätzung darf als Begründung dafür durchgehen, alle Bemühungen aufzugeben. Wir haben keine andere Chance, als die Erderwärmung auf einem so niedrigen Niveau wie irgend möglich zu stoppen.

Gibt es andere Lösungen technischer Natur, mit denen wir den Umbau unserer Industrie und Energiegewinnung schneller erreichen könnten? Wäre die Kernenergie in Form von Thoriumreaktoren vielleicht eine Hilfe? Kann die Kernfusion durch Magnetfeldbeschleunigung oder Laserbeschuss den Prozess der Energiegewinnung der Sonne für uns nutzbar machen? Was ist mit dem Pflanzen von Bäumen? Ist es möglich, das CO_2 direkt aus der Luft zu holen, um die Erderwärmung rückgängig zu machen? Lässt sich die Erde durch das Ausbringen von Schwefel oder anderen Molekülen in der Atmosphäre abkühlen? Wäre es machbar, die Meeresoberfläche so zu verändern, dass mehr Sonnenstrahlen reflektiert werden und möglicherweise CO_2 gebunden wird? Ließe sich das CO_2 durch große Algenanlagen in der Wüste binden? Oder durch Kalkgesteine, die auf unsere Wiesen und Äcker verbracht werden? Kann zur Energiegewinnung im großen Stil Biomasse aufgebaut und verbrannt werden, während das dabei abgeschiedene CO_2 dann tief in der Erde gelagert würde, wo es sich mit dem umliegenden Gestein verbindet?

Die Antwort auf all diese Fragen lautet nein. Keine dieser Technologien ist ausgereift genug, um auch nur ansatzweise in den kommenden und entscheidenden Jahrzehnten einen Unterschied machen zu können. Andere Lösungen als Solarkraft und Windkraft stehen uns in großem Umfang schlicht nicht zur Verfügung. Weder wird die Kernfusion eine Rolle spielen, noch werden neue kleine Atomkraftwerke auch nur in die Nähe einer bezahlbaren und sicheren Energieproduktion kommen. Gezeitenanlagen im Meer werden ebenso wenig einen nennenswerten Beitrag leisten können. Energiewende bedeutet also: schnellstmöglicher Ausbau von Windkraftanlagen an Land und im Meer und maximaler Ausbau von Solarkraftanlagen. Auf eine andere Technik können wir nicht warten.

Anzunehmen, das Problem lasse sich durch das Pflanzen von Bäumen lösen, wie unlängst eine falsch interpretierte Studie aus der Schweiz nahegelegt hat,[2] ist eine Illusion. Natürlich müssen Bäume angepflanzt werden, insbesondere dort, wo bereits großflächig Baumbestand zerstört wurde, aber das wird uns genauso wenig wie die Kernfusion oder Thoriumreaktoren der Klimaneutralität näherbringen. Bei jeder dieser Lösungen und Mittel sind Grenzen und Nebenwirkungen zu beachten. Beim Pflanzen von Bäumen stößt man etwa rasch an die Grenzen der Ackerfläche, die wir zur Ernährung einer wachsenden Weltbevölkerung in den nächsten zwanzig Jahren dringend benötigen. Wenn auf der Nordhalbkugel Bäume Ackerland und freie Flächen ersetzen, nimmt der Albedoeffekt ab, das heißt, es werden weniger Sonnenstrahlen von der Erdoberfläche reflektiert. Die Wärmewirkung der Sonne nimmt damit zu.

Viele der genannten Lösungsvorschläge werden überschätzt oder sind spekulativ. Andere wiederum werden unterschätzt. Das beste Beispiel für Letzteres ist meiner Ansicht nach die Nutzung von Holz zum Bauen. Die dafür eingesetzten Bäume entziehen der Atmosphäre CO_2. Das Holz ersetzt Beton und Zement, deren Herstellung extrem viel CO_2 verursacht. Mit Holz zu bauen, ist wohl, neben veganer Ernährung, einer der am meisten unterschätzten CO_2-Retter.

Wir müssen unsere komplette Energieversorgung umbauen. Es liegt ein sehr langer, schwerer und kostspieliger Weg vor uns – ohne Abkürzungen. Aus meinen Erfahrungen in den beiden Bereichen Politik und Wissenschaft heraus habe ich dieses Buch geschrieben, um einen kleinen Beitrag zur Bewältigung dieser einmaligen Herausforderung zu leisten. Ich bin fest davon überzeugt, dass das Einzige, was uns noch hilft, die konsequente und schnellstmögliche Umstellung unserer gesamten Produktionsweise und unseres Konsums ist. Um diese zu erreichen, müssen wir zu hundert Prozent das vorhandene wissenschaftliche Wissen umsetzen.

Wir haben noch eine letzte Chance, wenn wir die Grundlagen der Zukunft unserer Kinder nicht nachhaltig zerstören wollen: Sie liegt im nächsten Jahrzehnt. Die Technologie, die wir nutzen können, um die Klima-Kipppunkte zu vermeiden, kann nur dann einen wesentlichen Beitrag leisten, wenn die Voraussetzungen für ihre flächendeckende Nutzung in den nächsten zehn Jahren geschaffen werden. Und die Klimasituation ist längst mehr als kritisch. Während ich diese Zeilen schreibe, warnt der Weltklimarat (IPCC) vor den unumkehrbaren Folgen einer Erderwärmung von über 1,5 Grad.[3] Aber schon jetzt liegen die durchschnittlichen Temperaturen auf der Erde um 1,1 Grad Celsius über dem vorindustriellen Niveau – und «jeder Bruchteil eines Grades Erwärmung» zähle, so die Experten des Weltklimarats.

Im Sommer 2021 hieß es in einem Bericht des IPCC, die 1,5-Grad-Grenze werde wohl schon im Jahr 2030 erreicht – also zehn Jahre früher, als noch 2018 vorhergesagt wurde.[4] Die Nachricht wurde in den Medien breit geteilt, in der Öffentlichkeit aber fand sie kaum nachhaltige Resonanz. Bei 1,5 Grad sollte die Erwärmung unbedingt stoppen, denn nur so kann zumindest mit einem Minimum an Sicherheit verhindert werden, dass das gesamte Erdklima in eine Heißzeit gleitet, wie es sie seit vielen Jahrmillionen auf unserem Planeten nicht mehr gegeben hat. Bei mehreren Grad über der heutigen Temperatur wäre die Erde für uns Menschen mit unserer Zivilisation nahezu unbewohnbar. Ich will nur ein Beispiel für die dramatischen Konsequenzen nennen, die bei vier bis fünf Grad mehr zu erwarten wären: Weil es der Mensch bei einer Außentemperatur von mehr als fünfunddreißig Grad und einer hohen Luftfeuchtigkeit (die zu Kerntemperaturen im menschlichen Körper von etwa achtunddreißig Grad führt) langfristig nicht aushält, würden zahlreichen Studien zufolge zwei bis drei Milliarden Menschen ihre angestammten, nicht länger bewohnbaren Regionen verlassen. Es ist unklar, wohin diese Menschen ziehen könnten und ob es möglich wäre, sie ausreichend zu ernähren. Denn ein solcher Klimawandel würde mit einem dramatischen Verlust von Ackerland und der Zerstörung von Ernten durch lange Dürreperioden einhergehen. Ich werde später auf weitere Aspekte zurückkommen.

In den nächsten zehn Jahren wird es so hohe Temperaturen natürlich noch nicht geben. Wie heiß es aber 2100 und danach auf unserer Erde werden wird, das entscheidet sich durchaus im

nächsten Jahrzehnt. Denn wenn die globale Erwärmung voran-
schreitet, stehen mehrere wesentliche «Säulen» des Weltklima-
systems auf der Kippe, wie unter anderem eine aktuelle Analyse
des Potsdam-Instituts für Klimafolgenforschung (PIK) zeigt.[5]
Solche Kipppunkte bezeichnen jene Schwellen, an denen ein
System seine gewohnte Funktionsweise drastisch verändert
oder einstellt, sodass es kein Zurück mehr gibt. Ein Beispiel aus
dem Alltag macht die dramatischen Folgen des Kippens deutlich:
Schieben Sie eine Kaffeetasse auf dem Tisch immer weiter zur
Kante hin, geht das lange gut. Bis die Tasse irgendwann am Tisch-
rand einen Punkt erreicht, an dem sie aus der zuvor stabilen Lage
herauskippt, auf den Boden fällt und zerschellt. Übertragen auf
das Klimasystem der Erde bedeutet das: Lange Zeit bemerken wir
die Zunahme der Konzentration von Treibhausgasen wie Kohlendioxid (CO_2) kaum. Bis ein kleiner weiterer Schritt – wie bei der
Kaffeetasse an der Tischkante – dazu führt, dass eine abrupte Veränderung stattfindet, die nicht mehr rückgängig zu machen ist.
Der deutsche Klimaforscher Hans Joachim Schellnhuber vom PIK
hat das Prinzip der Kipppunkte schon um die Jahrtausendwende
in die Diskussion gebracht und sich damit unendlich verdient
gemacht. Im globalen Klimasystem setzen solche unumkehrbaren
Veränderungen an anderen Stellen Rückkopplungen in Gang, was
weltweite Dominoeffekte auslöst. Die Auswirkungen solcher über-
tretenen Kipppunkte greifen ineinander, und das führt zu Kaskaden, die sich gegenseitig verstärken. Der Klimawandel beschleunigt sich dann selbst, ohne dass wir zusätzliches Treibhausgas
emittieren müssten. Die folgende unkontrollierte Erderwärmung
wäre über viele Jahrhunderte nicht reversibel.

Schon jetzt – das beschreibt die aktuelle Risikoanalyse des
PIK – nähern sich das zunehmend schneller schmelzende Grönlandeis und der Westantarktische Eisschild ihren Kipppunkten.

Deren Überschreitung kann möglicher Ausgangspunkt von Kipp-kaskaden sein, die die Meeresströmungen im Atlantik (die soge-nannte atlantische thermohaline Zirkulation) beeinträchtigen und sich dann auch auf das Regenwaldsystem Amazoniens aus-wirken. Ob wir diese Kipppunkte überschreiten, entscheidet sich in den nächsten zehn Jahren.[6] Wir haben also deutlich weniger Zeit, als meist angenommen wird, um unseren Ausstoß an Treib-hausgasen zu verringern. Wenn wir diese Kipppunkte erreichen, droht das gesamte weltweite Klimasystem zu kippen.

Für mich machen diese Kipppunkte bei der Betrachtung der Lage einen Riesenunterschied, ja den entscheidenden Unter-schied: Ob ich auf eine Senke zusteuere, die ich nur zu durch-queren brauche, um danach wieder das Tal hochzufahren, oder auf einen Abgrund, den ich unweigerlich hinunterstürze, das ist etwas grundsätzlich anderes. Die Kipppunkte stellen eine existen-zielle Bedrohung für unser aller Leben dar – vor allem für das der kommenden Generationen. Ohne Kipppunkte hätten wir es mit linear oder allenfalls exponentiell verlaufenden Bedrohungen zu tun. Mit Kipppunkten können wir plötzlich die Kontrolle über die weitere Entwicklung verlieren.

Letzten Endes sind sie der Grund, weshalb ich dieses Buch geschrieben habe. Inspiriert durch meine vierzehnjährige Tochter, mit der ich im Rahmen ihrer Schulstreiks für Fridays for Future die Kipppunkte analysiert habe, kam mir ein Gedanke: Wie absurd ist es eigentlich, dass wir über das Ende ihrer Zukunft spekulieren, während draußen vor der Wohnung die SUVs einparken, als ob nichts wäre? Die Welt unseres Alltags ist wie eine Parallelwelt zu derjenigen, die von der Klimaforschung beschrieben wird. Das ver-stehen Kinder und Jugendliche offenbar besser als wir Erwachsene.

Nicht alle Wissenschaftler sind zuversichtlich, dass wir das Überschreiten der Kipppunkte vermeiden können. Welches Risiko

wollen wir uns aber leisten? Der Harvard-Ökonom Martin Weitzman etwa hat immer wieder darauf hingewiesen, dass auch Ereig-
nisse und Vorgänge, die sehr unwahrscheinlich sind, zum Verlust
von allem führen können – zu einer Katastrophe also.[7] Aus meiner
Sicht wäre er der würdigste Kandidat für den Nobelpreis in den
Wirtschaftswissenschaften gewesen, den er nie bekommen hat.
Weitzman hat Jahrzehnte seines Lebens dem Versuch gewidmet,
die bevorstehende Katastrophe abzuwenden. Er hat zu Kipppunkten geforscht, bevor dieser Begriff von Hans Joachim Schellnhuber
geprägt wurde. Er gehört zu den Erfindern des internationalen
Zertifikatehandels, beginnend mit dem Kyoto-Protokoll. Traurig,
aber vielsagend ist, dass er im Alter von siebenundsiebzig Jahren
sein Leben beendet haben soll, weil er immer mutloser geworden
sei und glaubte, keinen Beitrag mehr zur Bewältigung der Klimakatastrophe leisten zu können. Viele erfahrene und hochquali-
fizierte Klimaforscherinnen und Klimaforscher klangen in den
letzten Jahren immer pessimistischer oder gar verzweifelt. Dies
gilt auch für Schellnhuber selbst, der es wie folgt auf den Punkt
gebracht hat: «Ich sage Ihnen, dass wir unsere Kinder in einen
globalen Schulbus hineinschieben, der mit 98 Prozent Wahrscheinlichkeit tödlich verunglückt.»[8] Wissenschaftlerinnen und
Wissenschaftler wie er verzweifeln nicht daran, dass es keine
Technologie zur Rettung der Erde gäbe. Sie verzweifeln, weil die
Politik die vorhandene Technologie nicht schnell genug einsetzt.

Gerade die Bedeutung von nichtlinearen und unplanbaren
Prozessen und die damit einhergehenden Gefahren für unsere
Kinder haben mich schon vor Jahren dazu gebracht, mich stärker
mit dem Thema zu beschäftigen. Letztlich habe ich deswegen
2019 zusammen mit der SPD-Umweltpolitikerin Nina Scheer
versucht, Vorsitzender der SPD zu werden. Ich wollte die Partei
stärker klimapolitisch ausrichten.

Schon seit zwanzig Jahren, seit Beginn des Jahrtausends also, warnen Wissenschaftler wie Schellnhuber mit dem Hinweis auf Kipppunkte vor jenen kommenden Entwicklungen, die unser Überleben als Zivilisation gefährden. Und trotzdem machen wir weiter wie bisher. Dabei hat Schellnhuber neben vielen anderen Politikern auch persönlich Angela Merkel beraten, sie regelmäßig über den aktuellen Wissensstand, die Bedrohungslage und die Dringlichkeit informiert. Als Naturwissenschaftlerin kennt und versteht Merkel natürlich die Theorie der Kipppunkte, und ihr ist klar, was diese für uns alle bedeuten. Dennoch integrierte sie als Bundeskanzlerin diese Erkenntnis nur sehr eingeschränkt in ihr politisches Handeln. Die Bilanz der letzten sechzehn Jahre ist – zumindest gemessen an der Aufgabe, die noch vor uns liegt – leider mager. Sieht man von den CO_2-Reduzierungen im Zuge der Wiedervereinigung ab, ist die Umweltbilanz Deutschlands nicht besser als die der Vereinigten Staaten. Deutschland ist leider schon lange kein Vorreiter im Klimaschutz mehr. Die skandinavischen Länder etwa haben diesbezüglich weitaus mehr vorzuweisen: Beispiele sind die Elektromobilität in Norwegen oder der Einsatz von Wärmepumpen in den Heizungen Schwedens, die Fahrradstadt Kopenhagen oder das dortige Müllverbrennungswerk, das zugleich Strom erzeugt.

Natürlich waren auch wir Sozialdemokraten an vielen Entscheidungen beteiligt. In diesem Buch soll Parteipolitik aber keinerlei Rolle spielen. Gegenseitige Schuldzuweisungen bringen uns sowieso nicht weiter. Und auch Merkel soll hier nicht die Schuld zugeschoben werden. Wie ich sie kenne und einschätze, hat sie getan, was sie konnte. Aber selbst eine Bundeskanzlerin wie Naturwissenschaftlerin Angela Merkel war nicht in der Lage, das Wissen um die Kipppunkte zur Leitlinie ihrer Entscheidungen zu machen. Im politischen Alltag war für sie wohl einfach nicht mehr drin: erst der Finanzcrash, dann die Eurokrise, gefolgt von der Flüchtlingskrise, dann kam Corona – dazu immer wieder Auseinandersetzungen, in der eigenen Partei, in der Fraktion, und die nicht zu unterschätzenden ständigen Wahlkämpfe auf Landesebene. Schließlich hartnäckiger Lobbyismus auf allen politischen Ebenen durch die äußerst gut aufgestellte und finanzstarke Industrie der fossilen Brennstoffe.

Dass die Umsetzung so wichtiger Erkenntnisse nicht möglich ist, darin liegt meiner Einschätzung nach ein zentrales Versagen unseres politischen Systems. Wir müssen uns fragen: Welche Beharrungskräfte gibt es, wenn selbst jemand, der es besser weiß, so an der Wirklichkeit vorbeiarbeitet? Dabei geht es meines Erachtens nicht um die Frage, welche Rolle der Markt spielen soll oder ob es Probleme mit unserer Demokratie gibt. Aus meiner Sicht besteht das Versagen unseres Systems darin, nicht gewährleisten zu können, dass unbedingt zu berücksichtigende wissenschaftliche Erkenntnisse ausreichend in unser politisches Handeln integriert werden.

In vielen anderen Bereichen kann man sich eine große Diskrepanz zwischen dem wissenschaftlich Gesicherten und dem gesetzlich Umgesetzten leisten. So könnte man zum Beispiel auf Grundlage ideologischer Überlegungen auf die Idee kommen, die Steuern zu senken, um damit insgesamt ein höheres Steueraufkommen zu erreichen, obwohl wissenschaftliche Studien in der Regel zeigen, dass zum Schluss weniger Geld in der Kasse und nur die Steuersenkung – gewissermaßen als Selbstzweck – übrig bleiben wird. Oft ist es so, dass jene, die eine Steuersenkung fordern, sogar wissen, dass am Ende das Gesamtsteueraufkommen nicht höher sein wird. Ein solcher Fehler macht die Gesellschaft etwas ungerechter, auch das ist kein Kavaliersdelikt. Aber er zerstört die Gesellschaft nicht. Es gehört zum Wesen der Demokratie, dass

Gesetze mehr oder eben weniger Gerechtigkeit bringen können. Demokratie ist kein Prozess, mit dem Glück oder Gerechtigkeit maximiert werden müssen. Auch muss in der Demokratie nicht in jedem Bereich das Beschlossene wissenschaftlich begründet werden. Wenn demokratisch beschlossen wird, bestimmte wissenschaftliche Aspekte nicht zu berücksichtigen, dann ist das nicht ein Mangel an Demokratie, sondern ein Ausdruck von Demokratie.

Im Fall der Klimakatastrophe aber können wir uns eine derart große Diskrepanz zwischen den wissenschaftlichen Erkenntnissen und unserem politischen Handeln nicht länger leisten. Der Systemfehler liegt genau an dieser Stelle. Wir müssen den Transmissionsriemen zwischen Wissenschaft und Politik wesentlich enger spannen. Ein so lockerer Umgang mit Wissenschaft und Vernunft, wie er in anderen Bereichen des demokratischen Prozesses akzeptiert werden muss, könnte uns im Fall des Klimawandels in die Katastrophe führen.

Kann es sein, dass wir uns hier der Realität verweigern? Ja, das tun wir. Meinem Eindruck nach steckt dahinter zumindest zum Teil noch etwas anderes: Die Dringlichkeit der Klimakrise ist bei sehr vielen Politikern noch nicht ausreichend angekommen. Wie gesagt, keine Parteipolitik. Aber ich glaube, die meisten Leserinnen und Leser wissen, welche Politiker und insbesondere welche Parteien hier gemeint sind. Eine Partei begrüßte in ihrem Wahlprogramm den Klimawandel sogar: In Warmzeiten seien Zivilisationen stets aufgeblüht. Eine andere Partei wollte das 1,5-Grad-Ziel mehr oder weniger komplett über den CO_2-Preis erreichen. Dabei gibt es zahlreiche Studien, die zeigen, dass die CO_2-Preise dafür so hoch sein müssten, dass große Teile der Bevölkerung sie niemals bezahlen könnten. Auch hier ging die Programmatik weitestgehend am Sachstand der Wissenschaft vorbei. Ich könnte zahlreiche weitere Beispiele nennen. Viele in der Politik haben sich noch nie wirklich mit den Kipppunkten beschäftigt. Die Herausforderungen, vor denen wir stehen, werden im politischen Raum dramatisch unterschätzt. Noch im Mai 2021 hat Wolfgang Schäuble betont, dass der menschengemachte Klimawandel durchaus aufzuhalten sei: «Wir haben doch größere Probleme auch schon bewältigt.»[9] Für die meisten Politiker ist die Klimakrise ein ernsthaftes politisches Problem, aber eben eines unter vielen. Sie erkennen nicht das völlig Neuartige darin. Geradezu entwaffnend waren in dieser Hinsicht die Wahlprogramme der Parteien für die Bundestagswahl. Auswertungen von Volker Quaschning, Ingenieur und Professor für Regenerative Energiesysteme an der Berliner Hochschule für Technik und Wirtschaft, oder des Deutschen Instituts für Wirtschaftsforschung (DIW) haben klar ergeben, dass keines der Programme dazu geeignet war, das 1,5-Grad-Ziel zu erreichen. Und in der Politik wird selten mehr erreicht als gefordert.

Welche Strategien zur Bewältigung des Klimawandels vorgeschlagen werden, hängt natürlich eng mit der Einschätzung der Lage zusammen. Es gibt jene, die ich die «Grundoptimistischen» nenne. Sie glauben an die Lösbarkeit der Probleme durch die liberale Demokratie mithilfe der Marktmechanismen und stetiger Reformen, zum Teil auch mit Regulierungen an der einen oder anderen Stelle. Der kanadische Historiker, Schriftsteller und Politiker Michael Ignatieff führt am Beispiel des Klimawandels das entsprechende Vorgehen aus:[10] erst Straßennutzungsgebühren einführen, dann CO_2 bepreisen, danach erneuerbare Energie subventionieren; sobald die regenerativen Energieträger wettbewerbsfähig geworden sind, den Zuschuss zurückziehen; irgendwann Kohle und Gas aus dem Verkehr nehmen – und so weiter. Die Botschaft der Grundoptimisten ist: Das Problem ist erkannt, wir sind schon auf dem richtigen Weg zur Lösung. An die nötigen Veränderungen werden wir uns alle nach und nach gewöhnen – wie an so vieles zuvor. Eine Variante dieses grundoptimistischen Ansatzes ist das Vertrauen auf neue Technologien, die in der Zukunft die Bewältigung der Klimakrise sehr stark vereinfachen könnten. Oft ist dann von Wasserstoff die Rede. Ein bloßes Schlagwort, weil dabei ein wesentliches Problem außer Acht gelassen wird: Die erneuerbaren Energien, die zur Herstellung von grünem Wasserstoff benötigt werden, stehen zum jetzigen Zeitpunkt noch gar nicht zur Verfügung, und selbst ihr Aufbau verläuft sehr viel langsamer, als es notwendig wäre, um auch nur im Ansatz das 1,5-Grad-Ziel noch zu erreichen.

Zwei grundsätzliche Erwägungen sprechen für mich gegen diese – manchmal nenne ich sie auch «zwangsoptimistische» – Haltung: Zum einen glaube ich, dass für diese Reformen im Schritt-für-Schritt-Tempo die Zeit bis zum Erreichen der Kipppunkte nicht mehr ausreicht. Der Markt kann und wird es in der Kürze der Zeit nicht richten. Die Voraussetzungen für einen solchen Markt müssen erst geschaffen werden. Ein Beispiel: Selbst wenn etwa elektrisch produzierte Fernwärme billiger werden würde als Gas, müsste ein Verbraucher trotzdem noch seine Heizung umbauen, was ihn sehr viel Geld kostet. Dass erneuerbare Energie insgesamt schon bald billiger werden wird, bedeutet noch nicht, dass auch ihre Nutzung für den Endverbraucher günstiger wird. Da muss also die Politik entsprechende Anreize schaffen, nur so bekommen wir eine Energiewende tatsächlich hin. Wie soll das schnell genug gelingen?

Das andere grundsätzliche Argument ist ein psychologisches. Wenn man so auftritt und verkündet, unsere Klimaprobleme seien lösbar, Schritt für Schritt und in therapeutisch verträglichen Reformdosen, dann hören viele darin: Wir können beruhigt sein, die Lösung ist greifbar – ohne wesentliche Veränderungen in der Art und Weise, wie wir leben. Das ist natürlich ein Irrtum. Vor allem aber fehlt damit der Druck zur Veränderung, und wir tun nicht mehr genug.

Am anderen Ende des Spektrums gibt es eine defätistische, aussichtslose Grundhaltung: Das Spiel ist aus, die Katastrophe lässt sich nicht mehr verhindern. Diesen Pessimismus in Reinkultur zelebriert für mich der amerikanische Schriftsteller Jonathan Franzen.[11] Aus seiner Sicht ist schon alles zu spät, wir hätten die «Schwelle zur Katastrophe» bereits überschritten und den Zeitpunkt verpasst, die Erderwärmung auf zwei Grad zu beschränken; es mache keinen Unterschied, wie weit wir über die Schwelle hinausgehen, weil wir sie sowieso reißen werden. Diese Einstellung, der zufolge wir überhaupt keine Handlungsoptionen mehr haben, um die Klimakrise zu verhindern, führt erst recht dazu, dass sich Lethargie, Mut- und Hoffnungslosigkeit ausbreiten. Wenn uns die Dinge schon endgültig entglitten sind, hat sich politisches Handeln erledigt. Im Grunde finde ich das schon nicht mehr pessimistisch, sondern fatalistisch.

Ja, auch ich bin, wie schon erwähnt, pessimistisch. Aber mein Pessimismus steht woanders als der von Jonathan Franzen. Es ist ein skeptischer und, wie ich glaube, realistischer Pessimismus. Als Wissenschaftler kann ich einschätzen, was auf uns zukommt und wie unglaublich schwer es sein wird, die drohenden Kaskadenvorgänge noch aufzuhalten. Die *eine* Schwelle zur Katastrophe gibt es aber nicht. Als Politiker weiß ich, wie mühselig es ist, im politischen Alltagsgeschäft mit so grundlegenden Fragen durchzudringen und immer nur kleine Änderungen zu erreichen.

Viele Wissenschaftler, darunter führende Klimaforscherinnen und -forscher, teilen meine Haltung. Eine Entwicklung, die 2018 begann, gibt mir und ihnen aber ein wenig Hoffnung: Es ist ein weiterer Kipppunkt – einer der gesellschaftlichen Art. Denn ich glaube, auch hinter diese Entwicklung kommen wir nicht mehr zurück. Greta Thunberg, die mit ihrem Pappschild «Skolstrejk för klimatet» vor dem schwedischen Parlament demonstrierte, hat etwas Irreversibles in Gang gesetzt. Dank ihres unbedingten und unerbittlichen Auftretens ist aus ihrem «Schulstreik fürs Klima» die weltweite Fridays-for-Future-Bewegung geworden. Als Schellnhuber zu Beginn des Jahrtausends die Klima-Kipppunkte in die Diskussion brachte, dachten wir nur an den Eisbären auf der schmelzenden Scholle. Mittlerweile versengt sich nicht nur der Koala in Australien seinen Pelz, auch Sydney und San Francisco hatten schon Flammenmeere in apokalyptisches Orange getaucht, Thomas Gottschalks Villa in Malibu ist im Feuersturm abgebrannt, die Wälder der Mittelmeerküste loderten – und bei uns folgten nach Sommern voller Hitze und Dürre Sturzregen und verheerende Überschwemmungen, wie wir sie in dieser Form noch nicht kannten. Durch die Fridays-for-Future-Bewegung, mit der ich eng zusammenarbeite, wächst nun von der Straße her der Druck, das Klima-Übereinkommen von Paris doch noch einzuhalten.

Unterstützt wird meine aufkeimende Hoffnung, zumindest das Zwei-Grad-Ziel zu erreichen, durch die historische Entscheidung des Bundesverfassungsgerichts vom April 2021, die 1,5-Grad-Grenze des Pariser Klima-Abkommens für verfassungsrechtlich bindend zu erklären.[12] Damit ist Klimaschutz ein Grundrecht geworden. Die Verfassungsrichter haben klargestellt: Unser Staat muss künftige Generationen vor dem Klimawandel schützen und darf Lasten nicht unnötig auf die Nachkommen abwälzen. Unsere Freiheit darf auch diejenigen nicht über Gebühr einschränken, die nach uns kommen. Das ist ein Urteil gegen jene kategorische Überhöhung des Freiheitsbegriffs, mit dem so gerne argumentiert wird. Denn diese überhöhte Idee von der Freiheit jedes Einzelnen muss in ihrer Konsequenz verstanden werden als die Freiheit, die Existenzgrundlage der nachkommenden Generationen ruinieren zu dürfen. Dabei ist es möglich, auf bestimmte Freiheiten zu verzichten, die sonst zulasten der Lebensbedingungen anderer gehen würden, und dennoch unsere Lebensqualität zu bewahren. Für mich ist das eine Frage der Gerechtigkeit – und eben auch der Generationengerechtigkeit. Als Folge dieses Urteils muss der Bundestag nun beschlossene Gesetze nachbessern. Vor allem wird es Konsequenzen über viele Jahre hinweg haben.

Unterm Strich spiegelt die derzeitige Situation aber unser bisheriges Nichtstun, hinter dem ich ein nahezu komplettes Versagen des Zusammenspiels von Wissenschaft und Politik sehe. Denn so ist die Lage: Vor allem wir Politiker haben bislang nicht ausreichend geliefert. Dass wir vor einem Jahrzehnt der Entscheidung stehen, ist eine Formulierung, die nicht von uns stammt. Es sind meist «externe Schocks», die uns die Richtung vorgeben: Waldbrände und Dürresommer, die Hochwasserkatastrophe im Ahrtal, der Druck von der Straße durch Fridays for Future, der Zwang zum Handeln durch verbindliche Urteile, die von den Richtern in Karlsruhe auf Grundlage des wissenschaftlichen Kenntnisstands gefällt wurden. Die Politik hinkt hinterher der Wissenschaft und der Gesellschaft. Sie muss aber Tempomacher werden, wenn wir das Kippen, die Klimakatastrophe aufhalten wollen. Aus dem politischen Routineprozess unserer liberalen Demokratie kam bislang kaum etwas, das zu entscheidenden Handlungen beim Klimaschutz geführt hätte: Zum einen haben wir zu wenig ehrgeizige Ziele, zum anderen bleiben wir hinter diesen schon seit Jahrzehnten zu wenig ehrgeizigen Zielen auch noch weit zurück. Vermutlich werden unsere Klimaziele auch in den Jahren 2022 und 2023 nur schwer zu erreichen sein. Erneut könnten rechtliche Korrekturen folgen.

Auch wenn es in diesem Buch nicht um Parteipolitik gehen soll, wäre es unfair, nicht zu erwähnen, dass die neue Ampelkoalition weitaus ehrgeizigere Ziele in der Klimapolitik hat als jede Regierung in Deutschland zuvor. Es soll jetzt eine Transformation gelingen. Und sie muss auch gelingen. Als ich anfing, dieses Buch zu schreiben, war noch nicht abzusehen, dass es diese Koalition geben würde. Ich kann nur hoffen, dass uns der Aufbruch gelingt. Wir brauchen ihn dringend. Die im Buch beschriebenen Probleme bleiben aber bestehen und müssen gelöst werden. Und selbst wenn Deutschland in den nächsten Jahren deutliche Fortschritte gelängen, stünden noch 99 Prozent der Weltbevölkerung vor den gleichen Aufgaben.

Den größten Anteil am weltweiten CO_2-Ausstoß hat mittlerweile China. Mit 28 Prozent des Ausstoßes verursacht das Land weit mehr CO_2 als die EU und die USA zusammen. Und doch macht ausgerechnet das autoritäre China, das in der Vergangenheit ganz auf kohlebefeuertes schnelles Wachstum ausgerichtet war, uns jetzt möglicherweise vor, wie es *auch* gehen kann: Während der Generaldebatte zur UN-Vollversammlung im September 2020 verkündete Staatschef Xi Jinping der erstaunten Weltöffentlichkeit, dass sein Land vor 2030 umsteuern und bis 2060 Kohlenstoffneutralität erreichen werde. Hier setzt die Politik also klare Ziele – auf wissenschaftlicher Grundlage. Die kommunistische Staatspartei hat das einfach so entschieden, ohne Rücksprache mit der eigenen Bevölkerung, ohne Rücksprache mit der westlichen Welt. Interessanterweise haben die Chinesen vom Rest der Welt noch nicht einmal etwas im Gegenzug für diese wichtige Entscheidung gefordert. Anders als Deutschland ist China eine

Gesellschaft im rasanten Aufbruch und Umbruch, die nicht nur wächst, sondern deren Wohlstand auch rasch zunimmt. Natürlich kann China für uns kein Vorbild sein. Wir leben in einer funktionierenden Demokratie und können und dürfen daher Einschränkungen der Freiheit wie in China nicht akzeptieren. Die Tatsache aber, dass die dortige Führung uns in dieser für uns alle existenziellen Frage genau das vormacht, was unserer liberalen Demokratie in vielen Fällen bislang nicht gelingt, lässt unsere Politik in keinem guten Licht erscheinen.

Der schnelle Zubau an erneuerbaren Energiequellen in China gibt zu denken. Mittlerweile wird dort die Energieeffizienz eines jeden Großbetriebs öffentlich gemacht. Vermutlich dauert es nicht mehr lange, bis das umweltbewusste Sozialverhalten jedes Einzelnen öffentlich bewertet wird. Ein solches System will in Deutschland und Europa wirklich niemand haben. Um es klar zu sagen: In einem solchen Staat möchte ich nicht leben. Aber wir müssen anerkennen, dass der Umbau der Industrie und der Gesellschaft im Sinne einer erneuerbaren Kreislaufwirtschaft in China deutlich besser funktioniert als in Europa. China hat den wirtschaftlichen Routinebetrieb aufgegeben und sich für einen radikalen Umbau der gesamten Industrie entschieden. Aus diesem konsequenten und schnellen Umbau werden sich langfristig erhebliche Wettbewerbsvorteile ergeben. Auf längere Sicht ist international für fast alle Güter ein CO_2-Preis zu erwarten, der umso höher ausfällt, je mehr CO_2 bei ihrer Herstellung ausgestoßen wurde. China arbeitet konsequent daran, über diesen Mechanismus Preisvorteile auf dem Weltmarkt zu erreichen. In keinem anderen Land wird mit vergleichbarem Tempo Solarenergie und Windkraft ausgebaut. Noch immer entstehen neue Kohlekraftwerke, die jedoch zu einem nicht unerheblichen Teil solche ersetzen, die einen deutlich höheren CO_2-Ausstoß hatten. Es wird intensiv daran gearbeitet, in Kohlekraftwerken CO_2 abzuscheiden, um es unterirdisch zu lagern. In fast allen Großstädten werden Ladestationen für Elektroautos aufgebaut. Der komplette Ausstieg aus dem Verbrennungsmotor ist geplant. Nirgendwo auf der Welt werden mehr neue Metrobahnen in Betrieb genommen als in China. Das wichtigste ökologische Problem, die Knappheit und die Qualität des Trinkwassers (China verfügt über fast 20 Prozent der Weltbevölkerung, aber nur einen deutlich geringeren Anteil des Trinkwassers), wird durch den Bau von Reinigungsanlagen angegangen.[13]

Wir werden in absehbarer Zeit zu einer Wirtschaft übergehen, in der die bei der Herstellung freigesetzte Menge an Treibhausgasen in den Preisen der Güter reflektiert wird. Dieses System wird international gelten. Wir müssen unsere Industrie also nicht nur komplett umbauen, um das Klimaschutzziel zu erreichen, sondern auch um wettbewerbsfähig zu bleiben. China erzwingt diesen Umbau. Wir müssen ihn demokratisch ermöglichen. Oft höre ich, dass unsere Wissenschaft, die der in China überlegen sei, einen entscheidenden Vorteil bedeuten könnte. Das halte ich aus zwei Gründen für einen falschen Zweckoptimismus. Zum einen haben wir im Bereich der Klimatechnologie längst keinen wissenschaftlichen Vorsprung mehr, im Gegenteil: Bei Windkrafträdern, Solaranlagen, Elektroautos und Elektrobussen dürfte China mittlerweile die Nase vorn haben. Zum anderen: Selbst wenn es so wäre, ist unser Problem nicht mangelndes Wissen, sondern mangelnde Umsetzung in kürzester verfügbarer Zeit. In dieser Hinsicht ist uns eine ansonsten Freiheit und Lebensqualität einschränkende Wirtschaftsdiktatur wie die Chinas leider überlegen.

Wir liberalen Demokratien müssen dringend an Geschwindigkeit zulegen. Wir stecken kontinuierlich in einem Krisenmodus, der sich zunehmend verschärfen und uns andere Wege der Entscheidungsfindung abverlangen wird. Ich erlebe die politischen Abläufe seit Jahren hautnah mit – aus dieser Perspektive heraus habe ich das vorliegende Buch geschrieben. Warum gab es bei uns im Fall des Klimawandels keine klare Führung aus der Politik, wie es etwa Greta Thunberg von Angela Merkel gefordert hat? Warum schaffen wir es nicht, wissenschaftliche Erkenntnisse in konsequentes politisches Handeln umzusetzen? In den folgenden Kapiteln zeige ich für einige zukunftsbestimmende Themen, wo Entwicklungen schon gewaltig schiefgelaufen sind, was weiterhin nicht gut funktioniert und was getan werden müsste.

Wenn wir die vielfältigen Herausforderungen bestehen wollen, muss Wissenschaft im politischen Prozess eine ganz andere Rolle spielen als bisher. Ich bin fest davon überzeugt, dass wir die vor uns liegenden Probleme nur lösen können, indem wir die Qualität und das Tempo der Bewältigung erheblich steigern. Die deutlich stärkere Berücksichtigung wissenschaftlicher Erkenntnisse ist dafür eine notwendige Voraussetzung. Und da keine politische Entscheidung besser ist als die wissenschaftlichen Grundlagen, die ihr zugrunde liegen, müssen die aktuellen wissenschaftlichen Erkenntnisse viel schneller integriert werden als bisher. Um mit den Erkenntnissen der Forschung Schritt halten zu können, muss die Politik auch Kompetenzen an die Wissenschaft auslagern. Wie wollen wir sonst all das schaffen, was ansteht – national, international, global? Nur in einer Revolution des Zusammenspiels von Politik und Wissenschaft sehe ich eine Chance, im Jahrzehnt der Entscheidung die richtigen Weichen für das Überleben unserer Zivilisation zu stellen.

1. KAPITEL

Eine schwierige Beziehung – Wissenschaft und Politik

Die Ereignisse überschlagen sich

Die Klimakrise stellt alles in den Schatten, was die Menschen an Krisen bisher bewältigen mussten. Im Sommer 2021 wurden fast täglich neue lokale Klimakatastrophen gemeldet. Zunächst erlebten der Westen Kanadas und die nordwestlichen US-Bundesstaaten Washington und Oregon eine «Jahrtausendhitze», wie es am 30. Juni 2021 auf der Website des angesehenen Wissenschaftsmagazins «Spektrum der Wissenschaft» hieß. In der Ortschaft Lytton wurde ein Höchstwert von 49,5 Grad Celsius gemessen, die höchste je in Kanada gemessene Temperatur. Allein in Vancouver hatte die Rekordhitze da schon zum Tod von 69 Menschen beigetragen.[1] In der Küstenprovinz British Columbia starben von Freitag bis Montag mindestens 233 Menschen – fast doppelt so viele wie sonst im Durchschnitt dieser vier Tage, meldete «Spiegel Online».[2] Und durch die Hitze und anhaltende Trockenheit stieg die Waldbrandgefahr. Nur zwei Tage später war es so weit: Lytton wurde von einer Feuerwalze überrollt und im Flammeninferno fast völlig zerstört, meldete die dpa.

Das sei nur der Anfang, befürchteten Meteorologen, denn der Sommer habe erst begonnen.[3] Die Hitzeglocke im Nordwesten Nordamerikas sei zwar nur ein einzelnes Wetterereignis, entspreche aber den Voraussagen der Klimaforscherinnen und -forscher, denen zufolge uns generell mehr Dürren und mehr extreme Hitzewellen bevorstünden. Der Jetstream, jener Strom starker Winde auf der Nordhalbkugel, der normalerweise in einer Höhe von acht bis zwölf Kilometern von West nach Ost zieht und die Wetterlagen mit ihren Hoch- und Tiefdruckgebieten mit sich reißt, gerate zunehmend ins Stocken und schwächele. So setzten sich Wetterlagen über längere Zeit fest: Die Folgen seien mehr Hitze, Hochwasser und Kälteeinbrüche.[4] Auch bei uns in Deutschland verharrten Wetterlagen wegen der schwächelnden Jetstreams länger über einer Region – was an manchen Orten zu Hitzewellen, an anderen zu Dauerregen mit Überschwemmungen führen könne.

Wie sehr die Meteorologen mit ihrer Prognose für den Sommer recht hatten, wie sehr die Klimakrise samt schwächelnder Jetstreams auch uns in Deutschland betrifft, erfuhren wir dann im Juli 2021 bei der verheerenden Flutkatastrophe in Rheinland-Pfalz und Nordrhein-Westfalen, bei der über hundertachtzig Menschen starben. Dann brannten rund um das Mittelmeer die Wälder – von Algerien über Italien bis nach Griechenland und der Türkei. Auch in Kalifornien wüteten verheerende Feuer. Im chinesischen Zhengzhou kam es zu Sturzregen, wie sie nur alle hundert Jahre vorkommen sollten, und Menschen ertranken in U-Bahn-Schächten.[5] Auch New York wurde blitzartig überflutet, als Ausläufer des Hurrikans Ida Wassermassen über der Stadt ausschütteten, wie sie dort noch nie zuvor gemessen wurden. Hier ertranken Menschen in illegalen Kellerapartments. Madagaskar erlebte die schlimmste Dürre seit vierzig Jahren, Hunderttausende waren vom Hungertod bedroht; bei uns fand das jedoch kaum Beachtung.[6]

Diese Wetterereignisse des Sommers 2021 reihen sich ein in die Rekorde der vergangenen Jahre und übertreffen sie noch. Die Fakten sind unbestreitbar, Temperaturen und Wassermassen lassen sich schlicht messen. Es braucht keine großen seherischen Fähigkeiten, um vorauszusagen, dass wir in den nächsten Jahren ständig solche Meldungen lesen werden – und weiterhin überall auf dem Globus Rekorde gebrochen werden. Doch wohin soll das in dreißig, in fünfzig Jahren führen? Egal, was wir jetzt tun, die globalen Temperaturen werden noch für viele Jahrzehnte ansteigen. Das wissen wir. Und wir wissen: Wir müssen und können etwas tun. Wir haben es also noch in der Hand. Wenn wir dagegen weiter abwarten, steigen die Kosten durch die Schäden des Klimawandels wie auch die Kosten zur Bekämpfung des Klimawandels stark an. Letztere dürften sogar exponentiell ansteigen, weil die Maßnahmen, die wir dann doch noch ergreifen würden, in viel kürzerer Zeit und zuverlässiger wirken müssten als Maßnahmen, die wir längst hätten treffen können. Somit schieben wir ein riesiges Problem vor uns her, das in den nächsten Jahren gelöst werden muss, wenn es überhaupt noch zu lösen sein soll.

Zwei Beispiele dafür, was wir tun könnten und nicht tun

Eine echte Energiewende zu erreichen, ist daher wohl die mit Abstand größte Herausforderung unserer Zeit. Studien zeigen inzwischen klar, dass der gesamte deutsche Energiebedarf im Land produziert werden könnte.[7] Ob dies auch sinnvoll wäre, ist eine andere Frage. Es kann durchaus sein, dass es politisch wie auch ökonomisch Sinn ergäbe, einen Teil der erneuerbaren Energie in Zukunft etwa aus Südeuropa oder aus Afrika zu importieren. Dennoch muss der größte Teil der erneuerbaren Energie auf jeden Fall in Deutschland selbst produziert werden. Um die

Energieversorgung von den Wetterlagen, etwa zu wenig Sonne oder zu wenig Wind, unabhängiger zu machen, brauchen wir ein modernes Stromnetz, das den Strom von Norden nach Süden leitet. Entsprechende große Netze werden bereits gebaut. Über ihren genauen Verlauf und ihre Anbindung an das europäische Stromnetz kann man geteilter Meinung sein. Unstrittig aber ist Folgendes: Damit ein solches Stromnetz funktionieren kann, müsste der Ausbau der erneuerbaren Energien zügig gefördert und vorangetrieben werden. Weil der Wind zuverlässiger «offshore» (also auf dem Meer) bläst, muss ein Teil der Windenergie dort gewonnen werden. So kann das Netz stabilisiert werden, wenn es an Land zu wenig Wind und zu wenig Sonne gibt. Dabei ist klar, dass die Windenergie auf See insgesamt die Windenergie an Land nicht verdrängen kann. Aus technischen Gründen ist sie im Durchschnitt etwa doppelt so teuer.

Wir müssen den durch Wind erzeugten Offshore-Strom möglichst schnell in die Fläche bringen und vor allem in den Süden – zusammen mit dem auf dem Land gewonnenen Strom aus dem Norden, wo viel mehr Windkrafträder stehen und viel mehr Wind weht. Dafür benötigen wir intelligente Stromnetze, die sogenannten Smart-Grids, bei denen Erzeugung, Speicherung und Verbrauch von Energie optimal aufeinander abgestimmt sind, um Leistungsschwankungen auszugleichen. Ganz grundsätzlich gilt: Da Wind und Sonne, die beiden wichtigsten erneuerbaren Energieformen, so stark von den Wetterlagen abhängig sind, müssen wir Stromtrassen bauen, die durch das ganze Land führen und die Energie viel schneller als bisher dorthin bringen, wo sie aktuell benötigt wird. Zusätzlich brauchen wir zur Überbrückung der Flautephasen ein dichtes Netz von Energiespeichern. Dabei sind kurzfristige und lokale Speicher von größeren regionalen und saisonalen Speichern zu unterscheiden. Im Wesentlichen wären das für die kurzfristige und lokale Speicherung Lithiumbatterien oder sogenannte Flowbatterien; zusätzlich werden andere Anlagen wie Wasserstoffspeicher, Gasspeicher oder Staudämme mit Pumpspeicherwerken benötigt. Im Gegensatz zu Windkraft- und Solaranlagen ist im Bereich der Speichertechnologie der Forschungsbedarf noch etwas größer. Aber auch hier reicht die bereits bekannte Technologie aus, um die Energiewende zu bewältigen.

Ohne ein gut ausgebautes Netz jedoch können die Energiespeicher die Stromversorgung nicht stabilisieren. In der Vergangenheit wurde die Versorgung durch Kohlekraftwerke und Gaskraftwerke stabilisiert. Im Notfall kam Strom aus dem Ausland, meistens aus Frankreich. In Zukunft fallen diese Stabilisatoren weg. Um immer genug Strom zu haben und mit minimaler Schwankung die Frequenz von fünfzig Hertz zu halten, muss das Stromnetz sehr stark verzweigt sein und über sehr viele kleine lokale Speicher verfügen, die das Abschalten von Windkraftanlagen verhindern und im Bedarfsfall Strom zusetzen können. Logistisch und aus Sicht der Digitalisierung eine absolute Herkulesaufgabe.

Bisher scheitern wir nicht daran, dass es in Deutschland an Ingenieurskunst mangeln würde. Vielmehr gibt es leider erhebliche Widerstände gerade gegen den unverzichtbaren Bau der Stromtrassen von Norden nach Süden. Das vorgesehene Netz soll 7700 Kilometer an Leitungen haben, davon sind bisher nur 1600 Kilometer gebaut.[8] Die Planungsphase ist viel zu lang, und es dauert oft fünfzehn Jahre und mehr, bis Leitungen fertiggestellt werden.[9] Der Widerstand gegen den Ausbau wird auch von Umweltschutzorganisationen wie dem BUND unterstützt, der solche Trassen für überdimensioniert hält und regionale Lösungen vorschlägt.[10] Der Netzausbau liegt somit weit hinter dem für das Erreichen des 1,5-Grad-Ziels notwendigen Aufbau zurück.

Der schnellste Weg, die Leitungen durchzusetzen, wäre natürlich schlicht und ergreifend Zwang. Sicher könnte man durch Enteignungen den Netzausbau beschleunigen. Doch um es klar zu sagen: Diese Lösung schlage ich nicht vor, wir müssen andere Wege gehen. Bislang versuchen die privaten Betreiber solcher Trassen wie etwa der Übertragungsnetzbetreiber Tennet, eine einvernehmliche Lösung mit den Besitzern der Landfläche zu finden, über die die neuen Netze gezogen werden sollen. Dabei ist es zunächst einmal so, dass auch auf der Grundlage der Rechtsprechung des Bundesverfassungsgerichts der Besitzer des Landes, meist sind das Agrarflächen, diese Hochspannungsleitungen akzeptieren muss. Im Prinzip kommt diese Einschränkung des Nutzungsrechts einer Teilenteignung gleich. Für den entsprechenden Wertverlust wird der Besitzer entschädigt. Trotzdem gibt es so viele Proteste und Klageverfahren, dass der Ausbau der Netze weit hinter das zurückfällt, was für die schnelle Umsetzung der Energiewende erforderlich wäre. Um die Verfahren zu beschleunigen, müssten wir den rechtlichen Rahmen noch einmal strenger fassen und insbesondere die maximale Dauer der Verfahren erheblich verkürzen. Wer ehrlich ist, wird zugeben, dass die Einspruchsrechte der Kommunen und auch der Landbesitzer zugunsten des Gemeinwohls und in Anbetracht der Bedeutung der Energiewende weiter eingeschränkt werden müssen. Das Tempo des Ausbaus reicht schlicht nicht aus. Das als Politiker zu fordern, ist wenig populär – und kann vom Wähler durch Abwahl «bestraft» werden. Aber ehrlich gesagt ist es absurd, wenn in einem Naturschutzgebiet der fast schon legendäre Rotmilan geschützt werden muss und der Preis dafür darin zu sehen ist, dass aufgrund von immer mehr Hitzetagen und Dürren in diesem Gebiet dreißig Jahre später viele Tiere dieser und anderer Arten kaum mehr überleben könnten.[11]

Das war nur ein erstes Beispiel für das, was wir tun könnten und doch bislang nicht tun. Ein zweites kommt aus einem ganz anderen Bereich. Wenn ich twittere, dass Grillfleisch zehnmal so viele Treibhausgase verursacht wie vegetarische Alternativen, dass oft genug Regenwald abgeholzt oder abgebrannt wird, um Weideflächen für Rinder oder Anbauflächen für Tierfutter zu schaffen, und dass ich (unter anderem aus solchen Gründen) seit dreiunddreißig Jahren kein Fleisch mehr esse, dann kann ich rückwärts zählen: zehn, neun, acht ... und weiß, bevor ich bei null angelangt bin, kommen schon die ersten Gegenreaktionen. Einige sind durchaus amüsant: «Bro, Corona gut und schön, aber lass den Grill in Ruhe. Hier hört's halt jetzt komplett auf.» Andere versuchen erst gar nicht, irgendwie witzig zu sein. Sie fühlen sich gleich in ihrer Freiheit angegriffen: «Wir lassen uns doch nicht verbieten, was wir essen. Solange es mir schmeckt, ist das richtig.» Und oft genug wird infrage gestellt, ob meine Aussage überhaupt stimmt.[12]

Offen wissenschaftsfeindliche Positionen wie diejenige, viel Fleisch sei nicht ungesund und belaste auch nicht das Klima, finden immer größere Beachtung – gerade in den und durch die sozialen Medien. Wenn ich also einen solchen Tweet formuliere, weiß ich im selben Augenblick, dass ich damit zumindest einen kleinen Shitstorm provoziere, selbst wenn ich ihn mit einer Meldung der «Tagesschau» belege, die wiederum auf eine Analyse des WWF zurückgreift: Fleisch ist viel zu billig gemessen an den Umweltschäden, die durch seine Produktion entstehen. Der Großteil des in Supermärkten angebotenen Grillfleischs ist sogar billiger als vegetarische oder vegane Ersatzprodukte.[13] Was ich im kurzen Tweet nicht schreibe: Im Fall des Fleischkonsums dürften die dadurch verursachten späteren Umweltschäden weit teurer sein als der Verkaufspreis des Fleisches für den Konsumenten.

Das kann dem Konsumenten aber nicht egal sein: weil später der zweite Teil der Rechnung in Form horrender Klimakriseschäden folgt.

Was ich im Tweet ebenfalls nicht erwähnt habe, auch wenn es die logische Konsequenz dieser Erkenntnis wäre: Als Politiker müssten wir – die Klimakrise vor Augen – natürlich reagieren. Wir müssten Fleischersatz subventionieren und Billigfleisch teurer machen, etwa durch eine Treibhausgasabgabe. Bislang haben wir solche zusätzlichen Abgaben nur für Benzin, Diesel, Heizöl und Erdgas sowie in Form der höheren Kfz-Steuer für neue Autos mit hohem CO_2-Ausstoß – also hauptsächlich für Wärme, Verkehr sowie in Europa für industrielle Produktion und natürlich für Strom in Form von CO_2-Zertifikaten. Eine solche Abgabe für Lebensmittel würde das billig produzierte, klimaschädliche Fleisch teurer machen. Und daher geht das in der Grillrepublik Deutschland natürlich nicht.

Für viele mag es überraschend sein, dass das Thema Fleischkonsum für die Bewältigung des Klimawandels durchaus wesentliche Bedeutung hat. Ich werde ihm später ein eigenes Kapitel widmen. Tatsache ist, dass der Fleischkonsum und das individuelle Transportverhalten zwei Bereiche sind, in denen jede und jeder Einzelne einen großen Beitrag zum Klimaschutz leisten kann. Fast alle anderen Bereiche sind stärker der Kontrolle der Politik unterworfen oder mit großen Investitionen verbunden. Maßnahmen, die solche individuellen Alltagsentscheidungen politisch einschränken, sind ebenfalls höchst unpopulär – weshalb Politikerinnen und Politiker, die wiedergewählt werden wollen, sie tunlichst vermeiden.

Die beiden Beispiele zeigen, wie wir ständig mit drängenden existenziellen Fragen und potenziellen Lösungen verfahren: Wir packen diese Probleme nicht offensiv genug an, weil uns ein offensiveres Vorgehen Wählerstimmen kosten könnte oder sogar gleich eine ganze Wahl. Lobbygruppen der Fleisch- oder der Automobilindustrie sowie Zeitungen beispielsweise der Springer-Presse machen mobil, wenn unpopuläre Vorschläge in den politischen Raum kommen. Die Grünen sind heute noch traumatisiert, weil sie bei der Bundestagswahl 2013 einen sogenannten Veggie-Day gefordert hatten und dafür massiv angegriffen wurden. Dabei war der Vorschlag meines Erachtens völlig korrekt. Wieso wirken solche Kampagnen? Hinter der Verweigerung, das Nötige zu tun, stehen strukturelle und intellektuelle Beharrungskräfte – in der gesamten Gesellschaft, aber auch im politischen Betrieb selbst.

Aus meiner Sicht gibt es vor allem drei Gründe dafür, warum es so schwer ist, wissenschaftliche Erkenntnisse in der Politik durchzusetzen:

- eine zunehmend wissenschaftsfeindliche, nicht mehr faktenbasierte Haltung und Diskussion in Teilen der Öffentlichkeit und der Politik
- zu wenige Wissenschaftlerinnen und Wissenschaftler in der Politik, insbesondere aus dem Bereich der Klima- und Umweltwissenschaften
- wissenschaftliche Erkenntnisse werden meist zu spät und nicht konsequent genug in den politischen Prozess eingebracht, vor allem, weil es wenige über die Beratung hinausgehende Verfahren gibt.

Alle drei Punkte werde ich ausführlich behandeln. Zunächst aber will ich darauf hinweisen, dass ich unter Wissenschaft in diesem Zusammenhang nicht nur Natur- oder Ingenieurwissenschaften verstehe, sondern ausdrücklich auch die Sozial- und Geisteswissenschaften. Nur mit einer interdisziplinären wissenschaftlichen Herangehensweise können die gewaltigen vor uns liegenden Probleme der Klimakrise gelöst werden. Es sind oft natur- oder ingenieurwissenschaftliche Erkenntnisse, die benötigt werden, um Lösungen für die Energiewende zu entwickeln. Wenn man aber das Verhalten von Menschen verändern und politische Prozesse so gestalten will, dass sie maximale Akzeptanz in der Bevölkerung finden, braucht man wissenschaftliche Erkenntnisse aus der Psychologie, der Ökonomie, der Soziologie und auch der Philosophie. So haben etwa Wirtschaftswissenschaftler wie Ottmar Edenhofer vom Potsdam-Institut für Klimafolgenforschung (PIK) oder Claudia Kemfert vom Deutschen Institut für Wirtschaftsforschung (DIW) durch Forschung und Beratung wesentlich zur Entwicklung von Anreizsystemen für die Förderung erneuerbarer Energien beigetragen. Der internationale Zertifikatehandel wurde von Wirtschaftswissenschaftlern wie dem oben erwähnten US-Ökonomen Martin Weitzman oder William Nordhaus entwickelt. Wissenschaftlerinnen und Wissenschaftler aus Soziologie und Psychologie werden benötigt, um Widerstände gegen die nicht nur klimapolitisch gewollte, sondern auch medizinisch gesehen viel gesündere vegetarische Ernährung zu überwinden. Obwohl viele in diesen Bereichen forschen, sind unsere Fortschritte gering im Verhältnis zur Größe der Aufgabe: Wieso dringen die Ratschläge nicht stärker in der Politik (und der Öffentlichkeit) durch?

Vereinfacht gesagt gilt Folgendes: Klimaschutz ist nur möglich durch eine Verhaltensänderung jeder und jedes Einzelnen, zumindest ist das eine notwendige Voraussetzung. Höhere Preise für klimaschädliches Verhalten oder Verbote können ein Mittel sein, aber beides kostet sehr viel politisches Kapital. Und zwar umso mehr, je weniger gut die Maßnahmen vorbereitet sind und je weniger die Bevölkerung die wissenschaftlichen Hintergründe versteht. Woher kommen die Defizite?

Offene Wissenschaftsfeindlichkeit

Beginnen wir mit einer Position, die eben schon anklang: jener, die Wissenschaft als Maßstab oder als Leitinstanz für die Politik rundheraus ablehnt. Das ist ein Problem, das es vor einigen Jahren noch nicht in dieser offen aggressiven Form gab und das seither enorm an Bedeutung gewonnen hat. Wissenschaftsverleugner finden sich vor allem unter den Populisten. Verstärkt durch die sozialen Medien werden Dinge sagbar, die in der Vergangenheit wahrlich unsäglich gewesen wären. Dabei gibt es in der Regel zwei Strategien. Die erste Strategie macht die wissenschaftliche Erkenntnis selbst zu einer politischen Aussage. Beispiel: Das 1,5-Grad-Ziel wird nicht als eine wissenschaftlich erwiesene Notwendigkeit anerkannt, um den Kipppunkten zu entgehen, sondern auf eine politische Ideologie reduziert. Die zweite Strategie geht in eine andere Richtung: Man akzeptiert zwar das 1,5-Grad-Ziel als wissenschaftliche Zielmarke, bestreitet aber, dass sie irgendeine politische Relevanz hat. Damit wäre die Politik dann vollkommen unabhängig von wissenschaftlichen Vorgaben – als wären die Gesetzmäßigkeiten der Natur verhandelbar.

Vor allem die erste Strategie erweist sich oft als ausgesprochen erfolgreich. Die wissenschaftliche Position wird zu einer politischen Haltung degradiert, der man ohne besondere fachliche Kenntnisse andere Haltungen entgegenstellen kann. Donald Trump und der brasilianische Präsident Jair Bolsonaro sind zwei prominente Beispiele. Leute wie sie werden es nie zulassen, dass man bestimmte Entscheidungsprozesse der Wissenschaft überlässt. Sie sind wissenschaftsfeindlich ohne Wenn und Aber, verleugnen Fakten wie die gesicherten Erkenntnisse zum Klimawandel oder zu SARS-CoV-2. Und behaupten schon jetzt, dass wir eine Diktatur der Wissenschaft hätten, obwohl die Wissenschaft bei unserem politischen Handeln eine so geringe Rolle spielt. Dass ihre Positionen von Wissenschaftlern und aufgeklärten Menschen belächelt werden, nehmen sie billigend in Kauf. Denn es geht ihnen um Wirkung, nicht um Überzeugung. Die Zahl derer, die durch solche wissenschaftsfeindlichen Strategien erreicht werden können, ergänzt um diejenigen, die zwar die Manipulation durchschauen, aber vom Ergebnis profitieren, reicht oft aus, um gesellschaftlich schädliche Maßnahmen durchzusetzen.

Wie groß der Kreis solcher Wissenschaftsleugner ist, wurde für mich während der Coronakrise besonders deutlich. Auf Twitter stelle ich oft auch aktuelle Studien vor. So habe ich am 19. September 2021 auf eine interessante Studie aufmerksam gemacht: «Stanford Studie zu Covid zum Nachdenken. 1 von 5 Covid Krankenhauspatienten entwickelt Autoantikörper. Körper bekämpft sich selbst. Man infiziert sich, kommt ins Krankenhaus, und ist danach Autoimmunpatient. Impfung verhindert das nicht immer, aber meist.»[14] Die Studie wies darauf hin, dass eine Covid-Infektion zum Teil auch autoimmune Reaktionen im Körper fördert. Diese Erkenntnis hat man später bei der Behandlung genutzt. Aber auch in diesem Fall kamen sofort Antworten, in denen die wissenschaftlichen Erkenntnisse einfach in Abrede gestellt wurden oder mit alternativen Fakten argumentiert wurde, oft genug, ohne Quellen anzugeben: «Nein, das, was hier beschrieben wird, verursacht die Impfung!» – «Das verursacht die Impfung, also luegen Sie nicht schon wieder!» – «Die Impfung fördert Autoimmunkrankheiten erheblich und nicht umgekehrt. Habe ich von

renommierten und ehrlichen Wissenschaftlern plausibel mitbekommen! Die Patienten müssten also Geimpfte sein!» Und all
das, obwohl die Studie der Stanford University unmittelbar in
meinen Tweet integriert war. Die Reaktionen haben immer das
gleiche Ziel: wissenschaftliche Erkenntnisse zu diskreditieren
beziehungsweise sie als Grundlage für politische Entscheidungen
zu disqualifizieren. Erschreckend war für mich immer wieder zu
sehen, dass sich auch Ärzte und vermeintliche Intellektuelle an
diesem unwürdigen Diskurs beteiligten.

Mit der Strategie, wissenschaftliche Erkenntnisse zu politisie-
ren oder sie durch Scheinargumente zu entwerten, lassen sich in
unseren Demokratien notwendige Reformen zur Bekämpfung
des Klimawandels wirksam verhindern. Häufig hört man: Wir
sind hier doch nicht in einer Expertokratie, wo bleibt denn die
Meinung des Volkes? Da wird einfach ignoriert, dass viele Dinge
nur auf der Grundlage wissenschaftlicher Erkenntnisse entschieden werden können. Manche dieser Populisten gehen noch
geschickter vor, indem sie vorgeben, verschiedene Sichtweisen
und Interpretationen zu berücksichtigen. Nach dem Motto: Das
kann man so sehen, das kann man aber auch anders sehen. Dieses
seit Jahren in der Klimakrise, aber auch bei der Bewältigung der
Coronapandemie häufig zu beobachtende Phänomen der sogenannten false balance, der «falschen Ausgewogenheit», gewinnt
zunehmend an Bedeutung.[15] Der gut belegbaren Mehrheitsmei-
nung vieler besonders qualifizierter Wissenschaftlerinnen und
Wissenschaftler wird unter dem Vorwand eines gleichberechtig-
ten Pro und Kontra die Position eines einzelnen Wissenschaftlers, oft auch eines wissenschaftlichen Außenseiters, gegenüber-
gestellt, «um auch die andere Seite zu hören». Das erweckt bei
Laien schnell den Eindruck, als seien bestätigte Ergebnisse und
Erkenntnisse noch strittig. Manche zeigen schlicht die Haltung:

Wir haben es doch schon immer so gemacht, und es ist immer gut gegangen. Beliebt ist auch die populistische Variante, eine besonders radikale Position der eigenen gegenüberzustellen, sodass Letztere moderat und als geeigneter Mittelweg erscheint. Schließlich gibt es eine ganze Industrie, die davon lebt, gesicherte wissenschaftliche Erkenntnisse anzuzweifeln. Bürgerinnen und Bürger werden gezielt verunsichert, um ihr Verhalten beeinflussen zu können. Diese ursprünglich von der Tabakindustrie entwickelte Strategie hat auch in der Coronapandemie eine große Rolle gespielt, als immer wieder Zweifel an der Nebenwirkungsarmut der Impfungen gesät wurden.

Wie kann man diesen Verzerrungen begegnen? Eine wichtige Voraussetzung wäre sicherlich ein höherer Anteil von Wissenschaftlerinnen und Wissenschaftlern in der Politik selbst. Wenn die Wissenschaft nicht ausreichend auf die Politik einwirken kann, muss sie zunehmend direkt in die Politik getragen werden. Damit Politik wissenschaftlicher wird, müssen auch Wissenschaftler viel politischer werden. Unter Umständen bedeutet dies: Sie müssen sich um Mandate bewerben und in die Parlamente gehen. Sicherlich ist die Politisierung von wissenschaftlichen Erkenntnissen nicht mehr aufzuhalten. Die Frage ist allerdings, ob die Erkenntnisse in diesem Prozess verfälscht werden oder nicht. Nur Wissenschaftler können dafür sorgen, dass dies nicht passiert. Diese Aufgabe haben Wissenschaftler gerade hierzulande in der Vergangenheit abgelehnt. Im Gegensatz zu den Vereinigten Staaten ist bei uns das Ideal eines Wissenschaftlers das eines politisch neutralen, allein dem Erkenntnisgewinn gewidmeten Denkers. Eine solche positivistische Sicht der Wissenschaft ist nicht mehr wirklich tragbar. Wenn sie es je war. Schon Albert Einstein hat die Notwendigkeit, wissenschaftliche Erkenntnisse politisch zu nutzen und sich in Notzeiten politisch zu engagieren, klar gesehen und befolgt. Heute ist diese Position für uns alle im wahrsten Sinne des Wortes lebensnotwendig. Wenn Wissenschaftler ihre Arbeiten nicht im politischen Raum vertreten und verteidigen, werden die wissenschaftlichen Ergebnisse Gegenstand des Missbrauchs durch politische Ideologen.

Auf die Politisierung der Wissenschaft sollte aber eine Verwissenschaftlichung der Politik folgen. Wir brauchen eine evidenzbasierte Politik. So wie es in der Medizin gelungen ist, das ärztliche Handeln immer stärker in der jeweiligen wissenschaftlichen Studienlage zu verankern – wobei die Qualität der Studien für die Gewichtung der Ergebnisse maßgeblich ist –, müssen wir unsere politische Vorgehensweise in den Studien zum Klimawandel und zur Bewältigung desselben verankern. Dies ist ohne mehr Wissenschaftler in der Politik kaum zu leisten.

Raus aus dem Labor, rein in die Politik

Fachvertreter in der Politik können nicht nur das Vertrauen in die Bedeutung von Wissenschaft im Parlament stärken. Erneut sei hier darauf hingewiesen, dass es nicht nur um klassische Naturwissenschaftler, sondern auch um Soziologinnen, Psychologen, Humanmedizinerinnen und andere Fachrichtungen geht. Mit einer ebenso breiten wie spezifischen Expertise können Wissenschaftler die Informationen anderer Wissenschaftler selbst am besten bewerten und zur Grundlage der komplexen Entscheidungen machen, die Abgeordnete zu treffen haben. Wer fließend zwei Spezialsprachen spricht – die der Wissenschaft und die der Politik –, ist oft besser in der Lage, wissenschaftliche Erkenntnisse so zu kommunizieren, dass sie in der Politik umgesetzt und nicht leicht von Gegnern (auch im Parlament) missverstanden oder gar zurückgewiesen werden können.

Es ist klar, dass die Besetzung des Bundestags einem Querschnitt durch alle Berufe und alle gesellschaftlichen Gruppen entsprechen sollte. Dazu gehören, auch wenn es in unserem Zusammenhang paradox klingen mag, mehr Menschen mit einer Berufsausbildung oder Facharbeiter. Am allermeisten braucht es mehr Frauen im Parlament und mehr Menschen mit Migrationshintergrund, um der Gesellschaft von heute eine gerechte Stimme zu geben. Genauso dringend aber brauchen wir viel mehr Wissenschaftlerinnen und Wissenschaftler, die sich mit den Themen des Klimawandels und des Klimaschutzes auskennen. Denn gerade in den kommenden Jahren hängt so viel von der konsequenten Umsetzung des wissenschaftlichen Sachstandes in diesem Bereich ab.

Zur Zahl der Wissenschaftler im Bundestag gibt es keine eindeutigen Statistiken, wohl aber zur Ausbildung der Abgeordneten: In der vergangenen, neunzehnten Wahlperiode hatten mehr als 80 Prozent der Abgeordneten studiert, waren also Akademiker;[16] knapp 20 Prozent führten einen Doktor- oder Professorentitel[17] (in der Wahlperiode davor hatten 86,1 Prozent eine Hochschulausbildung[18]). Das bedeutet allerdings nicht, dass diese Parlamentsmitglieder auch als Wissenschaftler tätig sind oder waren. Ebenso wenig aussagekräftig ist die Angabe der Disziplinen: Juristinnen, Wirtschafts- und Politikwissenschaftler führten zuletzt die Rangliste der häufigsten Studienfächer an; Ingenieure gab es immerhin noch 38, Naturwissenschaftler aus Chemie, Biologie, Physik und verwandten Fächern viel weniger – und auch als Mediziner war ich nur einer von 14 Kollegen im Bundestag.[19]

Nur wenige entscheiden sich dazu, aus einer typischen Forscherlaufbahn heraus in die Politik zu gehen. Ein prominentes

Beispiel dafür ist der Umweltwissenschaftler Ernst Ulrich von Weizsäcker, der für die SPD in den Bundestag wechselte. In seiner zweiten Legislaturperiode war von Weizsäcker Vorsitzender des Ausschusses für Umwelt, Naturschutz und Reaktorsicherheit, dennoch wurde er meines Erachtens nicht ausreichend in die politischen Entscheidungen einbezogen. Nach zwei Wahlperioden hat er nicht wieder kandidiert. Auch die Herzchirurgin Claudia Schmidtke (CDU) wechselte 2017 aus der Klinik und Forschung in den Bundestag, ab 2019 konnte sie als Beauftragte der Bundesregierung für die Belange der Patientinnen und Patienten ihre Kenntnisse einbringen. Als in der Coronakrise klar erkennbar war, dass gerade kardiologische und intensivmedizinische Probleme für die Patienten eine große Rolle spielen, hätte Schmidtke mit ihrer unbestrittenen Kompetenz zumindest aus meiner Sicht stärker in die Debatten und Entscheidungen involviert werden können.

Ich selbst kann mich in dieser Hinsicht nicht beklagen. Wenn Wissenschaftler in die Politik wechseln, fehlen ihnen zumindest anfänglich oft die Kontakte und auch die Voraussetzungen, um sich erfolgreich einen Weg durch die Gremien zu bahnen. Da ich als gesundheitspolitischer Sprecher, als stellvertretender Fraktionsvorsitzender und als Verhandlungsführer bei mehreren Koalitionsverträgen sehr gut eingebunden war, hatte ich es vielleicht leichter als ein Ernst Ulrich von Weizsäcker. Auf gewichtige Persönlichkeiten wie ihn kann und sollte der Bundestag jedoch nicht verzichten. Wir müssen also nicht nur Wege finden, um Wissenschaftler für die Parlamente und Regierungspositionen zu gewinnen – wir müssen sie auch stärker in die Entscheidungsfindung einbinden.

Ein unwägbares Abenteuer

Wie schwer ist es, Wissenschaftlerinnen und Wissenschaftler für die Politik zu gewinnen? Insbesondere für diejenigen, die in ihrem Fach erfolgreich sind, ist es ein sehr großer Schritt, aus der Forschung aus- und in eine politische Laufbahn einzusteigen. Der Normalfall ist, dass Wissenschaftler oft erst nach einer langen Phase der Ungewissheit, geprägt von einem Zeitvertrag nach dem anderen, also unsicheren Stellen und Wechseln des Forschungsstandortes, in einer Position ankommen, in der sie an dem arbeiten können, was sie ihr Leben lang fasziniert hat, wofür sie immer schon gebrannt haben. Hat man dann endlich nach Jahren, manchmal Jahrzehnten eine unbefristete Stelle erlangt, wurde als Professorin berufen oder gar Institutsleiter, ist die Wahrscheinlichkeit gering, dass man einen Anreiz hat, in die Politik zu wechseln. Es gibt wohl nur wenige Berufe, bei denen persönliche Leidenschaften und berufliche Interessen eine so große Übereinstimmung aufweisen wie bei engagierten Forscherinnen und Forschern, die mit steter Neugier in bislang unbekanntes Terrain vordringen wollen. Ein solcher Forscher hat sein Hobby zum Beruf gemacht, ist womöglich unkündbar und verfügt meist über ein sehr gutes Einkommen. Er hat eine hohe Reputation in Fachkreisen, großes Prestige in der Öffentlichkeit, ein geregeltes und interessantes Leben. Nun würde er in fortgeschrittenem, mindestens mittlerem Alter all das aufgeben, nur um erneut in eine extrem unsichere Stellung in der Politik zu wechseln. Ohne Garantie auf Erfolg. Ohne Sicherheit, dass ihm sein Renommee und seine Fachkenntnis in diesem neuen Bereich wirklich nutzen. Das öffentliche Prestige von Universitätsprofessoren etwa ist mit das höchste in Deutschland, das von Politikern hingegen liegt im unteren Bereich solcher Ranglisten. Somit ist die Wahrscheinlichkeit, dass etablierte Professoren ein Bundestagsmandat anstreben, sehr niedrig.

Dazu kommt die zeitliche Begrenzung der Karriere für viele Bundestagsabgeordnete. Im Durchschnitt bleibt ein Abgeordneter zwei Legislaturperioden, also acht Jahre, im Bundestag. Die meisten, die als Quereinsteiger in die Politik gehen und als Abgeordnete in den Bundestag kommen, brauchen aber mehr als diese acht Jahre, um sich überhaupt zu etablieren und maßgeblichen Einfluss zu gewinnen. Man muss relativ schnell in eine einflussreiche Position kommen, um größere Entscheidungen mitprägen zu können. Denn einen solchen Schritt von der Wissenschaft in die Politik macht man genau dafür: um Einfluss zu nehmen. Man braucht dazu enorm viel Glück und Durchsetzungsvermögen. Und wenn man das geschafft hat, muss man noch dazu das Glück haben, dass die eigene Partei regiert, um wirklich konkret, messbar etwas bewirken zu können. Eine lange Zeit in der Opposition ist für Fachspezialisten besonders undankbar, weil ihr Wissen dann nicht in die Gesetzgebung einfließen kann. Der Einfluss der Fachpolitik im Rahmen der Oppositionsarbeit wird dramatisch überschätzt. Sehr selten wird den fachpolitischen Einwänden der Oppositionsparteien bei der Gesetzgebung Rechnung getragen.

Realistischerweise geben Wissenschaftler also eine prestigereiche, spannende und dauerhafte Position auf, um im schlechtesten Fall zeitlich befristet auf den Hinterbänken Oppositionsarbeit zu leisten. Ich habe selbst Kolleginnen und Kollegen kennengelernt, die genau diesen Weg gegangen sind und schließlich das Parlament verlassen haben. Aber nicht nur mit der relativen Planbarkeit eines etablierten Forscherlebens ist es dann vorbei. Das Leben eines Politikers – oft von Termin zu Termin hetzend, meist unter den Augen der Öffentlichkeit – trägt auch nicht unbedingt zu einer gesteigerten Lebensqualität oder einer besseren Work-

Life-Balance bei. Eine Wiederwahl für die nächste Legislaturperiode zum Beispiel ist keineswegs garantiert. Sie hängt natürlich vom Stimmenergebnis der eigenen Partei ab – und davon, ob diese Partei einem als potenzieller Abgeordneter einen aussichtsreichen Listenplatz beschert oder zumindest einen Wahlkreis mit recht sicherem Direktmandat, den man dann im Wettbewerb mit anderen Direktkandidaten gewinnen muss. Alle vier Jahre läuft man Gefahr, je nach Wahlausgang nicht mehr in den Bundestag einziehen zu können. Natürlich gehört das zur demokratischen Normalität. Für die betroffene Person bedeutet es dennoch oft: Sie hat das Mandat verloren – und ist auf jeden Fall in den Augen der Öffentlichkeit gescheitert.

Für diejenigen, die nicht wiedergewählt werden, ist die politische Laufbahn meist erst einmal beendet – und nicht alle fallen weich. Manche werden mit Parteiämtern «versorgt» oder in parteinahen Stiftungen untergebracht. Andere werden dank ihrer Verbindungen Politikberater oder Lobbyisten; nach manchen Schätzungen wählen etwa 15 Prozent aller ausscheidenden Abgeordneten diesen – oft lukrativen – Weg.[20] Ein Bundestagsmandat ist aber kein Karrierebeschleuniger, schrieb der «Spiegel» einmal.[21] Das entspricht auch meiner Erfahrung. Weitere 15 Prozent der Bundestagsabgeordneten, die ihr Mandat verlieren, sind nämlich erst einmal arbeitslos. Viele müssen finanzielle Einbußen hinnehmen, und selbst wer als Beamter auf seine frühere Stelle zurückkehren kann, kehrt zurück als jemand, «der es nicht geschafft hat».

Fazit: Der Schritt in die Politik ist für einen Wissenschaftler nicht einfach, man muss es schon sehr wollen. Natürlich kann einem die Politik auch etwas geben, das es nirgendwo sonst gibt. Es ist ein Privileg, Parlamentarier zu sein und Gesetze machen zu dürfen. Wenn man weiß, was man erreichen will, ist das Parlament ein Ort, an dem man die eigenen Ziele sehr gut umsetzen kann. Fachpolitiker mit wissenschaftlichen Grundlagen haben hier die Möglichkeit, ihre zentralen Erkenntnisse demokratisch legitimiert umzusetzen. Das möchte ich an meinem eigenen Beispiel deutlich machen.

Mein Weg ins Parlament

Eine Laufbahn als Wissenschaftler und als Forscher war mir nicht in die Wiege gelegt. Ich komme aus Oberzier, einem Dorf neben der Kernforschungsanlage Jülich, mein Vater arbeitete in einer nahegelegenen Molkerei. Wir Arbeiterkinder gingen mit den Kindern der Atomkraftingenieure in dieselbe Grundschule. Obwohl ich ein sehr guter Schüler war, wurde meinen Eltern davon abgeraten, mich aufs Gymnasium zu schicken – ich hätte einfach zu oft Bronchitis, war die Begründung. Diese Formulierung habe ich nie vergessen. Erst später wurde mir klar: Das Gymnasium war für die Ingenieurskinder reserviert. Sie blockierten, anders ausgedrückt, alle Zulassungsplätze für die anderen Dorfkinder – egal, wie begabt man war. Auf der Hauptschule langweilte ich mich so sehr, dass sich sofort Lehrer für mich einsetzten. Also kam ich erst auf eine Realschule, dann aufs Gymnasium. Verglichen mit dieser Hürde nach der Grundschule waren spätere beim Abitur, bei der Zulassung für das Medizinstudium, der Promotion und der Professur wirklich harmlos. Es klingt verrückt. Aber die erste Hürde ist für Kinder oft die schwerste, weil sie diese am wenigsten selbst beeinflussen können. Schon als Kind hatte ich daher die Ungerechtigkeit des Bildungssystems begriffen.
Ähnlich früh wusste ich, dass ich mein Leben der Medizin

widmen wollte. Das hatte ich mir als Dreizehnjähriger genau mit diesen Worten zurechtgelegt, da darf es auch erneut etwas kitschig klingen. Dieser frühe Entschluss kam aus einer persönlichen Betroffenheit, einem existenziellen Schockmoment heraus. Bei einer Routineuntersuchung war an meinem Knie eine Knochenzyste festgestellt worden, die nur ungefähr einen von hunderttausend Menschen betrifft. Der Arzt konfrontierte mich mit der Diagnose, das sei Krebs und mein Bein müsse wahrscheinlich amputiert werden. Für einen Jungen, der im Verein Fußball und Tischtennis spielte und beim Sport deutlich ehrgeiziger war als in der Schule, war das ein unvorstellbares Drama. Einige Wochen lebte ich mit meiner Familie in diesem Horror, mein Bein zu verlieren; meine Mutter konnte sogar vierzehn Tage lang gar nichts essen. Bei der Operation zeigte sich zum Glück, dass die Knochenzyste gutartig war und ich mein Bein behalten konnte.

Leider wurde der Eingriff miserabel durchgeführt. Wegen eines ärztlichen «Kunstfehlers» hatte sich bei der Entnahme von Spongiosa, dem schwammartigen Innengewebe von Knochen, ein Hospitalkeim eingenistet. Wochenlang lag ich deswegen mit einer offenen Wunde an der Hüfte in der Klinik. Danach musste ich über Jahre hinweg jedes halbe Jahr zu einer Kontrolluntersuchung: Kommt die Zyste zurück oder nicht? Wird sie dann bösartig sein oder nicht? Heute weiß ich, wie schlecht fortgebildet die damaligen Ärzte in der Kleinstadt waren. Ihnen war nicht klar, dass die Wahrscheinlichkeit einer wiederkehrenden Zyste gering war. Wäre sie zurückgekommen, wäre sie, anders als die Ärzte mir und meiner Familie sagten, auf jeden Fall wieder gutartig gewesen. So lebte ich also jahrelang unter dem Damoklesschwert einer möglicherweise wiederkehrenden Bedrohung meines Beines, ohne dass es diese Bedrohungslage überhaupt gab.

Während ich noch in der Klinik lag, fand dort einmal in der

Woche die sogenannte Chefarztvisite statt. Nur bekam mich der Chefarzt nie zu sehen, weil ich dann immer zum Baden der Wunde gebracht wurde. Der behandelnde Arzt wollte so offensichtlich vermeiden, dass sein Behandlungsfehler aufflog. Irgendwann habe ich meine Mutter, der das entsetzlich peinlich war, in die Privatpatientensprechstunde des Chefarztes geschleppt und mich einfach hingesetzt, bis er Zeit für mich hatte. Der war dann, gelinde gesagt, entsetzt, dass diese schlimme Komplikation vor ihm verborgen gehalten werden sollte. Für den behandelnden Arzt hatte das Konsequenzen; er wurde versetzt.

In der Klinik erlebte ich viele Patienten, denen es noch viel schlechter ging als mir. Außerdem erkannte ich schon, wie ungerecht unser Medizinsystem mit den zwei Klassen aus Privat- und Kassenpatienten war. Diese Erfahrungen haben meinen Berufsweg geprägt. Ich fasste damals den Entschluss, Mediziner zu werden, um die Gesundheit der Bevölkerung zu verbessern. Aus meiner eigenen Krankheitserfahrung heraus dachte ich, der Sinn meines Lebens könnte sein, Krebserkrankungen zu verhindern.

Ich hatte erlebt, dass damals viele Ärzte nicht imstande waren, präzise Auskünfte zu geben, und Patienten dann auch noch so schlecht versorgten, dass selbst an einer gesunden Hüfte plötzlich gewaltige Komplikationen entstehen konnten. Damit war mein Interesse an der Medizin sehr früh geweckt. Ich wollte etwas verändern. Und ich wollte nicht nur Arzt, sondern Wissenschaftler in der Medizin werden. Weil ich in der Oberstufe besonders stark in Mathematik und Physik war, hatte ich die für Medizin eher typischen Fächer wie Biologie und Chemie abgewählt. Um dennoch bei meinem ursprünglichen Vorhaben zu bleiben, wollte ich Mathematik und Physik studieren, um später neuartige Geräte zu entwickeln, mit denen man Krebserkrankungen bekämpfen kann – Bestrahlungsinstrumente, Apparaturen für radiologische

Verfahren und so weiter. Dank meines sehr guten Abiturs konnte ich mir aussuchen, was ich studieren wollte. In Aachen war ich dann für Medizin eingeschrieben, und nach einiger Zeit habe ich kaum noch Physik gemacht, weil mich das Medizinstudium mehr und mehr faszinierte. Es war eine Ironie des Schicksals, dass ich im Zuge meiner Promotion im Bereich der Nuklearmedizin, bei der ich mich mit bildgebenden Verfahren beschäftigte, wieder in der Kernforschungsanlage Jülich gelandet bin. So schloss sich der Kreis: Ich forschte plötzlich selbst an dem Ort, an dem früher die Eltern jener Mitschüler gearbeitet hatten, die die Gymnasiumsplätze für die Arbeiterkinder im Dorf blockierten. Als Stipendiat der Konrad-Adenauer-Stiftung war ich im Rahmen dieser Doktorarbeit auch in Tucson, Arizona, später in San Antonio, Texas. An der Harvard School of Public Health in Boston habe ich mich schwerpunktmäßig zunächst mit Epidemiologie, dann mit Gesundheitspolitik und -management beschäftigt. Von dort ging es weiter.

So war aber eine prägende, existenzielle Erfahrung mit dreizehn Jahren Grundlage der Entscheidung für meinen weiteren Lebensweg: Als Wissenschaftler habe ich mich mit genau jenen Themen beschäftigt, bei denen es um Vorbeugung und Verhütung von Krankheiten ging. Schon früh habe ich mir ausgerechnet: Wie viele Patientinnen und Patienten sieht ein einzelner Arzt im Laufe seines Lebens? Wie viel besser als der Durchschnittsarzt kann ein einzelner, wirklich guter Arzt sein? Auf dieser Basis erwog ich den Einfluss eines solchen richtig guten Arztes. Da wir in Deutschland aber keinen Ärztemangel haben, wurde mir klar, dass ich einen anderen Weg einschlagen musste, wenn ich die medizinische Versorgung tatsächlich verbessern wollte. Jemand, der in der Vorbeugemedizin forscht und dabei auch politische Entscheidungen vorbereitet, hat unterm Strich mehr Einfluss auf die Gesundheit vieler Menschen als ein einzelner Arzt, mag dieser auch noch so gut sein. In der Summe erreicht man mehr Patienten. Ich sah für mich zwei Möglichkeiten, wobei die eine mit Heilung, die andere mit Vorbeugung zu tun hatte: Ich konnte entweder versuchen, neue Arzneimittel zu erforschen und neuartige operative Verfahren zu entwickeln; oder die Vorbeugemedizin wählen, mit der man viele Risikofaktoren beeinflussen kann, ob es um Adipositas oder zu hohe Cholesterinwerte geht, um das Rauchen oder die Feinstaubbelastung. Auch die Qualität der ärztlichen Versorgung wollte ich verbessern, indem zunächst einmal verglichen werden sollte, wie gut verschiedene Krankenhäuser sind. Das würde es Patienten und Ärzten erlauben, über Versorgungsniveaus zu diskutieren und daran zu arbeiten, dass diese angehoben werden.

Bei meiner wissenschaftlichen Arbeit begriff ich, dass die Art und Weise, wie wir therapieren, oft dazu führt, dass das Ergebnis nicht wirklich optimal ist. Wir hatten – um nur ein einziges der vielen Beispiele zu nennen – damals eine relativ unzureichende Versorgung im Fall von zu hohem Blutdruck bei Zuckerkranken. In der Folge kommt es zu mehr Nierenkomplikationen, zu mehr Herzinfarkten, aber auch zu mehr Augenkomplikationen. Wer an Erkrankungen wie Diabetes leidet, ist damit langfristig konfrontiert. In der täglichen ärztlichen Praxis geht es aber zumeist um akute Erkrankungen. Um die dauerhafte Versorgung solcher chronisch kranken Patienten mitsamt ihrer Lebensqualität zu verbessern, habe ich mich zunehmend mit sogenannten Disease-Management-Programmen beschäftigt. Dabei ging es darum, das Verhältnis von Patient und Arzt zu verbessern, unter anderem durch regelmäßige Beratungen und das Überprüfen wissenschaftlich gesicherter relevanter Laborwerte und Krankheitsmerkmale; auf diesem Weg sollte auch einer Verschlechterung der Krankheit vorgebeugt werden. Überhaupt sollte die ärztliche Beratung verbessert werden, auch im Zusammenspiel der Ärzte verschiedener Fachrichtungen, und ebenso die Überwachung zentraler Blutwerte und Untersuchungsergebnisse. Dazu gehört die entsprechende Fortbildung von Ärztinnen und Ärzten, jeweils nach dem aktuellen Stand der Forschung, damit sie Behandlungen bestmöglich durchführen können.

Solche Disease-Management-Programme machen einen wirklichen Unterschied, das konnten unser Forschungsteam an der Universität Köln wie auch andere Universitäten nachweisen. Irgendwann habe ich angefangen, mit meiner Expertise in diesen Bereichen die Politik zu beraten. So kam ich in den Sachverständigenrat des Bundesgesundheitsministeriums, zunächst unter der grünen Gesundheitsministerin Andrea Fischer, später unter Ulla Schmidt (SPD), und half dort mit, Gesetze vorzubereiten. Eines davon sah vor, dass Ärzte eine Art finanziellen Anreiz erhielten, so zu behandeln, wie es gesicherten wissenschaftlichen Kriterien und den Methoden des Disease-Managements entspricht. Das konnten wir gegen den Widerstand vieler niedergelassener Ärzte und insbesondere der Kassenärztlichen Vereinigungen durchsetzen. Entsprechende Programme werden bis heute in fast jeder deutschen Arztpraxis umgesetzt. Während sie anfänglich sehr umstritten waren, werden sie mittleweile von den allermeisten Ärztinnen und Ärzten aus Überzeugung fortgeführt.

Ich habe am Anfang meiner wissenschaftlichen Beratungen Reformen häufig als Konfrontation insbesondere mit den Kassenärztlichen Vereinigungen verstanden. Dies ist sicherlich auch ein Ergebnis meiner frühen Prägung, die ich geschildert habe. Über die Jahre habe ich gelernt, dass ein Miteinander häufig erfolgreicher ist als die Konfrontation. Die Bereitschaft, sich mit dem wissenschaftlichen Kenntnisstand auseinanderzusetzen, hat gerade bei jungen Ärztinnen und Ärzten erfreulicherweise enorm zugenommen. Aber auch heute stehen wichtige und notwendige Reformen in unserem Gesundheitssystem noch aus.

Nach Jahren der Beratung stand ich 2005 selbst vor der Entscheidung, die ich weiter oben beschrieben habe. Ich hatte meinen Lehrstuhl in Köln an der Uniklinik. Als Direktor des Instituts für Gesundheitsökonomie und Epidemiologie (IGKE) konnte ich genau das erforschen, was ich immer wollte. Als Beamter mit C4-Professur war ich abgesichert bis über das Rentenalter hinaus. Dazu hatte ich eine Gastprofessur an der Harvard University, die ich bis heute innehabe. Aber ich hatte erkannt, wie ich noch mehr Einfluss nehmen konnte, um das voranzubringen, was ich als wesentlich ansah – nämlich im Bundestag mit einem Mandat. Mir war klar geworden, dass ich dort die Chance hatte, eigene wissenschaftliche Erkenntnisse, wie die Versorgung zu verbessern und Krankheiten vorzubeugen ist, in die Diskussion über weitere Reformen einzubringen. Ich hatte bei meiner Beratungstätigkeit erlebt, wie viel in der Gesundheitspolitik erreicht werden kann, wenn man direkt am politischen Prozess mitwirkt.

Ich nahm also Kontakt auf zur SPD in Köln-Mülheim und in Leverkusen. Dort hatte ich schon gute Verbindungen, und ich wusste, dass ein Bundestagssitz frei wurde. In einer parteiinternen Auseinandersetzung habe ich mich dann gegen einen Mitbewerber durchgesetzt. Mit ihm stehe ich noch heute in Kontakt, und ich würde ihn als einen guten Freund bezeichnen. Seither habe ich fünfmal das Direktmandat gewonnen.

Hier geht es mir nun vor allem darum aufzuzeigen, dass ich als Bundestagsabgeordneter etwas erreichen konnte, das mir «von außen», auch in Beratungsgremien, nicht gelungen wäre. In diesen Jahren im Bundestag habe ich bisher über achtzig Gesetze mit auf den Weg gebracht oder maßgeblich beeinflusst. Erwähnt habe ich schon die Chronikerprogramme (Disease-Management-

Programme), die darauf abzielten, die Versorgung bei Krankheiten wie Diabetes, Herzschwäche, chronischen Erkrankungen der Lunge (COPD) und Brustkrebs zu verbessern. Als Arzt oder Ärztin kann man ein solches Programm in der Praxis mit den eigenen Patienten umsetzen; als Wissenschaftler oder Wissenschaftlerin kann man Vorschläge machen, wie es umgesetzt werden soll, dann aber hat man keinen Einfluss mehr darauf. Wenn etwas politisch nicht umgesetzt wird, da kann der Vorschlag noch so gut gewesen sein, war die Arbeit quasi umsonst. Im Bundestag konnte ich für solche Vorschläge werben und dafür sorgen, dass einiges von dem, was mir wichtig ist, auch Realität wurde. Dabei sei ausdrücklich erwähnt, dass jedes Gesetz die Gemeinschaftsarbeit eines Teams von Abgeordneten und Mitarbeitern ist. Man kann die eigenen Vorschläge einbringen, aber sie werden nur zu Gesetzen, wenn man die Kolleginnen und Kollegen überzeugt und alle gemeinsam an der Umsetzung arbeiten.

Ich will ein zweites Beispiel für ein Gesetz nennen, das ich anstoßen konnte. Anfang der 2000er Jahre wurden in Deutschland neue Arzneimittel zu sehr hohen Preisen und ohne gründliche Überprüfung ihres zusätzlichen Nutzens im Vergleich zu bereits verfügbaren Präparaten eingeführt und von den Krankenkassen bezahlt. Ich habe mich besonders dafür eingesetzt, dass ähnlich wie in England und einigen skandinavischen Ländern ein Institut geschaffen wurde, das jedes neue Medikament auf seinen medizinischen Nutzen und seine Kosten-Nutzen-Relation hin prüft. Auf der Basis dieser Prüfung sollten dann die Preise zwischen den Krankenkassen und dem Hersteller ausgehandelt werden. Das Ergebnis war das Institut für Qualität und Wirtschaftlichkeit im Gesundheitswesen (IQWiG), das ich damals im Zusammenspiel mit Gesundheitsministerin Ulla Schmidt eingeführt habe.

Ein weiteres angestoßenes Gesetz betrifft die Qualität der

Krankenhäuser. Um diese besser vergleichen zu können – die Unterschiede hatte ich schon als Kind kennengelernt – und den Patienten die Möglichkeit zu geben, in spezialisierten Kliniken behandelt zu werden, wurde den Krankenhäusern eine Mindestanzahl für komplizierte operative Eingriffe vorgegeben. So ist sichergestellt, dass sie nur Operationen vornehmen, die sie häufig genug ausführen, also mit einer professionellen Routine. Dafür und für die Veröffentlichung solcher Qualitätsdaten wurde ein eigenes Institut für Qualitätssicherung und Transparenz im Gesundheitswesen (IQTIG) eingeführt.

Ich könnte noch viele Beispiele mehr nennen. Wären ähnliche Reformen für mich auch als Wissenschaftler durchsetzbar gewesen? Nein, ganz sicher nicht. Als Wissenschaftler kann man zum Beispiel für die Einrichtung solcher Institute plädieren. Aber nur weil man wissenschaftliches Renommee hat, heißt das ja noch nicht, dass die Forderung umgesetzt wird. Dafür braucht man Unterstützung im Parlament, Abgeordnete, die dort wirklichen Einfluss haben. Es gilt, die Beharrungskräfte im System zu überwinden, diejenigen, die sagen: Das gab es bisher nicht, also brauchen wir das nicht. Wie ein damaliger Ärztekammerpräsident, der verkürzt, aber sinngemäß meinte: Was wir Ärzte machen, hat sowieso Qualität. Die meisten jungen Ärztinnen und Ärzte sind heute deutlich selbstkritischer und, wie gesagt, sehr viel besser in der wissenschaftlichen Literatur verankert, als dies noch vor zwanzig Jahren der Fall war.

Eine wichtige positive Erfahrung, die ich gerade auch jungen Klimawissenschaftlern mitgeben will, war für mich die folgende: Während meiner Arbeit als Abgeordneter im Deutschen Bundestag habe ich es immer wieder erlebt, dass andere Abgeordnete meine wissenschaftlich begründeten Empfehlungen unterstützt und mitumgesetzt haben. Es gab eine große Bereitschaft, wissenschaftlich gesichertes Wissen zu nutzen. Neben zahlreichen befreundeten Abgeordneten war diese Bereitschaft besonders ausgeprägt bei der Bundesgesundheitsministerin Ulla Schmidt. Sie war durchweg bereit, Studien und wissenschaftliche Erkenntnisse einzubeziehen. Ich denke, dass das deutsche Gesundheitssystem ihr wichtige Modernisierungsschritte verdankt. Ich selbst verdanke ihr nach der jahrelangen kollegialen Zusammenarbeit auf jeden Fall sehr viel. Als Einzelkämpfer erreicht man auch im Bundestag nichts. Wenn man aber Netze aufbaut und sich kollegial verhält, kann man meiner Erfahrung nach viel Einfluss gewinnen. Auch wenn man nicht gerade Minister ist. Die Gesetze werden im Parlament gemacht. Das gilt für jede Regierung.

Die von mir beschriebene Wissenschaftsfeindlichkeit habe ich im Bundestag zumindest bis zum Auftreten der AfD nicht erlebt. Ich glaube nicht, dass es die AfD selbst ist, die zu der Zeitenwende geführt hat. Auch in der allgemeinen Bevölkerung hat die Skepsis gegenüber der Wissenschaft stark zugenommen. Ich nehme das in allen sozialen Medien wahr und auch bei Menschen, die der AfD in keiner Weise nahestehen.

Dennoch: Für mich hat sich der Wechsel in die Politik bisher sehr gelohnt.[22] Ohne die Mandate im Bundestag wäre ich nicht in der Lage gewesen, meine zentralen wissenschaftlichen Erkenntnisse so in den politischen Entscheidungsprozess einzubringen, wie ich es konnte. Schon zu Beginn hatte ich eine klare Vorstellung davon, was ich als Abgeordneter erreichen will. Die Arbeit im Parlament war für mich als Arzt, Wissenschaftler und Politiker ein Privileg; deshalb habe ich dafür viel riskiert. Allerdings muss man ehrlicherweise einräumen, dass die erwähnten Reformen in ihrer Bedeutung komplett verblassen vor der Herausforderung, die die Klimakatastrophe darstellt. Ich kann mir gut vorstellen, dass es Klimaforscherinnen und -forscher gibt, die der Gedanke umtreibt, was getan werden müsste und ob der eigene Wechsel in die Politik die Dinge in ihrem Sinne beschleunigen könnte. Dazu kann ich sie nur ermutigen. Ich habe meinen eigenen Weg offen dargestellt, um andere zu motivieren. Was den Lebensstil betrifft, lohnt sich der Schritt vielleicht nicht für jede und jeden Einzelnen. Aber viele würden in diesem zentralen Jahrzehnt einen unschätzbaren Beitrag leisten. Der Einfluss der Wissenschaft würde auf diese Weise deutlich wachsen. Und genau darauf wird es ankommen.

Wie Forschung in politische Entscheidungen einfließt und warum das zu wenig geschieht

Es müssen aber nicht nur mehr Wissenschaftler in die Politik. Es muss auch mehr Raum für die Wissenschaft bei politischen Entscheidungen geschaffen werden. Zunächst: Natürlich muss man kein Wissenschaftler sein, um als Parlamentarier wissenschaftlich fundierte Entscheidungen treffen zu können. Letzteres geschieht ja auch jeden Tag. Selbst in sehr komplexen Bereichen wie der Digitalisierung gibt es spezialisierte Arbeitsgruppen und Ausschüsse. Aber die Anforderungen steigen stetig. Ein Beispiel ist die künstliche Intelligenz (KI), die wir etwa für die Steuerungssysteme zur Einspeisung, Verteilung und Speicherung von erneuerbarer Energie brauchen. Auch das Auftreten von Klima-Kipppunkten wird zunehmend mithilfe von künstlicher Intelligenz untersucht. Sie spielt darüber hinaus eine große Rolle bei der Modellierung des Klimawandels. Menschliche Berechnungen und Modelle reichen bei dieser Komplexität und Größenordnung nicht mehr aus. Wie ernst müssen wir eine Simulation nehmen, die mit einer Wahrscheinlichkeit von X Prozent eine Katastrophe bis zum Tag Y voraussagt? Nur wenige Abgeordnete haben sich je tiefgehend mit der Problematik der künstlichen Intelligenz auseinandergesetzt oder auch nur die rasante Entwicklung auf diesem Gebiet verfolgt.

Die Klimakrise ist nur das wichtigste, aber keineswegs das einzige Beispiel für die fortschreitende Digitalisierung fast aller Bereiche des täglichen Lebens; auch die Biotechnologie wird immer komplexer und macht mit immer größeren Schritten immer mehr möglich. Ende der siebziger Jahre, als Louise Brown, das weltweit erste Retortenbaby, per In-vitro-Fertilisation (IVF) gezeugt wurde, wurde in der Öffentlichkeit ausgiebig darüber diskutiert, ob das der Beginn der Menschenzucht sei. Mittlerweile ist die Entwicklung der Biotechnologie so weit fortgeschritten, dass Eingriffe in die menschliche Keimbahn nicht nur möglich sind, sondern erste Schritte längst gemacht wurden: Der chinesische Biophysiker He Jiankui verkündete 2018 die Geburt zweier Babys, die er mithilfe der Genschere CRISPR im frühen embryonalen Stadium immun gegen das HI-Virus gemacht habe.[23] Das rief weltweit Empörung hervor – vor allem in Wissenschaftskreisen. Die Öffentlichkeit und die Politik diskutieren kaum darüber. Um zu begreifen, was hier geschehen ist und welche Entwicklungen möglich sind, muss man profundes biologisches und genetisches Wissen mitbringen. Diese Vorbildung haben die wenigsten Menschen – auch in den Parlamenten ist das so. Das Wissen um die Entwicklungen und die kommenden Herausforderungen, die solche technologischen Möglichkeiten mit sich bringen, ist aber nötig für verantwortungsvolle Entscheidungen in der Zukunft.

Im hektischen Alltag der Politik gibt es oft keinen Raum für die Aneignung und Vermittlung solcher wissenschaftlichen Erkenntnisse. Der Erkenntniszuwachs der Wissenschaft verläuft heute rasant. Daher werden Abgeordnete in der Aneignung systematisch unterstützt. Im Folgenden möchte ich eine Reihe von Möglichkeiten nennen, wie derzeit wissenschaftliche Erkenntnis in der deutschen Politik verankert wird.

Damit der und die einzelne Abgeordnete sich möglichst unabhängig von der Regierung, also dem Sachverstand in den Fachabteilungen der Ministerien, zu aktuellen und wissenschaftlichen Themen informieren kann, gibt es im Deutschen Bundestag den sogenannten Wissenschaftlichen Dienst. Hier kann jeder Parlamentarier nach Anfrage gezielt Informationen zu bestimmten Sachverhalten bekommen. Aufgrund meines (natur-)wissenschaftlichen Hintergrunds habe ich den Wissenschaftlichen Dienst selten in Anspruch genommen; ich lese selbst die Forschungsliteratur und nehme bei Fragen direkt Kontakt mit den entsprechenden Wissenschaftlern auf. Für diejenigen, die einen solchen Hintergrund nicht haben, stellt der Wissenschaftliche Dienst den aktuellen Stand der Forschung zu den jeweiligen Gebieten zusammen und informiert die anfragenden Abgeordneten persönlich per Telefon oder auch in ausgearbeiteten Schriftstücken. (Einer breiteren Öffentlichkeit wurde der Wissenschaftliche Dienst im Zuge der Plagiatsaffäre um die Dissertation des ehemaligen Verteidigungsministers Karl-Theodor zu Guttenberg bekannt. Der hatte mehrere solcher Ausarbeitungen für seine Arbeit verwendet und nicht als Quelle gekennzeichnet.) Die meisten Anfragen sind wohl eher juristischer, ökonomischer oder politischer Natur. Dabei, so meine Einschätzung, geht es vor allem um die Recherche und Zusammenfassung grundlegender Informationen zu einem Thema wie um die Erstellung von Gutachten – weniger um Detailfragen oder überhaupt den direkten Fluss von Erkenntnissen aus der Forschung in die Politik.

Eine solche direkte Beratung leisten etwa die wissenschaftlichen Beiräte, die es in den meisten Ministerien gibt. Solche Beiräte, besetzt mit praktizierenden Wissenschaftlern oder Expertinnen, veröffentlichen Analysen und Statusberichte zu bestimmten Themenfeldern oder erarbeiten Empfehlungen und Reformvorschläge, die aber für die politischen Entscheidungsträger in keiner Weise bindend sind. Oft gehen Vorschläge für die Ernennung von Beiräten von den Beiratsmitgliedern selbst aus – die Berufung erfolgt dann durch die jeweiligen Ministerinnen und Minister.[24]

Daneben gibt es mehrere Sachverständigenräte für die gesamte Bundesregierung, für die gesamtwirtschaftliche Entwicklung (die fünf «Wirtschaftsweisen»), Umwelt- und Verbraucherfragen. Ich selbst war, wie oben erwähnt, bis zu meiner Wahl in den Bundestag Mitglied im «Sachverständigenrat zur Begutachtung der Entwicklung im Gesundheitswesen». Diese Sachverständigenräte sind ständige Beratungsgremien der Regierung. Dazu kommen Kommissionen – besetzt mit Experten und Wissenschaftlern –, die jeweils zu bestimmten Problemstellungen eingerichtet werden und Empfehlungen ausarbeiten sollen. Ein Beispiel dafür ist die «Kommission für die Nachhaltigkeit in der Finanzierung der Sozialen Sicherungssysteme», bekannt als «Rürup-Kommission», die in den Jahren 2002/2003 für die Regierung Schröder Vorschläge zur Stabilisierung der Renten-, Kranken- und Pflegeversicherung erarbeitet hat und in der ich ebenfalls Mitglied war.

Schließlich gibt es seit dem im Jahr 2019 beschlossenen Klimaschutzgesetz einen unabhängigen «Expertenrat für Klimafragen», kurz «Klimarat» genannt. Er wurde erstmals im August 2020 berufen und soll die vom Umweltbundesamt ermittelten Emissionsdaten prüfen und bewerten.

Enquete-Kommissionen hingegen sind vom Bundestag oder von Landesparlamenten eingesetzte Arbeitsgruppen, die sowohl aus Parlamentariern als auch aus Sachverständigen, also Wissenschaftlerinnen und Experten, bestehen. Erörtert werden darin komplexe aktuelle Sachverhalte, um möglichst eine gemeinsame Position zu finden, die von einer breiten Mehrheit getragen werden kann – im Parlament, aber auch in der Bevölkerung. So gab es in der neunzehnten Wahlperiode des Bundestages beispielsweise eine Enquete-Kommission zur künstlichen Intelligenz.

Außerdem lassen sich einzelne Politiker von bestimmten Wissenschaftlern individuell beraten. Während der Coronapandemie etwa hat sich Angela Merkel (wie einige der Ministerpräsidenten) von einer Gruppe von Wissenschaftlern persönlich beraten lassen. Auf diesen Fall werde ich im Kapitel über Pandemien noch genauer eingehen. Aus meiner Sicht fand hier unter dem Strich eine gelungene Übertragung gerade gewonnener wissenschaftlicher Erkenntnis in die Politik statt. Solche recht persönlichen Beratungsgremien werden bei Bedarf eingerichtet, sind also nicht institutioneller Art.

Im Gesetzgebungsverfahren sind wissenschaftliche Beratungen vorgesehen, nachdem der erste Gesetzentwurf vorgelegt wurde (Erste Lesung). Bei vielen Gesetzen, die verabschiedet werden sollen, können dann während einer Ausschussanhörung jeweils von den Fraktionen eingeladene Expertinnen und Experten zurate gezogen werden.

Es gibt also eine ganze Reihe von Möglichkeiten, wie wissenschaftliche Erkenntnis in politische Entscheidungen einfließen kann. Aus meiner langjährigen Erfahrung heraus kann ich aber sagen: Da sind mindestens drei Schwierigkeiten. Der wissenschaftliche Input ist ...

1.) ... zu oft schon parteipolitisch eingefärbt.
2.) ... nicht verbindlich.
3.) ... meist unterdosiert, und er wird zu spät in den Gang der Gesetzgebung eingebracht.

1.) Die erwähnten Kommissionen, die Beiräte und die Anhörungen werden meist politisch besetzt. Nicht unbegründet ist daher der Vorwurf, die Politik hole sich genau die Wissenschaftler in solche Gremien, die jene Maßnahmen begründen, die man ohnedies getroffen hätte. Wissenschaftler werden demnach nicht hinzugezogen, um neue Erkenntnisse zu gewinnen, sondern lediglich dafür, politisch bereits getroffene Entscheidungen abzusichern. Das zeigt sich besonders häufig in Anhörungen zu Gesetzen. Im schlechtesten Fall wird ein Wissenschaftler nur noch pro forma gehört. Im besten Fall stellt er, vielleicht um die Gegenseite zu überzeugen, noch einmal klar dar, welches die wissenschaftlichen Gründe sind, die für eine bestimmte Entscheidung sprechen. Das bedeutet: Die Parteien, egal, ob in der Regierung oder in der Opposition, geben den Wissenschaftlerinnen und Wissenschaftlern, die sie in die Anhörung holen, nicht den Auftrag, nach der besten Lösung zu suchen. Vielmehr sollen sie die jeweilige schon vorhandene Position unterstützen.

2.) Selbst wenn sich in solchen Anhörungen aus wissenschaftlicher Sicht erhebliche Bedenken gegen eine Entscheidung – meist ein Gesetz – ergeben, muss das mitnichten dazu führen, dass dieses Gesetz noch entsprechend verändert wird. Politiker haben oft wenig Interesse an einer präzisen wissenschaftlichen Bewertung. Man muss ehrlicherweise sagen, dass es den meisten schlicht darum geht, die Dinge so durchzusetzen, wie sie sie durchsetzen wollen. Die Empfehlungen der Wissenschaftler sind also in keiner Weise verbindlich. Sehr häufig reagiert man auf Bedenken, indem man die Auswirkungen des Gesetzes zu einem bestimmten Termin überprüft. Dies ist eine vollkommen legitime Vorgehensweise. Sie führt aber oft dazu, dass wertvolle Zeit verloren geht und Gesetze nach einer Weile überarbeitet oder wieder zurückgenommen werden müssen.

3.) Um zu erläutern, weshalb Wissenschaft oft unterdosiert und zu spät in die Entscheidungen einfließt, muss ich ein bisschen ausholen. Zu dem Zeitpunkt, an dem die Wissenschaft im Parlament zu Wort kommt – nämlich bei der ersten Anhörung, wenn in den Ausschüssen Expertinnen und Experten befragt werden –, ist das zu beschließende Gesetz schon relativ weit ausverhandelt und hat einige Runden der Vorbereitung hinter sich. In unserem Wahlsystem sind mittlerweile Koalitionen die Regel und Alleinregierungen einer Partei die große Ausnahme – selbst in Bayern. Der Weg eines Gesetzes beginnt oft schon im Wahlkampf der Parteien, die in ihren Wahlprogrammen bestimmte inhaltliche Linien zu einer politischen Frage vorgeben. Um sich im Wettstreit zu profilieren, müssen sich die Parteien von ihren Mitbewerbern abgrenzen. Wenn Parteien in bestimmten Fragen ähnlich differenziert argumentieren, laufen sie Gefahr, bei Medien und Wählern als «austauschbar» zu gelten – man wählt dann eher «das Original», jene Partei, die eine Position am längsten und am deutlichsten vertritt. Im Wahlkampf ist daher eine klare und von der politischen Konkurrenz gut abgegrenzte Position von Vorteil. Das aber führt nach einem Wahlsieg zu verminderter Kompromissbereitschaft, was wissenschaftlich angemessene, differenzierte Lösungen oft nicht einfacher macht – im Gegenteil.

Der Satz des ehemaligen Bundeskanzlers Gerhard Schröder, die SPD dürfe nicht «grüner als die Grünen» sein, ist beinahe schon sprichwörtlich geworden. Schon zu Schröders Zeiten waren die Folgen des Klimawandels klar erkennbar. Dennoch konnte damals mit starken klimapolitischen Positionen nur eine Partei punkten, deren Kernkompetenz das Klima war. Da die SPD ebenfalls schon klare Akzente im Bereich der Klimapolitik gesetzt hatte, genügte zum Glück die gemeinsame Schnittmenge mit den Grünen für wesentliche Gesetzesinitiativen. Dazu gehörten der

Ausstieg aus der Atomenergie und das Erneuerbare-Energien-Gesetz. Wenn aber Parteien bei ihren Positionen im Wahlkampf weiter auseinanderliegen, kommen in der Regel keine guten Kompromisse zustande. Die Schnittmenge ist dann einfach zu gering. Dieses Problem kann auch durch wissenschaftliche Beratung nicht gelöst werden. Die Schwierigkeit, auf die Schröders Aussage hindeutet, ist die folgende: In der Wissenschaft wird gemeinsam nach der überlegenen Lösung gesucht. In der Politik kommt ein zweites Ziel dazu, das oft sogar das bestimmende ist: die überlegene Partei zu sein.

Schauen wir uns ein Beispiel an: Die grüne Partei fordert eine bestimme Maßnahme, die zu ihrem Klimaprogramm passt – einen höheren Benzinpreis auf Grundlage einer höheren CO_2-Abgabe etwa. Als konkurrierende Partei im Wahlkampf darf man das nicht undifferenziert unterstützen. Man muss sich abgrenzen und die Forderung sogar angreifen, selbst wenn man der Meinung wäre, dass sie im Kern vernünftig ist. Wahltaktisch gesehen mag das klug sein. Für das Erreichen der Klimaziele kann die Strategie aber gefährlich sein. Zudem macht sie eine Zusammenarbeit nach einer Wahl in Koalitionen nicht einfacher. Denn die konkurrierende Partei darf nun nicht klein beigeben, sondern muss der Öffentlichkeit beweisen, dass sie ihre Versprechen einlöst und für einen niedrigeren Spritpreis kämpft. So wird eine gut begründete Einsicht gleich auf mehreren Ebenen verwässert – und aus wahltaktischen Gründen blockieren sich die Parteien gegenseitig selbst. Rein wissenschaftlich betrachtet, ist der Benzinpreis natürlich zu niedrig, weil die durch den Verbrennungsmotor verursachten CO_2-Kosten im Benzinpreis nicht enthalten sind. Sie werden von der Allgemeinheit zu bezahlen sein – spätestens zu dem Zeitpunkt, an dem wesentliche Investitionen notwendig werden, um den weiteren CO_2-Ausstoß zu verhindern und das bereits in der Atmosphäre befindliche CO_2 wieder zu entfernen. Somit bezahlen unsere Kinder später den zurzeit viel zu niedrigen, weil unvollständigen Preis für das Benzin. Trotzdem wäre es politischer Selbstmord, einen schon hohen Benzinpreis als noch zu niedrig zu bezeichnen. Man könnte sicher sein, von der Boulevardpresse unter dem Gejohle der AfD und vielleicht sogar von Sahra Wagenknecht zerfleischt zu werden. Wo helfen hier noch Wissenschaftler im Parlament?

Sinnvoll wäre ein höherer Benzinpreis, der zum Beispiel über eine pro Kopf ausgezahlte Energieprämie kompensiert würde. Ähnliche Vorschläge wurden von Ottmar Edenhofer, Direktor des Potsdam-Instituts für Klimafolgenforschung, gemacht und von den Grünen übernommen. Die SPD hat vergleichbare Vorschläge unterbreitet. Im Wahlkampf aber lädt eine solche Forderung dazu ein, sich gegen erhöhte Benzinpreise zu positionieren. Wurde ein solcher Wahlkampf erst einmal geführt, müssen die Parteien später entsprechend Wort halten. Auch dann, wenn ihre Kompromissvorschläge aus wissenschaftlicher Sicht nicht ideal sind. Diese allgemeine Priorität politischer Ziele vor wissenschaftlichen Erkenntnissen müssen wir akzeptieren. Die Politik ist nicht verpflichtet, das jeweils wissenschaftlich am besten Abgesicherte oder Sinnvollste zu machen. Aber Wissenschaftler erkennen sehr früh, welche Positionen zu halten sind und welche nicht. Wir brauchen also zum Beispiel wissenschaftlich fundierte Lösungen für einen steigenden Benzinpreis bei gleichzeitiger Entlastung der unteren Einkommensklassen, ohne dass dabei das vom gestiegenen Benzinpreis ausgehende Signal hin zum öffentlichen Personennahverkehr verloren geht. Wissenschaftler innerhalb und außerhalb des Parlaments können Lösungsvorschläge unterbreiten. Parteien und Abgeordnete können dafür gewählt oder auch abgewählt werden, wenn ihnen keine Lösung gelingt. Üblicherweise sind Fehler erlaubt. Wenn es aber um die Bewältigung der Klimakrise geht, können wir uns keine Fehler mehr leisten. Hier muss Wissenschaft so früh wie möglich in den Prozess der Gesetzgebung eingebunden werden.

Politik braucht Wissenschaft, und Wissenschaft braucht Politik

Zwischen Wissenschaft und Politik tun sich oft große Kommunikationslücken auf, die dazu führen, dass Entscheidungen nicht ausreichend fundiert sind. Dabei gibt es etwas, das Wissenschaft und Politik eint – oder zumindest sollte es so sein. Die Wissenschaft, das ist meine Überzeugung, hat nicht nur die Aufgabe, unsere Welt zu erforschen und neue Erkenntnisse zu gewinnen. Idealerweise wollen Wissenschaftler, nicht anders als Politiker, mit ihrer Arbeit die Welt und das menschliche Leben besser machen. Das gilt nicht für jede Wissenschaft, denn es gibt wissenschaftliche Bereiche, die allein dem Erkenntnisgewinn dienen sollen. Aber ein nicht unerheblicher Anteil der Wissenschaft ist zielgerichtet. Ein theoretisches oder praktisches Problem steht dabei im Vordergrund; und man weiß, dass die Lösung des Problems einen Nutzen für viele Menschen bringt. Häufig haben Politik und Wissenschaft also das gleiche Ziel. Aber beide fliegen oft selbst dort, wo sie das gleiche Ziel verfolgen, wie zwei Raumschiffe nebeneinanderher, ohne dass sich ihre Wege kreuzen. Warum ist das so?

Zunächst: Sowohl Wissenschaftler als auch Politiker sind in chronischer Zeitnot. Insbesondere erfolgreiche Wissenschaftler haben ihre Zeit nicht gestohlen und oft wenig Zugang zur Politik.

Ich bin immer wieder überrascht, wie wenige in ihren Bereichen sehr renommierte Wissenschaftler direkten Kontakt zu Spitzenpolitikern haben. Politiker andererseits haben genauso wenig Zeit und wenig Gelegenheit, sich mit der wissenschaftlichen Gemeinde oder gar mit dem wissenschaftlichen Erkenntnisgewinn zu beschäftigen. Das ist kein Vorwurf, und Politik kann bestens funktionieren, ohne dass Politiker in die wissenschaftliche Literatur, und sei es nur in den eigenen Fachbereichen, eingearbeitet sind. In der Klimakrise ist das aber leider anders. Weil hier so viele Entscheidungen von grundsätzlichen und auch naturwissenschaftlich bestimmten Voraussetzungen abhängen, muss die Verzahnung von Wissenschaft und Politik massiv vorangetrieben werden.

Von vielen der mir bekannten Klimawissenschaftlern höre ich, dass sie der Verzweiflung nahe sind, weil sie durch ihre Arbeit nur zu gut wissen, was auf uns zukommt. Die Energie, um weiterzumachen, beziehen sie aus ihrer Neugierde und Faszination, ihr politisches Engagement beschränkt sich häufig auf die Zusammenarbeit mit Umweltorganisationen. Natürlich würden sie gern mehr bewegen. Aber es fehlt ihnen der Zugang zur Politik. Der Bundestag wiederum ist zwar voller Fachpolitiker, die Bereiche jenseits ihrer jeweiligen Fachpolitik sind ihnen jedoch oft nur rudimentär bekannt. (Da schließe ich mich ein; ich selbst habe mich auch erst vor wenigen Jahren von medizinischen Themen unter anderem hin zu Klimafragen bewegt und kenne zum Beispiel weder die wissenschaftliche Literatur zur Verteidigungspolitik noch die zur Außenpolitik.) Oft beschäftigen sich nur die Mitglieder im Umweltausschuss intensiver mit den Auswirkungen des Klimawandels. Sie sind dann auch mit Klimaforschern im direkten Kontakt, zumindest sporadisch. Was hält die anderen Abgeordneten davon ab, sich mehr mit Klimafragen auseinanderzusetzen?

Das Problem ist: Was ist überhaupt ein Problem?

Eine Verständnisschwierigkeit zwischen Wissenschaftlern und Politikern besteht womöglich darin, dass jede der beiden Seiten unterschiedlich definiert, was ein Problem ist. Wissenschaftler suchen Lösungen für ein Problem oder eine Fragestellung – und die Lösung ist in den meisten Fällen offen. Es gibt zwar begründete Hypothesen, aber die müssen bestätigt oder falsifiziert werden. Die ständige Korrektur ist diesem System immanent. Auch wenn Wissenschaftler ganz unterschiedlich an ein Problem herangehen, so besteht unter ihnen doch Konsens darin, was ein Problem darstellt. So kann das Problem von Wissenschaftlern, die in der Solartechnik arbeiten, folgendermaßen definiert werden: Wie erhöhe ich die Effizienz von Photovoltaikplatten? Eine Lösung könnte sein, den Wirkungsgrad der Platten zu erhöhen, sodass bei geringerer Photonendichte oder Energie – also weniger Sonneneinstrahlung – mehr Stromfluss entsteht. Ein anderer Weg wäre, den Abtransport der erzeugten Elektronen, also des Stroms, durch Supraleiter zu verbessern, da durch den geringeren Widerstand solcher Supraleitungen weniger Strom verloren geht. Mediziner können als Problem definieren, die Filterfunktion der Nieren unter bestimmten Krankheitsbedingungen sicherzustellen. Dazu können sie Lösungen suchen, indem sie Medikamente entwickeln, neue operative Methoden erproben oder analysieren, weshalb eine Fehlfunktion überhaupt auftritt – um vorbeugend tätig zu werden. Die Problemstellung ist jedenfalls der Ausgangspunkt der Forschung.

Das ist in der Politik ganz anders. Selten wird hier erst mal ein Problem definiert, ohne dass man schon wüsste, wie es zu lösen wäre oder wie man die Lösung durchsetzen könnte. Meist definiert man das Problem so, dass es zu der politischen Lösung passt, die man durchsetzen möchte. Anders ausgedrückt: Wir suchen uns in der Politik die Probleme aus, die wir lösen wollen. Das ist auch richtig und entspricht der Freiheit des Parlaments. Dabei ist es aber häufig so, dass die gewählten Probleme den vorhandenen Lösungen folgen. Oft wird erst dann, wenn man als Politiker weiß, dass man eine Lösung hinbekommen kann, ein Problem benannt – wenn es einmal benannt ist, kann man sich selbst als Problemlöser inszenieren. Sonst sollte man das Problem besser gar nicht ansprechen. Niemand will ständig daran erinnert werden, etwas Problematisches erkannt zu haben – aber keine Lösung dafür anbieten zu können. So geht es auch in die Legislaturperiode hinein, wenn wir Koalitionen bilden: Wir einigen uns darauf, was die Probleme sind, die wir angehen wollen. Angeboten werden dann, wie bereits erwähnt, oft abgeschwächte Kompromisslösungen. Häufig beschreiben wir ein Problem auch aufgrund der Lösung, die uns aus bestimmten Gründen am sympathischsten ist – vielleicht weil es im eigenen Wahlkreis von besonderer Bedeutung ist, einen bestimmten Ansatz zu verfolgen, oder weil es den Interessen unserer Wählerschaft entspricht. Auch das ist vollkommen legitim in einer Demokratie. Die Wähler möchten natürlich Lösungen sehen, und sie verlangen von ihren Parteien Lösungen für die Probleme, die für sie die wichtigsten sind. Vor allem aber auch Lösungen, die ihnen nicht viel abverlangen.

In der Wissenschaft dagegen ist es keine Peinlichkeit, ein Problem zu benennen und es nicht gleich zu lösen – im Gegenteil, denn genau das gibt die nächste zu lösende Forschungsaufgabe vor und damit die Richtung für die eigene Arbeit und die anderer Wissenschaftler. In der Wissenschaft ist es sogar oft genug so, dass das Erkennen des Problems selbst der eigentliche Erkenntnisgewinn ist.

Der andere Umgang der Politik mit Problemen ist im Prinzip also nicht zu beanstanden. Aber auch hier ist der Klimawandel die große Ausnahme. Hier diktiert die Natur, welche Probleme anstehen, und wir haben keinen Spielraum mehr, uns selbst die zu lösenden Probleme auszusuchen. Wir können gerne darüber diskutieren, ob Altersarmut oder Wohnungsnot das größere Problem ist oder ob wir beides gleich gewichten wollen. Wir können dann auch jenes Problem als das wichtigere benennen, für das wir eine Lösung anzubieten haben. Wir können im politischen Raum unterschiedlicher Meinung darüber sein, ob es ein Problem ist, dass eine Zweiklassenmedizin in Deutschland existiert, oder ob die Zweiklassenmedizin einfach Ausdruck eines gerechten Gesundheitssystems sein muss – eine Position, die ich zwar bestreite, die aber von anderen durchaus vertreten wird. Beim Klimawandel dagegen ist all das nicht möglich. Es ist unmöglich, das Problem anders zu definieren, als das Naturwissenschaftler tun. Hier müssen Politik und Wissenschaft vollkommen geschlossen vorgehen. Beide müssen sich klar dazu bekennen, dass das 1,5-Grad-Ziel auch von Deutschland umgesetzt werden muss. Sollte es nicht erreichbar sein, so wie ich es einschätze, muss alles darangesetzt werden, es so knapp zu verfehlen wie möglich. Beim Klima ist der Schulterschluss von Wissenschaft und Politik unabdingbar und unverhandelbar, wenn man erfolgreich sein will.

Weshalb aber kann die Politik hier nicht wie in anderen Bereichen eigene Prioritäten setzen und zum Beispiel das 1,5-Grad-Ziel einfach ignorieren oder modifizieren? Wieso können wir das wissenschaftliche Ziel und das politische Ziel in diesem Fall nicht getrennt betrachten? Aus meiner Sicht handelt es sich um eine ethische Grundsatzentscheidung. Politik hat die Freiheit jeder und jedes Einzelnen zu achten. Wenn das 1,5-Grad-Ziel nicht eingehalten wird, können wir die Freiheitsrechte unserer Kinder in Zukunft nicht mehr gewährleisten. Das Bundesverfassungsgericht hat vollkommen nachvollziehbar und korrekt die Klimaziele im

Sinne der Generationengerechtigkeit interpretiert und uns zur Überarbeitung des Klimaschutzgesetzes gezwungen. Schon aus Verfassungsgründen kann der Klimaschutz jetzt nicht mehr so behandelt werden wie ein Problem unter vielen. Anders als bei der Rentenpolitik oder der Familienpolitik stehen hier die Existenzgrundlage und die Freiheit späterer Generationen auf dem Spiel. Daher muss alles, was wir in der Klimapolitik unternehmen, dem aktuellen Stand der Wissenschaft entsprechen.[25] Es ist damit zu rechnen, dass politische Entscheidungen, die das Einhalten des 1,5-Grad-Ziels gefährden, auch in Zukunft vor dem Bundesverfassungsgericht verhandelt werden.

Einen solchen absoluten Anspruch sehe ich im Moment für keinen anderen Bereich der politischen Arbeit. Es gehört zu den Privilegien der Demokratie, jene Probleme zu definieren, die für die beteiligten Akteure die wichtigsten sind. Dafür werden diese Akteure gewählt. Es muss auch als Privileg der Politik betrachtet werden, dass in vielen ihrer Bereiche wissenschaftlicher Sachverstand weniger einbezogen wird, als er einbezogen werden könnte. Es ist das Privileg von Wählern und Gewählten, hier Schwerpunkte zu setzen. Doch dieses Primat der Politik hört für mich beim Klimawandel auf, weil es die nachfolgenden Generationen über Jahrhunderte beeinträchtigen kann, wenn wir die 1,5-Grad-Grenze überschreiten.

Ein gelungenes Exempel: das Ozonloch

An einem speziellen Fall möchte ich aufzeigen, wie Wissenschaft und Politik in einer vorbildlichen Weise zusammengearbeitet haben und eine Herausforderung für die gesamte Menschheit und den Planeten lösen konnten: bei der Bekämpfung des Ozonlochs. «Ein bislang einmaliges Beispiel, wie nobelpreisgekrönte Grundlagenforschung unmittelbar in eine weltpolitische Entscheidung münden kann», heißt es auf der Homepage der Max-Planck-Gesellschaft anlässlich des Todes von Paul J. Crutzen, langjähriger Direktor am Mainzer Max-Planck-Institut für die Chemie der Atmosphäre, im Januar 2021.[26] In den siebziger Jahren stellte der Atmosphärenchemiker Crutzen zusammen mit Mario J. Molina und F. Sherwood Rowland fest, dass in jedem Winter die Konzentration von Ozon über der Antarktis stark abnahm. Zunächst taten sie die ermittelten Werte als bloße Messfehler ab. Doch bald zeigte sich, dass das Loch real war – und auf vom Menschen hergestellte Chemikalien zurückging: die Fluorchlorkohlenwasserstoffe (FCKW). Auf diesen Zusammenhang wiesen die Forscher schon 1974 hin.

Die FCKW wurden Ende der zwanziger Jahre von der chemischen Industrie erfunden, und man erkannte schnell ihren Nutzen – vor allem als Kühlmittel in Kühlschränken und Klimaanlagen sowie als Treibgas in Spraydosen. Von Vorteil war die ungeheure Stabilität dieser Moleküle. Sie reagierten kaum mit anderen Substanzen, konnten nicht explodieren und waren nicht giftig. Doch genau diese Stabilität verursachte die Probleme, weil die Gase irgendwann auch in die Stratosphäre gelangten, jene zweite Schicht der Erdatmosphäre, in der höhere Konzentrationen von Ozon vorkommen. Dieses dreiatomige Sauerstoffmolekül filtert in der Stratosphäre große Teile der UV-Strahlung, die von der Sonne ausgeht, und schützt damit alle Lebewesen auf der Erde vor gefährlichen Strahlenschäden – etwa Mutationen in der Erbsubstanz. Wenn aber die langlebigen FCKW in die Stratosphäre gelangen, werden sie durch diese UV-Strahlen ganz langsam aufgebrochen, und das dabei frei werdende Chlor der FCKW zerstört die Ozonmoleküle. Ein einziges Chloratom kann hunderttausend Ozonmoleküle vernichten; seine größte Wirkung hat es bei minus dreiundvierzig Grad Celsius. Deshalb wuchs das Loch alljährlich über der Antarktis besonders stark. Die UV-Strahlung gelangte nun in tiefere Schichten der Atmosphäre, verursachte zunehmend Mutationen, und die führten etwa zu mehr Krebsfällen. Allein die Zahl der Hautkrebsfälle bei Menschen, die südlich des vierzigsten Breitengrades lebten, wuchs dramatisch, wie es der australische Wissenschaftler Tim Flannery in seinem Buch «Wir Wettermacher» schildert.[27] UV-Strahlen schädigen auch die Augen – so nahm etwa die Erkrankung Grauer Star in diesen Jahren zu.

Alljährlich flackerten die Bilder des wachsenden Ozonlochs über die Bildschirme. Eine sensibilisierte, aufgerüttelte Öffentlichkeit, so Flannery, bombardierte Politiker mit Briefen. Die Hersteller der FCKW antworteten mit PR-Kampagnen, die von einer nicht belegten Hypothese sprachen – bis 1987 der letztgültige wissenschaftliche Beweis für den Wirkungszusammenhang von FCKW und Ozonschicht erbracht wurde (Crutzen, Molina und Rowland sollten später, im Jahr 1995, den Nobelpreis für Chemie erhalten). Daraufhin verpflichteten sich die Regierungen im Protokoll von Montreal weltweit, die für alle gefährlichen FCKW stufenweise abzuschaffen. Seither wurde der Ausstoß dieser Chemikalien deutlich verringert. Ohne dieses Protokoll, so Flannery, hätten schon im Jahr 2005 die mittleren Breiten der Nordhalbkugel die Hälfte des UV-Schutzes verloren; auf der Südhalbkugel sogar 70 Prozent. Die Ozonschicht hat sich wieder erholt, das Loch schließt sich, ein heilender Prozess, der bis heute anhält – nicht zuletzt deshalb, weil die FCKW so langlebig sind.

Das war eine relativ rasche Lösung für ein existenzielles globales Problem. Die Position der Wissenschaft war ganz klar, und die Politik hat schließlich entschlossen gehandelt. Flannery fragt in seinem Buch, ob das Abkommen von Montreal nicht eine Generalprobe für den Umgang mit der Klimafrage gewesen sein könnte. Doch zwischen beiden Fällen gibt es eine ganze Reihe von Unterschieden. Die FCKW sind künstlich erzeugte Verbindungen, die man nur aus dem System entfernen und durch andere ersetzen musste. Die Lobby der FCKW-Hersteller war weniger einflussreich als die großen Energiekonzerne, die noch immer die Energiewende blockieren, weil sie weiter fossile Brennstoffe fördern, verkaufen und verbrennen möchten. Nachdem sich die beteiligten Chemiefirmen zunächst gewehrt hatten, zogen sie aus dem Verbot sogar Vorteile: Durch die weltweite Regulierung waren sie gezwungen, neue, innovative Produkte zu entwickeln. Das Problem mit dem Ozonloch war ein monokausales – es ging nur darum, die künstlichen FCKW nicht weiter zu produzieren.

Die Klimafrage ist leider viel komplexer. Gebrannt hat es auf der Erde schon immer – und unsere Spezies hat diese Verbrennung auch schon immer genutzt. Auch einige unserer Vorgängerarten nutzten das Feuer bereits. Dabei ist seit jeher Kohlendioxid entstanden, das Treibhausgas, von dem heute am meisten die Rede ist. Daneben geht es auch um andere Treibhausgase – Methan etwa, das noch viel schädlicher als Kohlendioxid ist und von den vielen Millionen Rindern und Schafen, die wir Menschen halten, ausgeschieden wird. Beide Stoffe, Kohlendioxid und Methan, sind ganz natürlich vorkommende und entstehende Verbindungen; allerdings haben die Mengen, die durch unser Wirken emittiert werden, stark zugenommen. Auch die Auswirkungen dieser Stoffe im weltweiten Klimasystem sind komplexer als die der FCKW. Dazu kommt, dass wir die Zusammenhänge von Wetter und Klima zwar immer besser begreifen, aber eben noch nicht ganz durchdrungen haben. Es gibt schon lange sichere Hinweise auf die Wirkung beider Treibhausgase, aber Klimaleugnern fiel es zunächst leicht zu behaupten, die CO_2-Konzentration auf der Erde habe schon oft in der Erdgeschichte geschwankt.

Jene Lobbygruppen, die mit fossilen Energien zu tun hatten, Ölkonzerne wie Exxon und Shell etwa, forschten schon früh zu all diesen Fragen – und sie wussten, was der Klimawandel bedeuten würde. Vor allem aber waren sie daran interessiert, in den Regionen, in denen das Eis schmolz, dadurch frei werdende fossile Brennstofflager ausbeuten zu können. Daher stellten sie nicht nur bald ihre Forschungen ein, sondern förderten sogar solche, die genau das Gegenteil belegen sollten. Carroll Muffett, Vorsitzender des Center for International Environmental Law in Washington, eine Nichtregierungsorganisation, die sich mit Umweltrecht befasst, erläutert in dem sehr sehenswerten Film «Die geheimen Machenschaften der Ölindustrie – Wie Konzerne den Klimawandel vertuschen» von Johan von Mirbach: «Die Konzerne finanzierten bewusst Studien, um die eigenen Ergebnisse zu diskreditieren, versuchten den Klimawandel über Sonnenflecken zu erklären oder ganz zu leugnen. Sie betonten Statistikfehler und Unsicherheiten in der Forschung. So arbeiten Klimawandelleugner noch heute. Für mich ist das der größte Skandal der Menschheitsgeschichte.»

Die hoffnungsvolle Geschichte der Bekämpfung des Ozonlochs lässt sich also aus vielerlei Gründen nicht auf die Klimakrise übertragen. Und doch ist etwas anders geworden. Kehren wir hier noch einmal an den Anfang des Kapitels zurück. Nicht nur die «Tagesschau», sondern auch das weltweit wohl einflussreichste Wissenschaftsmagazin «Nature» meldeten, dass die Hitzewelle des Sommers 2021 im Nordwesten der USA und an der Westküste Kanadas ohne den menschengemachten Klimawandel so gut wie unmöglich gewesen wäre.[28] Die durch den Menschen produzierten Treibhausgase hätten diese äußerst ungewöhnliche Wetterlage um ganze hundertfünfzig Mal wahrscheinlicher gemacht. Ähnlich verhält es sich mit den verheerenden Starkregenüberschwemmungen in Nordrhein-Westfalen und Rheinland-Pfalz: Auch sie sind «mit sehr großer Wahrscheinlichkeit eine Folge des Klimawandels», hält die «Tagesschau» fest und zitiert dazu eine Studie der World Weather Attribution.[29] Hier sei angemerkt, dass sich Klimaforscher lange Zeit übervorsichtig äußerten, wenn es darum ging, Wetterereignisse einzuordnen. Formulierungen wie «ohne den menschengemachten Klimawandel so gut wie unmöglich» oder «mit sehr großer Wahrscheinlichkeit eine Folge des Klimawandels» lassen die Vorsicht vergangener Jahre weit hinter sich. Hier wird wissenschaftlich präzise die Ursache der Desaster benannt.

Kehren wir mit dieser Einsicht noch einmal zurück zu unserem Gedankenspiel, wie in Deutschland die nötigen Nord-Süd-Trassen so rasch wie nur möglich durchzusetzen wären. Dabei geht es nicht nur um Einzelinteressen, sondern letztlich auch um Menschheitsfragen, wenn man eine Entscheidung dieser Art auf globaler Ebene betrachtet. Unsere Generation trägt eine historische Verantwortung dafür, die Voraussetzungen für den Umbau der kompletten Wirtschaft und des Einzelverbrauchs auf erneuerbare Energien zu schaffen. Und es ist eine Aufgabe der Politik – Wissenschaft kann das nicht leisten –, das voranzutreiben. Weshalb also hat sich eine Bundeskanzlerin Merkel nicht hingestellt und mit klaren Reden für stärkere Klimaschutzmaßnahmen plädiert? Weshalb hat sie nicht an die Kommunen und die Landeigentümer appelliert, die den Ausbau der Stromtrassen von Nord nach Süd derzeit blockieren? Es klingt naiv, aber vielleicht müssen wir viel häufiger an den Idealismus der Bürgerinnen und Bürger appellieren, wenn es um die Rettung der Menschheit geht. Wieso tun wir das so selten, wieso hat Merkel es nicht getan?

Ganz einfach: Die Mitglieder ihrer Fraktion wären damit vor Ort unter Druck gesetzt worden. Politik kann nicht an sich selbst appellieren. Wenn wir nicht wollen, dass Bürgerinitiativen den Ausbau der Stromtrassen blockieren, müssen wir die Einspruchsmöglichkeiten reduzieren oder im Ablauf vorverlegen. Dabei laufen wir Gefahr, bei der nächsten Wahl abgewählt zu werden. Erst recht, wenn der eigene Wahlkreis in solchen Trassengebieten liegt. Ich spitze hier bewusst sehr stark zu. Viele Politikerinnen und Politiker haben zunächst nur die Situation in ihrem Wahlkreis und die erhoffte Wiederwahl für die nächste Legislaturperiode im Blick. Dies kann man aus persönlicher Betroffenheit durchaus verstehen. Und es ist eine vollkommen legitime Perspektive für viele politische Projekte und Ziele. Sie führt aber oft dazu, dass unpopuläre und doch dringend notwendige Entscheidungen sehr schwer durchzusetzen sind. Wenn die Politik nicht in der Lage ist, große heiße Eisen anzupacken, jene Probleme, die die Wissenschaft längst als die entscheidenden diagnostiziert hat, dann ist das ein Systemfehler. Gestehen wir der Politik zu, so wichtige Entscheidungen nicht anzugehen? Wie weit reicht unser Handlungsspielraum, wenn es um Fragen des Überlebens künftiger Generationen geht?

Um endlich etwas Grundsätzliches auf den Weg zu bringen, braucht die Politik den Rückenwind einer starken Öffentlichkeit, die mit dafür sorgt, dass diese politischen Entscheidungen auch politisch legitimiert sind. Ich bin fest davon überzeugt, dass die Gesetze, die wir in der neuen Legislaturperiode beschließen werden, auch durch den Druck sozialer Bewegungen wie Fridays for Future entstehen. Der Einfluss solcher Bewegungen ist viel größer als der von Einzelpersonen, und seien es führende Politiker. Ohne Fridays for Future wären wir nicht da, wo wir sind.

Leider hat diese Generation einen zunehmend negativen Blick auf die Politik. Ich musste selbst erleben, wie fassungslos junge Anhänger von Fridays for Future auf Fernsehsendungen zum vergangenen Wahlkampf – etwa die Trielle der Kanzlerkandidaten – oder auch auf Regierungserklärungen reagiert haben, in denen die Themen, die ihr Überleben in der Zukunft bestimmen, kaum vorkamen. Diese Kinder und Jugendlichen wachsen auf in einer Situation, in der sie Politik erleben als das, was ihr wichtigstes Problem nicht lösen kann. Dass Greta Thunberg die Klimakonferenz in Glasgow als bloßes «Blablabla» abgetan hat, ist bezeichnend. Solche Konferenzen wirken wie eine Parallelwelt, die nur aus Papier besteht. Konkrete Veränderungen sieht man kaum. Wie viel Politikverdrossenheit in dieser Generation entsteht, wird abzuwarten sein.

Dagegen finde ich es faszinierend, wie positiv diese Generation der Wissenschaft gegenübersteht. Ich kenne Kinder und Jugendliche, die bei Fridays for Future aktiv sind und die sich in die Naturwissenschaften hineinwühlen, um besser auf die Zukunft vorbereitet zu sein, obwohl sie sonst ganz anderen Fächern zuneigen. Luisa Neubauer, eine der bekanntesten Aktivistinnen von Fridays for Future, studiert Geowissenschaften in Göttingen, um sich für die Bewältigung der Klimakrise zu wappnen. Meine vierzehn Jahre alte Tochter büffelt Chemie und andere Naturwissenschaften, versucht den Klimawandel zu verstehen, protestiert für eine bessere Welt. Später will sie vielleicht für den Klimaschutz arbeiten. Sie und andere aus der Bewegung widmen sich ganz dieser Herausforderung. Ich selbst habe früher Naturwissenschaften studiert, weil es mir einfach Spaß gemacht hat, weil ich dafür brannte, weil es mir lag. Zumindest in dieser Hinsicht war ich ganz unbeschwert. Bei den Kindern und Jugendlichen von heute steht nicht der Spaß im Vordergrund, sondern die Einsicht, etwas tun zu müssen, um dem Klimawandel zu trotzen. Sie kämpfen um ihre Zukunft.

Wenn ich sehe, wie sich junge Menschen heute mit diesen Fragen beschäftigen, wenn ich ihren Idealismus sehe und die Opfer, die sie bereit sind zu bringen, dann finde ich darin einen Hoffnungsschimmer. Die Erwachsenen hier in Europa scheinen dagegen komplett ihren Idealismus verloren zu haben und erschöpft zu sein. Sie sind zum Teil so zynisch wie die Charaktere der amerikanischen Serien, die sie verschlingen. Der Unterschied könnte krasser nicht sein. Die Jüngeren haben begriffen, dass in der gegenwärtigen Krise neue Regeln gelten müssen. Warum diese Krise so existenziell und grundlegend anders ist als alles, was die Menschheit bisher erlebt hat, werde ich in den folgenden Kapiteln ausführen. Aber in gewisser Weise macht es mich auch traurig zu sehen, dass die Kinder und Jugendlichen nicht unbeschwert aufwachsen können, sondern für ihr eigenes Überleben kämpfen müssen, in einer Welt, in der viele Erwachsene sie auf diesem Weg alleinlassen.

2. KAPITEL

Vom Urknall bis zum Treibhauseffekt – eine kurze Geschichte des Klimas

Liegt es in der Natur hochentwickelter Zivilisationen, sich selbst auszulöschen? Ausgehend von dieser Frage möchte ich zu Beginn dieses Kapitels etwas ausholen. Schon ewig und drei Tage lese ich gerne über Physik. In diesem Zusammenhang habe ich oft über das sogenannte Fermi-Paradoxon nachgedacht: Dabei geht es um die Frage, ob es irgendwo im Universum anderes intelligentes Leben gibt, und wenn ja, weshalb wir bislang keine Spuren davon auffinden konnten. Zunächst einmal ist es hochgradig unwahrscheinlich, dass die Erde der einzige belebte Planet im Universum ist. Es gibt mindestens hundert Milliarden Galaxien. Eine davon ist die Milchstraße, in der wir mit unserer Erde um einen besonderen Stern kreisen – die Sonne. Jede dieser Galaxien hat etwa hundert Milliarden solcher Sterne. Demnach besitzt das Universum dann mindestens zehn hoch zweiundzwanzig Sterne – eine Eins mit zweiundzwanzig Nullen.[1] Nehmen wir einfach mal an, um 10 Prozent dieser Sterne kreisen Planeten, die Leben ermöglichen könnten wie unsere Erde. Dazu gibt es eine Menge von Berechnungen von Astronomen und Physikern, die sich mit dem Universum und seiner Entstehung beschäftigen. Die Wahrscheinlichkeit, dass es anderswo gar kein Leben gibt, ist nach ihrer Ansicht statistisch gesprochen gleich null. Anders ausgedrückt: Die meisten

Astrophysiker halten es für unmöglich, dass die Erde der einzige belebbare Planet ist. Wieso sollten wir dann die einzige «intelligente» Lebensform in den unendlichen Weiten des Universums sein? Die atomaren Grundlagen für intelligentes Leben sind überall im Universum vorhanden. Und je mehr wir über das Universum wissen, desto mehr steigt die statistische Anzahl sogenannter Exoplaneten, auf denen die Grundbedingungen für weiteres intelligentes Leben im All gegeben sein könnten.

Die entscheidende Frage des Fermi-Paradoxons ist jedoch, weshalb wir dann von den anderen Intelligenzen noch nichts mitbekommen haben. Es gibt eine Reihe möglicher Erklärungen. Eine davon ist besonders einleuchtend – und sie beschäftigt mich am meisten: Kann es sein, dass sich intelligente Zivilisationen ab einem gewissen Zeitpunkt ihrer Entwicklung unbeabsichtigt selbst zerstören? Womöglich weil das Potenzial, etwas Komplexes kaputt zu machen, größer ist als das Potenzial, es wiederaufzubauen? Wir kennen es alle aus Kindertagen: Es ist leicht, einen Turm aus Holzklötzchen zum Einsturz zu bringen, aber viel schwieriger, einen aufzubauen. Kaputt machen ist einfacher als aufbauen. Das klingt nahezu banal – jedenfalls gleich weniger philosophisch und physikalisch, abstrakt und theoretisch als das Fermi-Paradoxon. Aber verhält es sich tatsächlich so, läuft die Menschheit also Gefahr, sich selbst auszulöschen?

Was jetzt folgt, haben andere schon oft beschrieben: ein kurzer Abriss der Erdgeschichte – in diesem Fall jedoch mit besonderer Berücksichtigung dessen, wie unser Klimasystem entstanden ist. Es ist wichtig, sich das wieder und wieder zu vergegenwärtigen. Denn es gibt viele, auch in der Politik, die es immer noch nicht wissen und die immer noch glauben, wir hätten schon ganz anderes bewältigt als die Klimakrise. Oder die glauben, dass eine Heißzeit der Beginn einer neuen Hochkultur werden könnte, wie die

AfD in ihrem Wahlprogramm frohlockt. Aber auch alle Behäbigen, Müden und Erschöpften, die von dem Thema Klimawandel nichts mehr hören wollen, sollte das Folgende interessieren. Weil es um die Grundlagen unseres Lebens, zumindest unserer Zivilisation geht. Da darf man sich auch mal mit solchen existenziellen Fragen beschäftigen. Gerade in der Klimafrage ist es unabdingbar zu wissen, welche Naturkräfte wirken und mit welchen Zeitdimensionen wir es zu tun haben. Sonst verheddern wir uns im Klein-Klein des Tagesgeschäfts und vergessen darüber das Wesentliche.

Eines muss uns immer klar sein: Unwissenheit schützt vor Strafe nicht. Die Konsequenzen unseres Handelns müssen wir so oder so ertragen. Theoretisch wissen wir längst genug. Man muss all das aber auch wissen *wollen*. Verantwortung tragen wir auf jeden Fall.

Wie Physik, Chemie und Biologie in die Welt kamen

Beginnen wir mal so: Ihr Grillwürstchen auf dem Rost, Ihre Großmutter, Sie selbst, Ihr Auto, Ihre Umgebung, unsere gesamte Erde, jeder einzelne Stern, jede Galaxie im Universum, kurz gesagt: unser ganzer Kosmos hatte seinen Ursprung vor etwa 13,8 Milliarden Jahren in einem einzigen Punkt, der noch unglaublich viel kleiner war als ein für uns schon unsichtbares Atom. In diesem winzigen Punkt steckte alles drin – in unfassbarer Dichte: die gesamte Energie und Materie, die unser Universum ausmachen. Im Inneren herrschte eine Hitze von mehreren Billionen Grad. Irgendwann breitete sich dieser dicht gepackte Punkt plötzlich aus. Das war der berühmte «Urknall», mit dem alles begann, auch unsere Zeit. Diese Erkenntnisse ziehen Astronomen aus der kosmischen Hintergrundstrahlung, die noch vom Urknall stammt und im heutigen Universum weiter «nachglüht». Was davor war, wissen wir nicht. Ebenso wenig, wie es zum Urknall kommen konnte.

Vor 13,8 Milliarden Jahren begann also jener Prozess, der letztlich dazu führte, dass wir Menschen auf unserem Planeten entstanden – und der bis zum heutigen Tag reicht, an dem wir mit wachsendem Unbehagen auf die selbst angerichtete Klimakrise blicken. Hier möchte ich wesentliche Punkte dieser Entwicklung einmal im Schnelldurchlauf Revue passieren lassen. Ich will deutlich machen, in welcher besonders günstigen Ausnahmesituation wir in den vergangenen elftausend Jahren auf der Erde gelebt haben. Und dass wir kurz davor sind, das zu verspielen.

Nach dem Urknall dauerte es nur winzigste Bruchteile einer Sekunde, bis das Universum entstand und sich mit gewaltiger Geschwindigkeit ausbreitete.[2] Schon wenige Minuten darauf bildete sich Materie, nämlich die ersten einfachen Atome – vor allem Wasserstoff und das Edelgas Helium. Beide Elemente machen bis heute den größten Teil der Atome unseres Weltalls aus. Diese erste Phase des Universums war reine Physik: eine Gemengelage gewaltiger Kräfte, Energieströme und Materiemassen in Raum und Zeit. In diesem Weltall gab es noch keine Sterne, und damit auch keine Planeten, die um die Sterne kreisten. Die meisten Atome aus dem Periodensystem der chemischen Elemente fehlten noch. Ein paar Hundert Millionen Jahre lang beherbergte das Weltall vor allem Wasserstoff und Helium. Dann, vor 13,2 Milliarden Jahren, bildeten sich erste glühende Sterngebilde. Bald darauf entstanden darin aus den einfachen, kleinen Atomen Wasserstoff und Helium durch Kernfusion größere und schwerere Atome, sodass immer mehr chemische Elemente hinzukamen. Das Periodensystem füllte sich an.

Im gesamten Universum entstanden Galaxien und Sterne. Vor etwa 4,5 Milliarden Jahren bildete sich aus Gas- und Staubpartikeln auch unser Sonnensystem – eines von hundert Milliarden Sonnensystemen in unserer Milchstraße. Um viele Sterne oder Sonnen kreisten Planeten, die je nach Entfernung vom leuchtenden, energiereichen Stern mehr oder weniger stark abkühlten. Auf unserem Planeten Erde bildeten sich bei diesem Abkühlungsprozess an der Oberfläche der zuvor heißen und zähflüssigen Kugel Erdkrusten.[3] Das bedeutet: Zwischen den mittlerweile entstandenen Elementen, darunter Sauerstoff, Kohlenstoff, Stickstoff sowie diverse Metalle und Halbmetalle, liefen längst chemische Reaktionen ab. Die Atome fanden sich zu komplexeren Verbindungen zusammen, die nach besonderen Regeln miteinander agierten. Nun also war neben der Physik mit ihren Kräften auch die Chemie ins Spiel gekommen, und diese veränderte die Zusammensetzung und Struktur der abgekühlten Weltraumkörper.

Was auf anderen Planeten, in anderen Sonnensystemen und Galaxien geschah, können wir bislang nur vermuten. Wir auf der Erde hatten jedenfalls Glück – zumindest aus unserer menschlichen Sicht. Denn hier gab es Bedingungen, die später dazu führten, dass Leben entstand. Der Abstand unseres Planeten zur Sonne war gerade so groß, dass es flüssiges Wasser geben konnte. Nicht zuletzt deswegen bildeten sich hier die ersten einfachen organischen Verbindungen. So bezeichnet man jene Moleküle, deren zentrales Element Kohlenstoff ist, der sich wiederum mit Wasserstoffatomen verbindet. Diese organischen Verbindungen können sehr lange, komplexe Kettenmoleküle bilden – die Voraussetzung für eine Vielzahl von Naturstoffen und die Entstehung von Lebewesen. Selbst der Mond hat wahrscheinlich eine Rolle gespielt, indem er durch die Gezeiten und die Stabilisierung der Erdachse dazu beitrug, dass sich unterirdisch organische Verbindungen bilden konnten. Die ersten davon sind vermutlich um heiße Tiefseeschlote herum entstanden, wie es sie auch heute noch gibt. Die Schlote lieferten die Energie für die chemischen Reaktionen. In der Tiefsee waren die zerbrechlichen organischen Verbindungen außerdem vor der energiereichen Sonne mitsamt ihrer UV-Strahlung geschützt, die diese Moleküle sonst wahrscheinlich rasch zerlegt hätte. Eine Ozonschicht wie heute, die davor schützt, gab es damals noch nicht.

Nach vergleichsweise kurzer Zeit, was in den Dimensionen des Universums bedeutet: nur wenige Hundert Millionen Jahre später, bildete sich vor schätzungsweise 3,8 Milliarden Jahren das erste Leben auf der Erde. Das legen 3,7 Milliarden Jahre alte Stromatolithen nahe. Diese besonderen Sedimentgesteine wurden wohl von ersten Organismen gebildet – anzunehmen ist also, dass es davor schon Leben gab. Die ältesten gefundenen Überreste von Bakterien jedenfalls sind 3,4 Milliarden Jahre alt. So kam zumindest hier auf der Erde die Biologie als prägende Kraft mit ins Spiel. Sie geht über das Wechselspiel der Kräfte in der Physik und die Bildung immer neuer Verbindungen in der Chemie hinaus. Alle drei, Physik, Chemie und Biologie, wirkten nun nach jeweils eigenen Regeln auf dem Planeten.

Vielleicht ist das Leben auf der Erde sogar noch früher entstanden. Viele Naturwissenschaftler sind überrascht, wie schnell sich nach der Entstehung des Sonnensystems auf dem Planeten Leben gezeigt hat. Dies wird häufig als Indiz dafür angesehen, dass sich bei ähnlichen Bedingungen auch auf vielen anderen Exoplaneten relativ schnell Leben gebildet haben könnte.

Was machte aber dieses Leben aus, und was unterschied es von der unbelebten Materie? Damals hatte wohl eine zufällige Ansammlung von Molekülen besondere Eigenschaften: Leben grenzt sich durch eine Hülle von seiner Umgebung ab. Durch diese von sogenannten Lipidmolekülen umgebenen «Fettblasen», die sich spontan bildeten, sind die ersten Zellen entstanden. Experimente zeigen zunehmend, dass sich unter Bedingungen wie in der Ursuppe rund um die Tiefseeschlote spontan die Bausteine des Lebens zusammenfügen können, insbesondere Proteine und Nukleinsäuren. Die Proteine lassen einen immer vielfältigeren Stoffwechsel der Zellen zu. Aus den Nukleinsäuren formen sich die ersten genetischen Codierstränge, in denen die Baupläne für die Reproduktion der Proteine niedergeschrieben sind. In diesen Fettblasen entstehen somit die ersten Lebewesen.

Während noch immer unklar ist, was am Anfang genau passierte, mehren sich in den letzten Jahren Hinweise auf die sogenannte RNA-Welt-Hypothese.[4] Sehr stark vereinfacht geht man davon aus, dass die vier Basenpaare der RNA sich unter dem Einfluss der Energie von vulkanischen Schloten in der Tiefsee aneinandergeheftet und so längere Stränge gebildet haben. Durch Doppelung und Ablösung konnten sie sich vermehren. In der Interaktion mit Aminosäuren wurden Proteine gebildet. Umgeben von seifigen Fetthüllen, entstanden die ersten Einzeller. Der Ursprung des Lebens. Es scheint zunehmend klarer, dass man diese Ursprungssituation experimentell nachstellen kann.

Wie gesagt, es handelt sich natürlich zunächst um Einzeller. Dieses Leben kann nur unter ganz bestimmten chemischen Bedingungen entstehen. Mit seinem Stoffwechsel nutzt es die Energie der Umgebung zum Überleben. Es kann sich an veränderte Bedingungen anpassen. Dafür speichert es Informationen in Form der Erbmoleküle der DNA. Damit ist etwas in die Welt gekommen, das es vorher nicht gab: Leben will am Leben bleiben und diese gespeicherten Informationen weitergeben. Wenn es das nicht täte, würde es verschwinden. So sind damals «Lebewesen» entstanden, die sich kopieren konnten, die sich ausbreiteten, vermehrten und immer unterschiedlicher wurden. Denn beim Kopieren kommt es zu Ablesefehlern. Solche Fehler konnten in den letzten anderthalb Jahren auch bei der Entstehung der Coronavirus-Varianten beobachtet werden. Kopierfehler sind der zentrale Mechanismus, durch den Mutationen zustande kommen und durch den sich das Leben weiterentwickelt. Dank diesem Mechanismus sind aus einzelnen Zellen in großer Tiefe am Meeresgrund, gewärmt durch Feuerschlote, jene ersten Einzeller entstanden, aus denen später jede Form des Lebens und schließlich auch des menschlichen Lebens hervorgegangen ist.

Alles Leben spielt sich in einer extrem dünnen Schicht unseres Planeten ab. Diese Biosphäre ist die einzige Zone, von der wir bis heute sicher wissen, dass dort Leben existiert. Sie reicht von der Tiefe der Ozeane bis in die unteren Schichten der Atmosphäre. Es wird mittlerweile mit Teleskopen systematisch nach weiteren Exoplaneten gesucht, auf denen sich eine Atmosphäre mit Wasser und mit den für Leben notwendigen Temperaturen bilden konnte. Aber auch wenn Leben fast automatisch aus den Atomen des Universums entsteht, so bleibt dieser Vorgang doch ein ungelöstes Geheimnis. Es ist vollkommen unklar, wie die physikalischen Gesetze entstehen konnten, die die Entwicklung der für Leben notwendigen Atome, genauer gesagt von Teilchen und Kräften, möglich gemacht haben. Dass die dafür notwendigen physikalischen Bedingungen genau so entstehen konnten, ist auch nach einem Urknall extrem unwahrscheinlich. Anders ausgedrückt: Wenn die Gesetze der Physik und die Anfangsbedingungen des Urknalls minimal anders gewesen wären, hätte es Leben, wie wir es kennen, nie gegeben. Dass es aber genau diese Gesetze der Physik gibt, ist vollkommen unerklärlich, weil so überwältigend unwahrscheinlich.

Stephen Hawking hat noch auf ein anderes Problem hingewiesen. Grob vereinfacht: Was haucht den Gesetzen der Physik
eigentlich ihren Atem ein? Nur weil zum Beispiel eines der
Gesetze der Thermodynamik gilt, bedeutet das noch nicht, dass
sich die Elektronen oder Photonen nach dieser Vorgabe bewegen.
Die Natur muss den Gesetzen auch gehorchen. Und als wenn das
nicht schon genug wäre: Nicht nur weiß man nicht, weshalb die
Gesetze der Physik so sind, wie sie sind; man weiß auch nicht,
wie sie zusammenwirken im Großen und im Kleinen. Im Großen
wirkt die von Einstein beschriebene Schwerkraft und macht die
Entstehung von Galaxien bis hin zu belebbaren Exoplaneten
erst möglich. Die Präzision, mit der die Allgemeine Relativitäts-
theorie bisher belegt wurde, ist unfassbar. Jeder Versuch einer
Widerlegung oder Ergänzung ist gescheitert. Im Kleinen aber
wirkt die Quantenphysik, deren Wirkung die Grundlage für
jede chemische Reaktion und somit auch für jeden Stoffwechsel
des Lebens ist. Beide Theorien verstehen wir und können wir
anwenden. Trotzdem widersprechen sie sich in Grenzbereichen,
und wir begreifen nicht im Ansatz, wie diese Widersprüche auf-
gelöst werden können. Schon Einstein hat das Problem früh
erkannt und an Lösungen gearbeitet. Vergeblich. Die dafür erfor-
derliche Physik scheint im Moment sowohl experimentell wie
auch mathematisch an ihre Grenzen gekommen zu sein. Experimentell, weil man die dafür notwendigen Energien, mit denen
zum Beispiel Teilchen oder Kräfte, die beide Theorien vereinen,
geschaffen werden, mit Teilchenbeschleunigern auf der Erde nicht
erreichen kann. Und mathematisch, weil die in unvorstellbaren
zusätzlichen Dimensionen entstehenden virtuellen Teilchen jeder
experimentellen Prüfung widerstehen. Wer hier einsteigen will,
dem sei das phantastisch gut geschriebene Buch der deutschen
Physikerin Sabine Hossenfelder «Lost in Math» empfohlen.

Aber wie dem auch sei: die Gesetze der Physik gibt es, und die Erde mit Leben gibt es. Wie geht es weiter?

Weshalb das Leben den Treibhauseffekt braucht

Für die Entstehung und den Erhalt von Leben waren und sind gemäßigte Temperaturen nötig.[5] Wichtig war der richtige Abstand zur Sonne, durch den die Erde nicht so heiß wurde wie ihr Nachbarplanet Venus und nicht so kalt wie der Mars. Zudem dringt Wärme aus dem heißen Erdinneren an die Oberfläche. Doch ohne eine besondere Atmosphäre mit bestimmten Gasen wäre die Erde kalt und lebensfeindlich. Durchschnittliche minus achtzehn Grad betrüge die Temperatur heute ohne die sogenannten Treibhausgase. Zu Beginn des Lebens auf der Erde waren das neben Wasserdampf insbesondere Methan und Kohlendioxid, die beide vor allem von Vulkanen ausgestoßen wurden. Immer wieder und bis heute beeinflussen geologische Prozesse wie Vulkanismus und die Wanderung der Kontinentalplatten auf dem zähflüssigen Erdinneren die Entwicklung der Temperatur und der Zusammensetzung der Atmosphäre. Freien Sauerstoff gab es in der Atmosphäre zunächst nicht.

Treibhausgase haben also das Leben auf der Erde erst möglich gemacht. Neben geologischen Prozessen und periodischen Änderungen der Laufbahn des Planeten um die Sonne bestimmen sie maßgeblich die Temperatur und somit das Klima. Sie beeinflussen den Strahlungshaushalt der Erde – wie in einem Gewächshaus, in dem es drinnen wärmer ist als draußen. Sonnenstrahlen dringen nahezu ungehindert durch das Glas des Gewächshauses und erwärmen darin den Boden oder die Blumentöpfe. Das bedeutet:

Sonnenlicht wird hier in Wärmeenergie umgewandelt. Boden und Blumentöpfe wiederum geben diese Wärme in Form von Infrarotstrahlung wieder ab. Doch die Glasscheiben verhindern, dass diese infrarote Wärmestrahlung vollständig nach außen dringt. Ein großer Teil der von der Sonne eingestrahlten Energie bleibt also im Treibhaus und macht es wärmer als seine äußere Umgebung.

Abstrakt betrachtet ist die Erde nichts als ein Planet, der wie alles andere im Universum die sogenannte Entropie, vereinfachend begreifbar als Unordnung, vermehrt. Dabei wandelt die Erde die hochenergetische Strahlung der Sonne in niedrigenergetische Infrarot- beziehungsweise Wärmestrahlung um. In diesem Prozess entstehen organische Substanzen und Leben, das zerfällt, wenn die Sonne nicht mehr richtig liefert. 50 Prozent ihrer Lebensdauer hat die Erde nach vorliegenden Berechnungen schon hinter sich. Die Sonne wird schwächer und größer, sie kommt uns näher und zieht uns vielleicht sogar in sich hinein. Auf jeden Fall ist es dann auf der Erde so heiß, wahrscheinlich mehr als tausend Grad, dass man nicht mehr auf ihr leben kann.

Aber so weit sind wir noch nicht. Zunächst einmal durchdringen energiereiche Sonnenstrahlen das Gasgemisch, das die Erde umgibt, und erwärmen Böden und Gewässer. Die Wärme strahlt in die Luft zurück, wo Treibhausgase die Infrarotstrahlung auffangen und die Wärme in der Atmosphäre halten. Treibhausgase in genau der Dosierung, die es bis 1850 gab, sind optimal für unsere Existenz. Dabei blieb die Atmosphäre in der Zusammensetzung der Gase, auch der Treibhausgase, nie konstant. Sie war in den Jahrmilliarden, die die Erde existiert, größeren Schwankungen ausgesetzt. Manche dieser Schwankungen haben das Leben auf der Erde immer wieder an den Rand der Vernichtung gebracht.

Biologische Energierevolutionen

Vor 3,5 Milliarden Jahren sorgte eine bahnbrechende Erfindung der Natur für eine neue Form der Energieversorgung. Bis dahin bezogen die einzelligen Lebensformen die Energie für ihren Stoffwechsel hauptsächlich aus energiereichen chemischen Stoffen im Urmeer. Manche lebten wohl auch schon «räuberisch» und fraßen andere Urlebensformen auf. Nun aber entwickelten einige von ihnen so etwas wie Solarzellen: Mit einem komplexen Molekül, dem Blattgrün oder Chlorophyll, fingen sie aus dem Sonnenlicht Energie ein, mit der sie energiereiche organische Verbindungen aufbauen konnten. Als Abfallprodukt dieser sogenannten Photosynthese schieden sie Sauerstoff aus. Das pflanzliche Leben war entstanden.[6] Bis sich dieser Sauerstoff als freies Molekül in der Atmosphäre anreicherte, machte sich das ziemlich aggressive Molekül über leicht oxidierbare Substanzen auf der Urerde her. So verwitterten etwa viele Gesteine. Außerdem geriet dadurch das Thermostat der Erde völlig durcheinander: Denn der freie Sauerstoff zersetzte auch das damals häufige Treibhausgas Methan. Dazu holten Cyanobakterien, auch Blaualgen genannt, mit ihrer Photosynthese das andere Treibhausgas, Kohlendioxid, aus der Luft.

Beinahe hätte diese neue Form der Energieversorgung mit dem giftigen Abfallprodukt Sauerstoff in einer Vollkatastrophe geendet. Denn weil die wichtigen Treibhausgase in der Atmosphäre immer weniger wurden, vereiste der Planet beinahe komplett. Vor etwa 2,35 Milliarden Jahren war die Erde über hundert Millionen Jahre lang fast ein einziger Schneeball. Doch das Leben hatte damals richtig Glück. Wahrscheinlich überdauerten die meisten Lebensformen in warmen Tiefseebereichen. Die Vulkane waren auch unter dem Eis weiter tätig und stießen immer wieder

Kohlendioxid aus. Irgendwann ging das Treibhaus wieder los. Der Schneeball schmolz, die Konzentration an Sauerstoff sank auf ein bis zwei Prozent. Allerdings war der freie Sauerstoff, der sich in der Atmosphäre anreicherte, für die allermeisten Organismen ein weiteres großes Problem: Für die damaligen Lebewesen war dieser neue Stoff giftig. Ein großer Teil der Lebewesen, die noch vor allem im Meer lebten, starb – und starb aus.

Das Leben hatte unterdessen eine neue Revolution vorbereitet: Es hatte die Atmung erfunden und damit den zuvor toxischen Sauerstoff zu etwas Lebensnotwendigem gemacht. Zellen waren entstanden, die nun ihrerseits den Sauerstoff für ihren Stoffwechsel nutzten und quasi die Photosynthese umkehrten. Sie verwendeten jene Kohlehydrate, die durch Photosynthese entstanden waren, um Energie zu gewinnen, verbrauchten dabei den Sauerstoff – und gaben ihrerseits als Abfall Kohlendioxid ab. Durch den Trick der Photosynthese stand den Organismen auf der ganzen Erde mehr Energie zur Verfügung, die von der Sonne eingefangen wurde. Das Leben konnte sich weiter diversifizieren und Nahrungsketten bilden, in denen ein Lebewesen vom anderen lebte – und dessen Energie für das eigene Leben nutzte. Mit dem freien Sauerstoff entstand nun auch unter dem Einfluss der Sonnenstrahlung Ozon in der Atmosphäre, jenes Gas also, das viel gefährliche UV-Strahlung abfängt. Fand das Leben bislang vor allem im Wasser statt, konnte es unter dem Schutz der Ozonschicht nun auch das Land erobern.

Zuvor gab es noch zwei weitere große Schneeballperioden auf der Erde, aber Plattentektonik und Vulkanausbrüche sorgten dafür, dass sich das Leben immer wieder neu entfalten konnte. Die Entwicklung der Atmosphäre war also bestimmt durch das Wechselspiel solcher geologischen Vorgänge mit der Aktivität und Fortentwicklung der Lebensformen. Dabei gab es durchaus große, lebensgefährdende Ausschläge. Was zeigt uns diese Abfolge von Zufällen bei der Entstehung von Leben auf der Erde? Wenn es nicht genau die richtige Menge CO_2 und Sauerstoff sowie Stickstoff für die jeweilige Kombination von Einzellern und mehrzelligen Lebewesen unter Wasser und später an Land gegeben hätte, wäre es zwar auch zu Leben gekommen – aber dieses Leben hätte ganz anders ausgesehen als jenes, das wir kennen. Und unser Leben ist genau auf die Treibhausbedingungen zugeschnitten, die wir zum Leben brauchen.

Wie unsere fossilen Brennstoffe entstanden

Im Erdzeitalter des Kambriums, also etwa vor 540 bis 480 Millionen Jahren, explodierte dann das Leben in seiner Vielfalt. Die Ursache dafür ist noch unklar und wird derzeit intensiv erforscht. Wahrscheinlich stieg die Sauerstoffkonzentration im Meer stark an. Bis zu diesem Zeitpunkt gab es noch keine Lebewesen an Land. Die Explosion von Lebewesen vollzog sich allein unter Wasser. Dennoch sind damals die Vorläufer aller heute noch existenten Lebewesen entstanden. In der Folge eroberten vor vielleicht 500 Millionen Jahren erste Pflanzen wie die Moose das Festland. Bis erste Tiere an Land lebten, dauerte es noch mindestens ein paar Dutzend Jahrmillionen.

Das Erdzeitalter des Karbons begann vor 360 Millionen Jahren und endete vor etwa 300 Millionen Jahren. Wie der Name schon sagt, sind damals riesige Mengen von CO_2 aus der Atmosphäre in Form von Bäumen und Pflanzen als Kohlenstoffspeicher gebunden worden. Es war eine Zeit gewaltiger Sumpfwälder voller Baumfarne, Schachtelhalme und Schuppenbäume – viele zwanzig bis vierzig Meter hoch. Riesige Libellen schwirrten durch diese Wälder, längst gab es viele Amphibien. Auch die ersten Reptilien, die zur Fortpflanzung nicht mehr zurück ins Wasser mussten, hatten sich entwickelt. Diese Karbonwälder verarbeiteten bei der Photosynthese Kohlendioxid und setzten viel Sauerstoff frei: Etwa ein Drittel der atmosphärischen Luft bestand damals aus Sauerstoff. (Zum Vergleich: Heute sind es 21 Prozent, also etwa ein Fünftel.) Während dieser Zeit der hohen Sauerstoffkonzentrationen entstanden gut 90 Prozent der Kohlelagerstätten, mit denen wir unsere Industrielle Revolution befeuerten. Solche gewaltigen Kohleflöze konnten entstehen, weil das Holz der Urzeitbäume nicht so schnell abgebaut werden konnte, wie es nachwuchs: Noch gab es keine Organismen, die das Lignin der Pflanzen abbauen und verwerten konnten – eine Stützsubstanz, die wichtig für Stabilität und damit Höhenwachstum ist. Abgestorbene Baumfarne und andere Pflanzen wurden überwuchert, rasch von Erde bedeckt, gerieten so immer tiefer in den Boden und versteinerten im Laufe vieler Jahrmillionen zu Kohle. Anders ausgedrückt: Die Pflanzen fingen viel Kohlendioxid aus der Luft, die Pflanzen und Bäume zerfielen, ohne dass sie durch Mikroorganismen hätten zersetzt werden können, und der Kohlenstoff wurde somit in gewaltigen unterirdischen Lagern gespeichert.

Ähnlich war es mit dem anderen fossilen Brennstoff, den wir seit rund zweihundert Jahren verfeuern, dem Erdöl. Es entstand vor allem ab einer Zeit vor 150 Millionen Jahren. Abgestorbene Meereskleinstwesen – insbesondere Algen, die per Photosynthese Kohlendioxid gebunden hatten – setzten sich am sauerstoffarmen Meeresgrund ab. Dort zersetzte sich diese Biomasse zu Faulschlamm und bildete unter hohem Druck und den erhöhten Temperaturen nahe der Erdkruste das «schwarze Gold» Erdöl.

(Auch Erdgas, das zu großen Teilen aus Methan besteht, entstand auf ähnliche Weise. Erdöl und Erdgas werden oft in den gleichen Lagerstätten gefunden.)

Die Zeit, in der sich die großen Erdöllagerstätten bildeten, war auch die Zeit der Dinosaurier. Die tierischen Bewohner der Erde wurden längst immer größer und immer klüger. Die ersten Vögel besiedelten die Lüfte. Erste kleine Säugetiere huschten zwischen den Dinosauriern umher, die nicht alle so riesig waren, wie wir es aus Kinofilmen kennen. Aus diesen ersten Säugern, die nicht mehr Eier legten, sondern ihren Nachwuchs lebend zur Welt brachten und mit Milch fütterten, sollten viele Jahrmillionen später wir Menschen uns entwickeln.

Das Ende der Dinosaurier und seine Folgen

Schon mehrfach hatte es bis dahin Massenaussterben auf der Erde gegeben, bei denen die Hälfte aller Spezies oder mehr verschwanden.[7] Sie hatten eigentlich immer mit Klimaveränderungen zu tun; oft wie beschrieben im Zusammenspiel geologischer Aktivitäten mit dem Leben auf der Erde. Diese Massenaussterben traten nie plötzlich ein, sondern geschahen über einen Zeitraum von oft Jahrhunderttausenden, wenn nicht Jahrmillionen. Das wohl bekannteste Massensterben hatte aber keine irdische Ursache. Es war kosmisches Pech, als vor ungefähr sechsundsechzig Millionen Jahren jener zehn bis fünfzehn Kilometer große Asteroid irgendwo in der Nähe der heutigen mexikanischen Halbinsel Yucatán einschlug. Ein Knall – und das Schicksal der Dinosaurier war besiegelt. Bis dahin waren die großen Schreckensechsen die erfolgreichste Tiergruppe der Erde, und das wären sie noch lange

Zeit geblieben. Der Asteroid war wohl in Gesteine gestürzt, die mit Erdöl getränkt waren. Er hatte also ein gewaltiges Brennstofflager in die Luft gesprengt. Viele Tiere, nicht nur die großen Dinosaurier, waren bald tot. Global gesehen war es eine Sache von Tagen oder Wochen. Keine Spezies über fünfundzwanzig Kilogramm Gewicht überlebte den Einschlag und seine Folgen. Denn große Tiere müssen viel fressen, kleinere können besser überleben, wenn es nicht mehr viel Nahrung gibt.

Die Zeit danach war für die Überlebenden kein Zuckerschlecken: Nach dem Einschlag gab es kaum Nachschub an pflanzlicher Kost. Mindestens ein Jahrzehnt lang gelangten nur 20 Prozent der Sonnenstrahlung auf die Erde, was starke Abkühlung bedeutete und weniger Licht, das Pflanzen zum Wachstum brauchen. Erst als sich der Staub gelegt hatte, erwärmte sich die Erde wieder. Das Leben kam erneut auf die Beine. Die Dinosaurier waren ausgestorben.

Ich habe bei Kindergeburtstagen schon häufiger die Hypothese vorgetragen, dass es ein kleines über und unter der Erde lebendes Säugetier gewesen sein könnte, das die Katastrophe vor allen anderen unbeschadet überlebt hat. Es könnte sich von den Resten der zugrunde gegangenen Pflanzen und Tiere ernährt und sich in kleinen Höhlen oder Erdlöchern vor den Bränden und Gasen versteckt haben. Dieses Tier wäre dann der Vorläufer der größeren Säugetiere und somit der Menschen gewesen. Wie auch immer, der Aufschwung der Säugetiere begann – mit vielen neuen Pflanzenfressern und Fleischfressern. Schon nach nur einer halben Million Jahre gab es wieder Tiere, die so groß waren wie heutige Kühe. Die Entwicklung des Menschen wäre ohne das Aussterben der Dinosaurier und den Einschlag des Asteroiden extrem unwahrscheinlich gewesen oder zumindest komplett anders verlaufen. Der Aufstieg der Säugetiere war nicht programmiert und ist sicherlich ein Ergebnis dieses kosmischen Unfalls.

Bereits zehn Millionen Jahre später sollte es ein neues Sterben geben – am Übergang vom Zeitalter des Paläozäns zum Eozän. Auf diese Entwicklung werde ich später noch einmal zurückkommen, weil sie ein Beispiel für das sein könnte, was uns in der Klimakrise bevorsteht. Hier zunächst nur so viel: In erdgeschichtlich gesehen allerkürzester Zeit, innerhalb von nur zehntausend bis vielleicht sogar nur viertausend Jahren, stieg der Anteil des Treibhausgases Kohlendioxid massiv an – wahrscheinlich als Folge von Vulkanismus und dem Aneinanderstoßen gewaltiger Kontinentalplatten. In dieser Zeit ging etwa so viel Kohlendioxid in die Luft, wie wir heute mit dem Verbrennen fossiler Brennstoffe in die Atmosphäre ausstoßen. Außerdem wurden damals auch große Mengen von Methan frei, das als Treibhausgas fünfundzwanzigmal stärker wirkt als Kohlendioxid. Im sogenannten Paläozän-Eozän-Temperaturmaximum (PETM) schlug das Fieberthermometer der Erde enorm aus: Die Temperatur war plötzlich fünf bis acht Grad höher. Zum Glück währte dieses Fieber nur kurz, nach nur zweihunderttausend Jahren war es schon wieder vorbei.

Das war die bislang letzte Heißzeit auf der Erde. Lernen lässt sich daraus, dass auch die jetzt vor uns liegende globale Erwärmung – selbst im Falle einer weiteren Heißzeit – das Leben auf der Erde nicht beenden würde. Die Frage ist also nicht, ob das Leben die globale Erwärmung übersteht. Die Frage ist nur, ob wir mit unserer Zivilisation sie übersteht. Nach allem, was wir wissen, stünde bei einer Heißzeit das Überleben der Menschheit, wie wir sie kennen, auf dem Spiel.

Vom Baum auf zwei Beine

Nach dem PETM, also der letzten Heißzeit, begann der Aufstieg der Tiergruppe, zu der auch wir Menschen zählen – der Primaten.[8] Zumindest stammen aus dem Eozän die ältesten Fossilien affenartiger Lebewesen, die vor allem in Bäumen lebten. So entwickelten sie besonders bewegliche Hände und Füße. Die zwei nach vorne gerichteten Augen halfen ihnen, im Geäst sicher zu springen. Im Vergleich zum Rest des Körpers bildeten sie größere Gehirne als andere Tiere aus; wahrscheinlich zunächst, um die geschickten Gliedmaßen zu steuern und die visuellen Eindrücke zu verarbeiten. Später lebten viele Primaten in immer größer werdenden Gruppen, in denen sie sich gegenseitig unterstützten. Eine Fülle an komplexeren Fähigkeiten und Aufgaben benötigte wohl einfach mehr Hirn.

Als es nach dem PETM kühler wurde, wuchsen anstelle von Wäldern mehr Graslandschaften. Regenwälder, die Lebensräume der am weitesten entwickelten Primaten, heute nennen wir sie Menschenaffen, gingen zurück. Vor zehn Millionen Jahren wurde das Klima im Gebiet der damaligen Menschenaffen trockener und kühler, vor allem im Osten Afrikas entstanden mehr Grassavannen. Und genau dort erhoben sich unsere Vorfahren auf ihre zwei Beine. Der letzte Vorläufer, den wir mit unseren nächsten Verwandten, den Schimpansen und Bonobos der Gattung Pan, gemeinsam haben, lebte vor etwa sieben Millionen Jahren. Von da an verzweigte sich unser menschlicher Stammbusch immer weiter. Meist lebten zeitgleich mehrere menschenähnliche Spezies auf der Erde. Dass wie heute nur eine einzige Menschenart, nämlich wir, der Homo sapiens, auf dem Planeten existiert, ist eine große Ausnahme in der Erdgeschichte und Evolution unserer Spezies. Mehrere Dutzend Arten von Homininen – Früh-, Ur- und

Vormenschen – sind bereits ausgestorben. Damit sind sie nicht allein: Schätzungsweise 99 Prozent aller bisherigen Spezies sind heute ausgestorben, eine Tatsache, die mich schon als Schüler sehr beeindruckt hat. Damals fing ich an, mich zu fragen, wieso es uns nicht genauso ergehen sollte. In den siebziger Jahren erschien die Studie des Club of Rome, die ich verschlang. Ich erinnere mich noch gut daran, dass ich einfach davon ausging, wir würden an Hunger sterben. Dass es zum Schluss die Treibhausgase sein könnten, die das Ende unserer Zivilisation besiegeln, wäre mir damals völlig abwegig erschienen. Auch in der einschlägigen Literatur fand sich dazu nichts.

Zurück zu den anderen menschlichen Arten, die bereits ausgestorben sind. Ein großer Teil der Entwicklung dieser menschlichen Spezies fand ab der Zeit vor 2,6 Millionen Jahren im Pleistozän statt – einer insgesamt gesehen ziemlich kühlen Epoche der Erdgeschichte. Ein ständiger Wechsel von Warm- und Kaltzeiten, den sogenannten Eiszeiten, kennzeichnete diese Ära. Auf eine längere Eiszeit von oft hunderttausend Jahren oder mehr folgte eine meist deutlich kürzere Warmzeit.

Als das Pleistozän begann, entwickelten unsere Vorläufer immer größere Gehirne. Sie arbeiteten mit feineren Steinwerkzeugen. Vor etwa zwei Millionen Jahren machte sich eine dieser Arten, der Homo erectus, auf den Weg, den afrikanischen Kontinent zu verlassen. Er war übrigens – zumindest wenn man die Lebenszeit dieser Art zugrunde legt – die erfolgreichste menschliche Spezies: Der Erectus lebte bis vor etwas mehr als hunderttausend Jahren; die letzten fossilen Reste seiner Art wurden auf Java gefunden. Einige Hunderttausend Jahre lang lebten neben dem Homo erectus noch andere Menschenarten: der Neandertaler, der mysteriöse Denisova-Mensch und der Zwergmensch, auch Hobbit genannt, von der indonesischen Insel Flores. Weshalb nur wir überlebt und uns weiterentwickelt haben, ist wissenschaftlich nicht geklärt. Zumindest die Neandertaler scheinen uns nicht besonders unterlegen gewesen zu sein – auch nicht in den kognitiven Fähigkeiten. Ihr Gehirn hatte sogar ein größeres Volumen als unseres. Jene Unterschiede, die lange auf eine Überlegenheit unserer Art hinzudeuten schienen, verwischen immer mehr.

Wir Homo-sapiens-Menschen sind der vorerst letzte Zweig am struppigen Busch unserer menschlichen Evolution. Die ältesten bekannten Fossilien des modernen Homo sapiens sind etwa dreihunderttausend Jahre alt. Ich habe im Sommer 2021 die letzte noch öffentlich zugängliche Höhle der Sapiens-Urmenschen mit über zwanzigtausend Jahre alten Malereien besucht, sie liegt in der französischen Dordogne. Als ich die Höhle mit meinen Kindern besichtigte, kurz vor dem Bundestagswahlkampf, kam es mir absurd vor, dass wir jedes noch so kleine Relikt aus der Vergangenheit des Menschen konservieren, während wir gleichzeitig die Zukunft des Planeten achtlos ruinieren.

Was uns Menschen auszeichnet, ist die Fähigkeit zur Zusammenarbeit in größeren Gruppen und Gemeinschaften. Im Guten wie im Schlechten. Eine Rolle spielt dabei, wie wir mit Information umgehen – zunächst mit Sprache, dann mit Schrift, mittlerweile mit moderner Technik. Wissensaustausch wurde möglich, auch über Generationen hinweg, durch mündliche Überlieferung, später durch Bücher, heutzutage durch digitale Speichermedien. Dieser Wissenstransfer erfolgt inzwischen in Sekundenschnelle um den ganzen Globus. Für die Wissenschaft und die Verbreitung wissenschaftlicher Erkenntnisse ist das prinzipiell großartig. Aber es hilft nicht unbedingt bei deren Umsetzung.

Unsere beste Zeit: das Holozän

Zu dieser rasanten kulturellen Entwicklung – abseits der biologischen Evolution – kam es aber erst in den vergangenen elftausend Jahren.[9] Da gerieten wir in eine bis heute für uns Menschen komfortable Situation mit einem ziemlich stabilen Klima. Die weltweite Temperatur betrug seither durchschnittlich vierzehn Grad Celsius. Obwohl es erdgeschichtlich gesehen wohl einfach eine neue Warmzeit war, haben wir ihr einen eigenen Namen gegeben: Holozän. Die stabilen Temperaturen haben die Entwicklung unserer menschlichen Hochkulturen befördert – unseren Weg von der Steinzeit ins digitale Computerzeitalter.

In den dreihunderttausend Jahren davor musste der Homosapiens-Mensch in klimatisch extrem wechselhaften, im Durchschnitt eher kalten Zeiten überleben. Allein die letzte Eiszeit dauerte von vor 115 000 bis vor 11 700 Jahren. An ihrem Höhepunkt vor rund zwanzigtausend Jahren[10] lag die durchschnittliche weltweite Temperatur etwa sechs Grad unter jenen komfortablen vierzehn Grad des kommenden Holozäns. Damals war viel Wasser als Eis gebunden: Der Meeresspiegel lag etwa hundertzwanzig Meter unter dem heutigen Niveau. Aufgrund dessen waren Sibirien und Alaska durch eine Landbrücke, die Beringstraße, verbunden. Auf diesem Weg wanderten wohl die ersten Menschen nach Amerika ein. Danach wurde es nahezu überall wärmer und feuchter. Die gewaltigen Gletscher begannen zu schmelzen. Der steigende Meeresspiegel trennte Amerika vom Rest der Welt.

Die Geographie Europas sah völlig anders aus als heute: Noch vor zwölftausend Jahren erstreckten sich bis zu zwei Kilometer dicke Gletscher über Norddeutschland. Britannien gehörte noch zum Festland des in weiten Teilen gefrorenen europäischen Kontinents. Als sich die Eismassen zurückzogen, gaben sie Land auf dem Gebiet der heutigen Nordsee frei. Dieses «Doggerland» war bevorzugtes Siedlungsgebiet der Steinzeitmenschen. Vor rund achttausend Jahren, als das Wasser der Nordsee durch die weltweit tauenden Gletscher stieg, wurde Doggerland überflutet. Nun wurde Britannien zu einer Insel, die sich in mancherlei Hinsicht getrennt vom Rest Europas entwickelte. So kann man durchaus sagen: Letztlich bescherte uns diese nacheiszeitliche Klimaentwicklung ein paar Jahrtausende später den Brexit.

Wir Menschen hatten also eine extrem kalte Zeit hinter uns, als vor etwa 11 700 Jahren die beste Zeit begann, die wir je hatten. Das Holozän bot uns klimatische Bedingungen, wie es sie zuvor für unsere Spezies noch nie gegeben hatte. Und unsere Art erlebte ihre Blütezeit. Gab es während der letzten Eiszeit vielleicht gerade einmal eine halbe Million Menschen, so lebten zu Beginn des Holozäns schon fünf bis sechs Millionen Menschen. Die Temperaturen stiegen, und an mehreren Stellen rund um den Globus begannen wir Menschen – jeweils unabhängig von den anderen Regionen übrigens – Landwirtschaft zu entwickeln. Wir nutzten Pflanzen und Tiere für unsere Zwecke, züchteten sie gezielt und schufen so eine Reihe von Haustieren und Nutzpflanzen. Gerade der Ackerbau machte es nötig, sesshaft zu werden. Also erweiterten wir unsere Fähigkeiten, um in immer größeren Gruppen zu leben und zu kommunizieren. Die kulturelle Evolution schritt in immer weiteren Sprüngen fort: Bald entstanden erste Siedlungen, später Städte. Wir ließen die Steinzeit hinter uns, und das, was wir gemeinhin als «Geschichte» bezeichnen, nahm seinen Anfang. Neben der Schrift erfanden wir das Geld. In den immer größer werdenden Gruppen verteilte sich die Macht anders als zuvor. Es entstanden soziale Regelsysteme, die das Zusammenleben organisierten. Verschiedene Staatensysteme entwickelten sich, darunter erste Demokratien wie im antiken Athen.

Spätestens mit Kolumbus begann die Globalisierung der Welt. Die Waren- und damit Stoffströme um die Erde flossen nun immer schneller. Erst vor wenigen Jahrhunderten fing man an, fossile Brennstoffe zu nutzen. Innerhalb von Jahrzehnten erschlossen wir die vor Urzeiten angehäuften Kohlestofflager. Anders als bei der Photosynthese, die im Laufe der Evolution erfunden wurde, fingen wir keine neue Sonnenenergie ein, sondern nutzten die Sonnenenergie, die vor Jahrmillionen auf die Erde einstrahlte und nun in Form energiereicher fossiler Brennstoffe gelagert war. Dank dieser gespeicherten Energie war weitere Expansion möglich. Die Industrielle Revolution begann. Wir erfanden immer neue Maschinen, um uns das Leben zu erleichtern. Die Städte wurden immer größer, und wir vermehrten uns unentwegt: Innerhalb dieser elftausend Jahre des Holozäns ist unsere Zahl auf knapp acht Milliarden Menschen angewachsen. Dank medizinischer Fortschritte werden wir immer älter. Unser heutiges Leben in den Industrieländern unterscheidet sich grundsätzlich von dem jener Menschen, die nur ein paar Jahrhunderte vor uns lebten. Dabei grenzten wir uns immer mehr von der Natur ab und perfektionierten jene eigenen «Lebensräume», die wir zunehmend kontrollierten: Die meisten von uns leben heute in völlig menschengeprägten, künstlichen Welten.

Bei allem, was es derzeit auch an Schlimmem gibt auf der Welt: Milliarden von Menschen leben «besser» als je zuvor in der Geschichte – besser ernährt, gesünder, sicherer, demokratischer. Unsere Gesellschaften haben einen hohen Grad an Komplexität und Vernetztheit erreicht. Oft haben wir das Gefühl, wir hätten die Erde nach unserem Willen umgestaltet und verändert. Weil wir die Erde seit der Industriellen Revolution so sehr prägen, dass die Menschheit zu einem der wichtigsten geologischen Faktoren geworden ist, wird unsere Epoche oft das Anthropozän genannt.

Vorgeschlagen hat diesen Begriff für ein neues Erdzeitalter unter anderem jener Paul J. Crutzen, dem wir das Schließen des Ozonlochs verdanken. Unser Planet verhält sich jedoch – Anthropozän hin oder her – nach den gleichen Naturgesetzen wie zuvor.

Ein Klima, wie für den Menschen gemacht

Betrachten wir noch mal genauer die Klimaentwicklung im Holozän. Auch hier gab es natürlich Temperaturschwankungen, global gesehen um durchschnittlich ein Grad. Die Ursachen dafür liegen zum Teil in der Variabilität der Solarstrahlung und der vulkanischen Aktivität. Der Klimaverlauf im Holozän ähnelt einem Buckel: Zu Beginn des Erdzeitalters – nach dem Ende der letzten Eiszeit – stieg die globale Temperatur an, in den letzten fünftausend Jahren dagegen ist sie um 0,7 Grad Celsius gefallen. Zwar konnte im relativ warmen Mittelalter zeitweise sogar auf Grönland Ackerbau betrieben werden. Der folgende Übergang in die «Kleine Eiszeit» zu Beginn des 15. Jahrhunderts nach Christus erwies sich jedoch als Teil einer viel längerfristigen Abkühlung.

Diese fand mit der rasanten Erwärmung im 20. Jahrhundert ein jähes Ende. Überall auf der Erde hat sich die Temperatur im Vergleich zur vorindustriellen Zeit nach Angaben des Weltklimarats bis zum Jahr 2021 schon um 1,1 Grad erhöht. Das bedeutet: In nur hundert Jahren haben wir die Abkühlung der vergangenen fünftausend Jahre ausgeglichen – weil wir so viele fossile Brennstoffe verbrannt und Treibhausgase in die Atmosphäre ausgestoßen haben. Wollte man es positiv ausdrücken, könnte man sagen: Die nächste Eiszeit, die in den vergangenen zwei Millionen Jahren regelmäßig auf eine kurze Warmzeit folgte, ist aufgeschoben.

Doch jetzt verlassen wir die Komfortzone. Die Temperaturen werden weiter steigen, so wie nie zuvor in der Geschichte der menschlichen Zivilisation. Allein die Konzentration von Kohlendioxid in der Atmosphäre hat seit Beginn der Industriellen Revolution um fast 50 Prozent zugenommen.[11] Vor der Industriellen Revolution und seit Beginn unserer Zeitrechnung lag sie nach Schätzungen des Weltklimarats ziemlich konstant bei etwa 280 Millionstel (oder ppm – parts per million).[12] Das zeigt deutlich, dass nur sehr geringe CO_2-Anteile nötig sind, um den Treibhauseffekt zu erzielen. Im Jahr 1999 waren es schon 367 ppm, im Mai 2021 415 ppm. Mehr als die Hälfte davon stammt aus fossilen Brennstoffen, die wir in den vergangenen dreißig Jahren verbrannt haben.[13] Die Konzentration von Kohlendioxid in der Atmosphäre ist daher heute so hoch wie seit fast einer Million Jahren nicht mehr, wahrscheinlich sogar höher als vor drei Millionen Jahren.[14] (Zur Erinnerung: Unsere Art Homo sapiens ist gerade einmal dreihunderttausend Jahre alt.) Doch wir verbrennen rücksichtslos weiter fossile Energieträger und emittieren damit noch mehr Kohlendioxid.

Aufgrund unserer menschlichen Aktivitäten ist auch die Konzentration von Methan in der Atmosphäre rund zweieinhalbmal größer als vor der Industriellen Revolution. Gleichzeitig ist der Treibhausgaseffekt fünfundzwanzigmal stärker als der von Kohlendioxid. Das Treibhausgas entweicht bei der Förderung fossiler Brennstoffe, etwa aus undichten Bohrlöchern oder Leitungen, aber auch aus Mülldeponien. Es entsteht in der intensiven Landwirtschaft: Allein die Nutztierhaltung ist für 15 Prozent der globalen Erderwärmung verantwortlich,[15] vor allem wegen der Haltung von Wiederkäuern wie Rindern, Schafen und Ziegen, die bei der Verdauung Methangase produzieren und ablassen. (So machen die Blähungen von Schafen und Rindern sogar ein Drittel der Treibhausgasemissionen Neuseelands aus.) Aber auch beim Anbau von Reis auf nassen Feldern entsteht Methan.

Längst sind wir nach unserem langen Exkurs in die Geschichte unseres Planeten und des Lebens darauf im Hier und Jetzt angelangt. Es ging mir in diesem Kapitel vor allem darum, die Komplexität der Atmosphäre darzustellen und die extrem langfristigen Dimensionen aufzuzeigen, in denen sie entstanden ist. Dabei ist es wichtig, Folgendes zu verstehen: Bis eine spürbare Veränderung eintritt, dauert es in der Atmosphäre meist sehr lange. Das System besitzt, gemessen an unseren menschlichen Zeitvorstellungen, eine große Trägheit. Am besten stellt man sich dazu eine Heizung vor: Dreht man die Temperatur am Thermostat höher, dauert es etwas, bis der Heizkörper warm wird. Schaltet man wieder runter, dauert es deutlich länger, bis der Heizkörper abgekühlt ist. Die eben beschriebenen Veränderungen der vergangenen zwei Jahrhunderte sind aus erdgeschichtlicher Sicht in extrem kurzer Zeit passiert. Bislang spüren wir noch nicht viel davon, aber das wird sich ändern.

Um noch einmal auf das Fermi-Paradoxon ganz zu Beginn des Kapitels zurückzukommen: Unsere Zivilisation befindet sich gegenwärtig auf dem Höhepunkt ihrer technischen Entwicklung. Wir haben einen hohen Grad an weltweiter Komplexität erreicht. Nie wussten wir so viel wie heute. Und doch sind wir dabei, das stabile Klimasystem der letzten zehn Jahrtausende zu zerstören. Ohne wirklich zu begreifen, was genau wir tun, manipulieren wir das Thermostat unserer Biosphäre. Die Klimakrise hat längst begonnen und spitzt sich viel schneller zu als bisher vorhergesagt. Zerstören intelligente Zivilisationen zwangsläufig ihre Atmosphäre und somit ihre Lebensgrundlage? Welche Entwicklungen könnten uns bevorstehen, wenn es noch wärmer wird?

3. KAPITEL

Wenn die Dominosteine fallen – unsere Zukunft auf der Erde

Es gibt vier Szenarien, die beschreiben, auf welchen Wegen sich die globale Temperatur bis zum Jahr 2100 erhöhen könnte. Sie wurden für den fünften Bericht des Weltklimarats 2013/2014 entwickelt und tragen den umständlichen Namen «Repräsentative Konzentrationspfade» oder RCPs (nach dem englischen Ausdruck «Representative Concentration Pathways»). Im darauffolgenden sechsten Bericht wurden sie weiterentwickelt.[1] Die vier Szenarien geben an, wie viel zusätzliche Energie durch Sonneneinstrahlung pro Quadratmeter infolge des erhöhten Treibhausgasausstoßes zu erwarten wäre. Sie wurden auf Grundlage einer gewaltigen Menge an Daten errechnet. Dabei hat man verschiedenste gesellschaftliche, ökonomische und ökologische Grundannahmen berücksichtigt – darunter die Zunahme der Weltbevölkerung, die Entwicklung des Bruttosozialprodukts, des Energieverbrauchs und anderes mehr. Auch der Einfluss etwaiger Klimaschutzmaßnahmen wurde einbezogen. Verkürzt ausgedrückt geben die RCPs auch an, wie viel zusätzliche Erwärmung durch die Emission bestimmter Mengen an Treibhausgasen unter bestimmten Voraussetzungen im Jahr 2100 zu erwarten ist. Oder anders gesagt: Jeder dieser Pfade beschreibt einen anderen möglichen Entwicklungsweg bis 2100 mit jeweils anderen Auswirkungen.

Wenig überraschend ist, dass die Folgen umso heftiger ausfallen werden, je wärmer es wird. In verschiedenen Teilen der Erde sind sie aber unterschiedlich stark zu spüren, und sie treten nicht unbedingt gleichzeitig auf.

Legt man den «günstigsten» Pfad RCP2.6 zugrunde, wären wir weltweit kurz davor, den Gipfel des Emissionsanstiegs zu erreichen. Danach würden wir immer weniger Treibhausgase emittieren. Zum Verständnis: Die Zahl hinter der Abkürzung «RCP» gibt nicht die zu erwartende Temperaturerhöhung an, sondern die zusätzliche Energie pro Quadratmeter. In diesem Fall nähme die Strahlenwirkung der Sonne um 2,6 Watt pro Quadratmeter zu. Erreichen lässt sich dieser Pfad nur mit wirklich radikalen Klimaschutzmaßnahmen. Die Vorgabe des Pariser Klimaschutzabkommens, die Erwärmung auf möglichst 1,5 Grad zu beschränken, wäre damit erfüllt.[2] Dennoch wären weltweit schwerwiegende Folgen zu spüren.

RCP4.5 beschreibt einen Pfad, auf dem es durch engagierten Klimaschutz gelingt, den Ausstoß von Treibhausgasen noch vor 2100 zu stabilisieren. Eine Folge wäre dennoch, dass im Jahr 2050 Stockholm ganzjährig frostfrei bliebe und dort Jahreshöchsttemperaturen über dreißig Grad Celsius zu erwarten wären, wie heute in Budapest – so erläutert es beispielhaft der Energieverfahrenstechniker und Journalist Nick Reimer.[3] Auf dem Pfad RCP6.0 gelänge die Stabilisierung des Treibhausgasausstoßes erst nach 2100, und sechs Watt Energie würden jährlich zusätzlich auf jeden Quadratmeter Erde einwirken. Herangezogen wird oft das Szenario RCP8.5, in dem alles bliebe wie gehabt – ohne wirksame Klimapolitik, ohne Reduktion der Treibhausgase. Diesem Worst-Case-Szenario zufolge könnte die Temperatur bis zum Jahr 2100 um bis zu fünf Grad zunehmen. Oft hieß es, diese Prognose sei alarmistisch und übertrieben. Doch alle neuen Messdaten zeigen, dass die vorhandenen Modelle den Klimawandel unterschätzen: Die Erderwärmung schreitet schneller voran als bislang angenommen.

Mittlerweile gehen Forscherinnen und Forscher davon aus, dass genau dieses Szenario die derzeitige Entwicklung recht gut abbilde.[4] Zwar bedeute das nicht, dass der 8.5er-Pfad der wahrscheinlichste sei. Aber man solle diese Vision nicht als unmöglich hinstellen – auch wenn eine Erwärmung um etwa drei Grad bis 2100 aktuell am wahrscheinlichsten sein mag.

Ein Blick zurück: Was fünf Grad mehr bedeuten

An dieser Stelle möchte ich noch einmal einen Blick auf jene Epoche der Erdgeschichte werfen, als in verhältnismäßig kurzer Zeit die Temperaturen ähnlich stark anstiegen. Was derzeit geschieht, erinnert fatal an jenes Paläozän-Eozän-Temperaturmaximum (PETM) vor fünfundfünfzig Millionen Jahren, von dem oben bereits die Rede war. Damals erlebte die Erde eine der extremsten Klimaveränderungen ihrer Geschichte. Diese «Fieberphase» gilt als ein Modell dafür, wie ein solcher abrupter Klimawandel verläuft – und was bei einem solchen Temperaturanstieg zu erwarten ist.[5]

Den Anstoß zum Hitzeschock des PETM gab vermutlich die Bewegung von Kontinentalplatten: Europa und Nordamerika brachen auseinander, der Nordostatlantik öffnete sich, und gewaltige Mengen heißer Gesteinsmassen gerieten an die Erdoberfläche. Das glutflüssige Magma zersetzte kohlenstoffreiche Gesteine, wahrscheinlich gingen Erdöl-, Gas- und Kohlelager in Flammen auf. Das war der erste Schritt, bei dem schon viel Treibhausgas, wohl vor allem Kohlendioxid, entstand und für eine deutliche Erhöhung der globalen Durchschnittstemperatur sorgte. In einer zweiten Phase erwärmte sich das Meer. In Tiefen von zweihundert bis fünfhundert Metern lagerte dort – ähnlich wie heute in vielen Ozeanen – Methanhydrat oder «Methaneis», eine eisartige, schneematschgleiche Substanz. Bei bestimmten Temperaturen schmilzt das Methaneis, und das Gas darin wird freigesetzt. Man nimmt an, dass dieses Methan während des PETM die Atmosphäre noch viel stärker aufheizte, als es das Kohlendioxid allein vermocht hätte. (Auch das wäre heute wieder möglich. Die Vorräte an Methanhydrat könnten die noch vorhandenen Mengen an Erdöl und Kohle um ein Vielfaches übersteigen.[6] Methan ist nach Meinung vieler Experten der am stärksten unterschätzte Risikofaktor für das Erdklima. Wenn sich die Methanvorräte aus dem Meer und aus dem Permafrost befreien, kommt es innerhalb von kurzer Zeit zum Hitzetod großer Teile des Lebens auf der Erde, das sich den veränderten Bedingungen nicht schnell genug anpassen kann.)

Der «Fieberschub» der Erde entwickelte sich damals rasch, was bedeutet: innerhalb von Tausenden bis Zehntausenden von Jahren. Natürliche Klimaveränderungen, die sich in weniger als tausend Jahren ereignen, sind daher als «Klimablitz» zu verstehen. Eine so schnelle Erhöhung der Temperatur, wie der Mensch sie jetzt erzwingt, hat es auf natürliche Art und Weise noch nie gegeben. Während des PETM erwärmte sich die globale Temperatur um ungefähr 0,025 Grad Celsius pro Jahrhundert, heute dagegen liegt dieser Wert bei einem bis vier Grad Celsius pro Jahrhundert.[7] Somit erfolgt der Temperaturanstieg im Moment vierzig- bis hundertsechzigmal so schnell wie im PETM. Die Konzentration von CO_2 lag zu Beginn des Eozäns, also nachdem die rasante Klimaerwärmung bereits stattgefunden hatte, bei über

1000 ppm – mehr als doppelt so hoch wie im Jahr 2021 (414 ppm). Derzeit emittieren wir aber ein Vielfaches des damaligen Ausstoßes in die Atmosphäre. Wenn es so weitergeht, erwarten Klimawissenschaftler den Anstieg auf 1000 ppm bis zum Jahr 2100.[8]

Auch wenn das PETM damit etwas «harmloser» scheint als das, was heute geschieht, könnte es dennoch ein Modell für das sein, was uns bevorstehen könnte, wenn die Erde sich wie im PETM um fünf Grad oder mehr erwärmen würde. Vor fünfundfünfzig Millionen Jahren verschoben sich alle Klimazonen zu den Polen. Tiere und Pflanzen mussten wandern, sich anpassen – oder sie starben aus. Die Arktis war eisfrei, voller subtropischer Sümpfe, Baumfarne, Palmen, Krokodile. Vor allem die wärmeliebenden Spezies breiteten sich aus. Weil sich immer mehr Kohlendioxid im Wasser auflöste, versauerten die Weltmeere, und viele der Tierarten, die Kalk in ihre Gehäuse einbauten, starben aus. Zahlreiche Gebiete der Erde litten unter extremer Dürre.

Wie erwähnt ging das «Fieber» der aufgeheizten Erde vor fünfundfünfzig Millionen Jahren ziemlich «schnell» vorüber. Bis die zusätzlichen Treibhausgase absorbiert waren und der Planet auf die vorherige Temperatur abgekühlt war, dauerte es gerade einmal hundertfünfzig- bis zweihunderttausend Jahre. Der damalige Ausnahmezustand währte also zwei Drittel bis halbmal so lange wie die bisherige Lebensdauer unserer Spezies. Das zeigt, was passiert, wenn das Klima erst einmal komplett aus dem Ruder gelaufen ist. Es kann Hunderttausende Jahre dauern, bis es sich wieder eingependelt hat. Einen Temperaturanstieg wie den bereits jetzt von uns erzwungenen korrigiert man nicht so leicht. Im Extremfall können dafür Jahrtausende notwendig werden.

Wissenschaftlerinnen und Wissenschaftler haben die zu erwartenden weltweiten Veränderungen durch den Klimawandel längst in einem Computermodell simuliert. Die Kurzversion: Fast alle Landschaften der Erde werden komplett umgestaltet. Afrika und die südamerikanischen Regenwaldgebiete werden austrocknen, in Mischwäldern vermehrt Laubbäume statt Nadelbäumen wachsen. In heute baumlose Tundra wird der Wald vordringen, während sich die Waldzone vom südlichen Rand her auflockert und trockenen Landschaften wie Steppen weicht. Die Welt wird eine völlig andere als die, die wir heute kennen. Noch nie in der Geschichte unserer Spezies haben wir Menschen auch nur ansatzweise solche Bedingungen erlebt.

Die heutigen Veränderungen geschehen nicht nur jetzt schon bedeutend schneller als während des PETM. Die Erwärmung beschleunigt sich zudem schneller, als Wissenschaftler noch vor ein paar Jahren dachten.[9] Während die Emission von Treibhausgasen weiter zunimmt, nimmt die Luftverschmutzung etwa durch Schwefeldioxid schneller ab als angenommen. Das ist eigentlich eine gute Nachricht, für die Ökosysteme wie für unsere menschliche Gesundheit. Doch gerade Aerosole wie Schwefeldioxid reflektieren das Sonnenlicht und schirmen uns dadurch vor Erwärmung ab. Fallen die für uns an sich schädlichen Stoffe weg, erwärmt sich die Erde also stärker. Daher ist die effektive Erwärmung heute schon höher als die offiziell gemessene. Ohne den Feinstaub in der Luft wäre es noch deutlich wärmer. In China zum Beispiel bekämpft man den massiven Feinstaub in Industriestädten und rechnet im Gegenzug mit einer deutlichen Erwärmung der Städte. Auch das ist ein Grund für die offensive Bekämpfung des Klimawandels im Land. China ist so groß und unabhängig, dass es Klimaschutz nicht zum Schutz der Erde, sondern im Wesentlichen zum Schutz der eigenen Bevölkerung betreibt. Das gilt für Feinstaub wie für CO_2.

Neben den menschengemachten Gründen für den Klimawandel gibt es mittlerweile Anzeichen dafür, dass die Erde in eine natürliche Warmphase gleitet, die Jahrzehnte anhalten kann und vor allem durch Meeresströmungen verursacht wird.[10] All das zeigt einmal mehr, wie viele Faktoren auf das Klima einwirken, wie komplex dieses Geschehen ist. Da mag manch einer fragen: Was macht es eigentlich aus, ob wir im besten Fall bei 1,5, 1,6 oder 1,7 Grad Erwärmung landen? Oder bei 2,0 oder 2,2 Grad mehr? Auch ich habe lange geglaubt, diese graduellen Unterschiede könnten egal sein: Hauptsache, wir bleiben irgendwie im Rahmen oder in der Nähe des Pariser Abkommens und stoppen den Klimawandel. Wenn es dann am Ende 2,5 Grad sind, dauert es vielleicht hundert Jahre länger, bis sich die Erde komplett erholt. Doch das ist leider ein Irrtum – es kommt, wie gesagt, mittlerweile auf jedes Zehntelgrad an.

Am Abgrund: Kipppunkte

Wie prekär die Lage tatsächlich ist, das ist mir, wenn ich ehrlich bin, erst in den letzten zehn Jahren bewusst geworden. Meine Schwerpunkte waren ja geprägt von meiner medizinischen Laufbahn: Vorbeugemedizin, ungesunde Ernährung und so weiter. Man kann nach Jahrzehnten des Rauchens noch rechtzeitig aufhören, und die Schäden an der Lunge bilden sich zurück. Wer einen zu hohen Blutdruck und einen zu hohen Cholesterinwert hat, mag einen ersten Herzinfarkt erleiden. Wenn er oder sie sich danach vernünftig verhält und die richtigen Medikamente nimmt, verringert sich das Risiko für einen weiteren Herzinfarkt. Jemand kann bis fünfzig keinen Sport getrieben haben und trotzdem noch zum Marathonläufer werden. Der Körper hat eine unfassbare Regenerationskraft. Kipppunkte gibt es wenige. Anders verhält es sich bei Krebserkrankungen und bei Demenz, dort gibt es echte Kipppunkte, aber sie gelten eher als die Ausnahme in der Vorbeugemedizin.

Dass wir aber beim Klimawandel schon kurz vor dem Absturz stehen – wie die Kaffeetasse an der Tischkante –, das habe ich erst begriffen, als ich von den Kipppunkten hörte und mich intensiver mit ihnen beschäftigte. Was solche Kipppunkte im Klimasystem bedeuten, habe ich schon in der Einleitung angerissen. Damals habe ich verstanden, was es bedeutet, wenn durch einen winzigen zusätzlichen Anstoß dieses für uns lebensnotwendige System seine gewohnte Funktionsweise drastisch verändert oder ganz einstellt. Es gibt dann kein Zurück mehr. Die Temperaturen steigen nicht mehr so langsam an, dass wir es kaum registrieren, sondern in abrupten Sprüngen. Im Fall der Kaffeetasse sehen wir immerhin mit eigenen Augen, dass sie am Abgrund steht. Dann können wir entscheiden: Wir schieben sie einfach nicht weiter. Oder wir rücken sie sogar ein Stück vom Abgrund weg. Bei abstrakteren Kipppunkten wie den folgenden Klimaelementen wissen wir zwar mittlerweile, dass diese kritische Schwelle existiert. Aber nicht, wo genau sie liegt und wie weit wir noch davon entfernt sind. Es ist also vor allem eine intellektuelle Einsicht und keine, die sofort sinnfällig wäre. Dabei gibt es noch mehr, was uns alarmieren sollte: etwa dass die Kippelemente sich gegenseitig befördern und die gesamte Entwicklung noch beschleunigen werden, sollte das Kippen beginnen.

Betrachten wir zunächst einmal die vier Kipppunkte, die ich bereits in der Einleitung erwähnt habe – einen nach dem andern und jeweils für sich genommen.

Grönlandeis: Längst gibt es Signale, die darauf hindeuten, dass der zentral-westliche Teil des grönländischen Eisschildes bald den Kipppunkt erreicht haben könnte.[11] Eng zusammen hängt damit das Abschmelzen des Meereises im Norden zur Sommerszeit. Beide liegen in der gleichen Temperaturzone. Wenn das Meereis taut, schmilzt gleichzeitig das Eis auf dem grönländischen Festland. Hier gibt es eine erste Rückkopplung. Normalerweise reflektiert das weiße Eis einen Teil der Sonnenstrahlung – diesen Rückstrahleffekt nennt man Albedo. Je heller etwas ist, desto größer ist die Albedo. Ist das Meereis im Sommer weggeschmolzen, liegt das dunklere Meerwasser offen da. Das energiereiche Sonnenlicht wird nun viel weniger reflektiert und erwärmt das Meer zusätzlich. Das allein hat schon große Auswirkungen, weil es den Lebenszyklus von Phytoplankton und vielen Tierarten völlig verändert. Schon heute hat die Eisbedeckung im sommerlichen arktischen Meer um fast die Hälfte abgenommen. Auch die arktische Luft über dem Meer wird wärmer und verlangsamt so die Zirkulation der Jetstreams. Das sind jene starken Winde, die meist in acht bis zehn Kilometern Höhe auf der Nordhalbkugel von West nach Ost strömen und das Wetter in Europa stark bestimmen. Ihre veränderte Zirkulation kann bei uns zu extremen Wetterlagen führen.

Die höheren Temperaturen im Sommer bringen auch den dicken Eisschild auf Grönland zum Schmelzen. Bisher - beziehungsweise über lange Zeiträume hinweg - war das kein Problem. Wenn im Winter Schnee fiel, füllte der oben wieder auf, was am Rand weggetaut war. Das funktioniert aber jetzt nicht mehr: Im Sommer schmilzt mehr Eis, als im Winter durch Schnee nachgeliefert wird. Auch hier beschleunigt sich das Schmelzen durch Rückkopplungen selbst. An vielen Stellen Grönlands liegen bis zu drei Kilometer dicke Eisschichten. Wenn nun in warmen Sommern viel Eis von den oberen Schichten wegschmilzt, aber im Winter nicht nachwächst, dann sinkt die Höhe der Eisschilde im Laufe der Jahre deutlich. Auch auf Grönland gilt aber wie in den Bergen: In höheren Lagen herrscht eine niedrigere Temperatur, und je tiefer man kommt, desto weiter steigt das Thermometer an. Mittlerweile ist die Höhe der Eisschichten bereits deutlich abgesunken. Die Eiskuppen, die von Sonnenstrahlen aufgetaut werden, liegen nun schon in wärmeren Luftschichten. Auch das beschleunigt das Abschmelzen des Eises. Dazu kommt, dass der ganze Eispanzer in sich instabiler wird. An dessen Boden sammeln sich enorme Schmelzwassermassen, die das Eis wie ein schmieriger Film zum Rutschen bringen.

Irgendwann wird der grönländische Eispanzer komplett verschwunden sein. Das allein würde den Meeresspiegel weltweit wohl schon um sieben Meter ansteigen lassen.[12] Bis zum völligen Abschmelzen mag es ein paar Jahrhunderte dauern. Dennoch: Ist erst einmal genug Eis geschmolzen, gibt es kein Halten mehr. An dem Punkt sind wir wahrscheinlich schon angelangt.

Westantarktischer Eisschild: Auch am anderen Ende der Erde hat eine ähnliche Abwärtsspirale eingesetzt – zumindest auf dem Westantarktischen Eisschild. Jahrelang hat man ihn für sicher gehalten, weil er deutlich höher liegt als das Grönlandeis im Norden. Mittlerweile gilt er als der am stärksten gefährdete Teil des antarktischen Eisschildes. Dort lagert jedenfalls genug Eis, um den Meeresspiegel weltweit über drei Meter anzuheben. Wissenschaftler befürchten, dass er die kritische Schwelle, den Kipppunkt, bereits erreicht hat.[13]

Sollten diese beiden Eispanzer – im Norden und im Süden – völlig abschmelzen, läge der Meeresspiegel weltweit zehn Meter höher. New York, Jakarta, Shanghai und Mumbai wären vom Untergang bedroht. Auch Hamburg liegt derzeit nur sechs Meter über dem Meeresspiegel. (Sollten irgendwann auch die gefrorenen Wassermassen im noch recht sicheren ostantarktischen Eisschild wegtauen, stiege der Meeresspiegel um weitere fünfundfünfzig Meter.)

Atlantische thermohaline Zirkulation: Dieser wichtige Golfstrom entsteht durch Unterschiede in der Temperatur und im Salzgehalt des Wassers (daher die Bezeichnung «thermo-halin»). Warmes Wasser dehnt sich aus und ist also leichter; kaltes Wasser dagegen hat eine größere Dichte und sinkt auf den Boden. Ähnlich ist es beim Salzgehalt: Je mehr Salz im Wasser gelöst ist, desto schwerer ist es, und es sinkt da in die Tiefe, wo die Dichte am höchsten ist. Die weltweiten Strömungen, die dadurch entstehen, sind Förderbänder für Energie und Nährstoffe um die Welt. Der atlantische Golfstrom ist nun durch den immer stärkeren Zufluss von Süßwasser bedroht. Grund dafür sind mehr Niederschläge, vor allem aber das schmelzende Eis der Arktis und Antarktis. Dieses atlantische Förderband ist schon um 15 Prozent langsamer geworden.[14] Schwächt sich die Strömung noch weiter ab, kann das zu mehr Extremwetter und kühleren Temperaturen in Europa führen und zum Kollaps wichtiger Ökosysteme im Nordatlantik.

Amazonas-Regenwald: Bislang galt der größte Regenwald der Erde als «Lunge der Welt», als Speicher für große Mengen an Kohlenstoff. Mittlerweile ist der amazonische Regenwald, wie das angesehene Wissenschaftsmagazin «Nature» im Juli 2021 meldete, aber selbst schon zu einer Kohlendioxid-Quelle geworden.[15] Seit den siebziger Jahren sind 15 Prozent des Waldes verschwunden, in Brasilien sogar fast 20 Prozent. Abholzung, Waldbrände und Dürren durch den Klimawandel setzen dem Wald schon seit Jahren zu. Durch diese Zerstörung gibt der Regenwald mittlerweile mehr an Treibhausgas ab, als er über die Photosynthese in Pflanzen einbaut. Wissenschaftler befürchten schon lange, dass diese Kombination Amazonien bald ausgetrocknet haben könnte, sodass der Kipppunkt erreicht wäre.[16]

Der Regenwald hält sich selbst am Leben. Mit einem ausgeklügelten System spezialisierter Tier- und Pflanzenarten recycelt er die wenigen Nährstoffe des armen Bodens. Auch das Wasser befindet sich in einem steten Kreislauf im und über dem riesigen Waldgebiet und im Austausch mit dem Atlantik. Wenn der Wald zu sehr geschädigt ist, fällt irgendwann zu wenig Niederschlag. Wo heute noch feuchte Vegetation wächst, bliebe dann nur eine trockene Savanne, in der viele amazonische Arten nicht überleben können. Diese dramatische Lebensraumveränderung beträfe die Pflanzen, Tiere und Menschen vor Ort – und die vielen Milliarden Tonnen von Kohlendioxid, die dabei zusätzlich in die Atmosphäre entweichen, würden den Treibhauseffekt weltweit verstärken. Immerhin ein Viertel des weltweiten Kohlendioxid-Austausches zwischen der Biosphäre und der Atmosphäre findet hier statt.[17] Die jüngsten Entwicklungen bedeuten also: Lange wirkte der große Wald Amazoniens dem Klimawandel entgegen, jetzt befeuert er – im wahrsten Sinne des Wortes – die Krise.

Klima-Domino

Die Wissenschaftlerinnen und Wissenschaftler des Potsdam-Instituts für Klimafolgenforschung haben berechnet, wie sich Veränderungen bei einem der vier Kippelemente auf die anderen auswirken.[18] Es drohen Kettenreaktionen – die sich am besten mit einer langen Reihe nacheinander fallender Dominosteine veranschaulichen lassen. Dazu kommen sich gegenseitig verstärkende Rückkopplungseffekte. Die Wissenschaftler sprechen von «Kippkaskaden». Diese werden nicht nur wahrscheinlicher, sondern sind auch viel stärker miteinander verbunden als bisher angenommen.

Mag es bis zum völligen Zerfall des Grönlandeises auch noch Jahrhunderte dauern, beeinflusst der durch die Eisschmelze im Norden steigende Meeresspiegel schon jetzt den Westantarktischen Eisschild auf der Südhalbkugel. Bei steigendem Wasserstand brechen dort mehr Eisberge vom Schelfeis ab. Das sind gewaltige, schwimmende Eisplatten, die nicht auf festem Untergrund liegen, aber oft noch mit dem Festland verbunden sind. Außerdem liegen große Teile des Westantarktischen Eisschildes zwar auf dem antarktischen Festlandsockel – aber dennoch unter dem Meeresspiegel. Steigt der an, kann Wasser in diese Senken eindringen und dort das Schmelzen beschleunigen. Bereits ab einer globalen Temperaturerhöhung von zwei Grad – also beinahe noch innerhalb dessen, was das Pariser Klimaabkommen vorgibt – könnten so große Teile des westantarktischen Eises zu tauen beginnen.

Mehr Schmelzwasser bringt die atlantische thermohaline Strömung weiter zum Stocken. Für das Grönlandeis könnte das zunächst sogar stabilisierend sein, weil sich im Norden kälteres Wasser staut. In der Westantarktis würde sich hingegen Wärme stauen, die nicht mehr abtransportiert wird und so das Schmelzen beschleunigt. Damit steigt der Meeresspiegel weiter – und destabilisiert beide Eisschilde, im Norden wie im Süden. Wenn sich die Atlantikströmung abschwächt, verschiebt das auch die Zonen, in denen Niederschläge fallen. Das hat fatale Folgen für den amazonischen Regenwald, der einen großen Teil des Regens in einem Zyklus aus dem Atlantik bezieht.[19]

Der zu erwartende Dominoeffekt sorgt dafür, dass der Temperaturbereich, in dem die Erwärmung noch keinen der Kipppunkte dieser vier Elemente erreicht, kleiner wird – eben weil die Veränderungen bei den vier Kippelementen zusammenwirken und sich gegenseitig verstärken. Das Erschreckende an der Simulation des

Potsdam-Instituts für Klimafolgenforschung ist: All das passiert nicht erst irgendwann in der Zukunft, sondern mit großer Wahrscheinlichkeit schon bei 1,5 bis zwei Grad weltweiter Temperaturerhöhung. Möglicherweise hat es sogar schon begonnen. Die Auswirkungen dieser Kaskaden wurden bislang unterschätzt, weil zu stark auf einzelne Kippelemente geachtet wurde. Vielleicht spielt sich die Katastrophe bereits ab, bevor wir das Funktionieren des ganzen Systems im Detail begriffen haben. Hans Joachim Schellnhuber, den ich immer wieder gerne zitiere, hat in diesem Zusammenhang vor einem «unheilvollen Weg in die Erwärmung» gewarnt, der mit Kipppunkten «gepflastert» sei.[20] Heute sind auch in den Vereinigten Staaten die dort so genannten Tipping Points wissenschaftlich voll anerkannt. Dabei war das Konzept zu Beginn sehr umstritten. Dass Schellnhuber es entwickelt und durchgesetzt hat, könnte der bisher wichtigste Beitrag Deutschlands zur Bekämpfung des Klimawandels weltweit sein. Erst mit diesem Konzept begriff die Politik, wie sehr die Zeit drängt.

Noch mehr Kippelemente

Es gibt ein paar weitere Kipppunkte, auch sie sind von größter Bedeutung. Zwar setzt ihre Wirkung, von den Korallenriffen abgesehen, möglicherweise etwas später oder weniger sicher ein. Aber auch für sie gilt, dass sie unumkehrbare Prozesse in Gang setzen können, die die Erde unbewohnbar machen.

Permafrost: Langfristig gesehen ist das Auftauen des Permafrosts der wohl gefährlichste Kipppunkt überhaupt. Der dauerhaft und bis in mehrere Hundert Meter Tiefe gefrorene Boden Sibiriens und Nordamerikas ist einer der weltweit wichtigsten

Kohlenstoffspeicher.[21] Dort lagern – auf immerhin einem Sechstel der Landfläche des Planeten – etwa 50 Prozent des im Boden befindlichen Kohlenstoffes. Wenn Tundra- und Taigaböden und Moore auftauen, entweichen große Mengen an Methan. Das könnte ein weiterer Turbo für die Erderwärmung werden. Selbst wenn wir unsere aktuellen Emissionen auf null drosseln könnten, würde weiter Methan freigesetzt werden. Das Tauen hat längst begonnen: Wo im Winter noch minus fünfzig Grad Celsius herrschen, lassen im Sommer nie da gewesene Hitzewellen nicht nur die Taiga brennen. Auch der Permafrost taut schon jetzt immer schneller auf. An manchen Stellen klaffen bereits kilometerlange, hundert Meter tiefe Schluchten, sogenannte Thermokarste. Sie entstehen, wenn etwa nach einer Rodung keine Bäume mehr vor Sonneneinstrahlung schützen. Die nun durchdringenden warmen Strahlen lassen das Eis in dem oft seit Jahrtausenden oder mehr dauerhaft gefrorenen Boden schmelzen. Das Schmelzwasser fließt ab und schwemmt Erde mit sich. So sackt der Permafrost an diesen Stellen immer mehr in sich zusammen, und von Jahr zu Jahr entsteht eine immer tiefere Rinne.[22] Wir wissen, dass gefährliche Krankheitserreger wie Milzbrand eingefroren im Permafrost überleben und aus solchen aufgetauten Böden heraus schon zum Ausbruch tödlicher Seuchen bei Tieren und Menschen geführt haben. Im Permafrost stecken Viren wie der Erreger der Spanischen Grippe, vielleicht sogar das durch Impfung ausgerottete Pockenvirus. Auch bislang unbekannte Viren aus der Urzeit, die hier Zehntausende von Jahren unbeschadet überdauert haben, wurden aus getautem Permafrost isoliert. Im Kapitel über kommende Pandemien gehe ich ausführlicher darauf ein.

Korallenriffe: Mehr als eine halbe Milliarde Menschen sind direkt von Riffen abhängig. Sie schützen vor Sturmfluten und sind einer der wichtigsten Lebensbereiche für Fische; Riffe liefern damit Nahrung für viele Menschen. Bereits geringe Temperaturerhöhungen können Korallenriffe enorm schädigen. Erwärmt sich das Wasser zu stark, kommt es zur «Korallenbleiche». Die Korallen stoßen die in ihnen lebenden Algen ab, von denen sie ihre Energie beziehen. Kurze Zeit können sie die Abwesenheit der Algen verkraften, dann sterben sie. Schätzungsweise die Hälfte aller Riffe sind schon auf diese Weise geschädigt. Im großen Barriereriff Australiens sind seit 2016 schon über zwei Drittel der Flachwasserkorallen erbleicht.[23] Außerdem löst sich im wärmeren Meerwasser mehr Kohlendioxid als im kühleren – und die entstehende «Kohlensäure» zersetzt den Kalk der Riffe. Sollte es uns gelingen, die Temperaturerhöhung auf 1,5 Grad zu begrenzen, könnte wohl ein Drittel der Riffe überleben; bei zwei Grad Erwärmung hingegen wären fast alle Riffe verloren.[24]

Nordische Nadelwälder (Borealwälder): Ein Drittel der Wälder weltweit sind boreale Nadelwälder zwischen dem fünfzigsten und dem siebzigsten nördlichen Breitengrad. Etwa 90 Prozent des Papiers und Schnittholzes stammen aus solchen borealen Wäldern. Bei ansteigenden Temperaturen sind sie bedroht durch Dürre, Feuer und Stürme und dazu immer mehr Pflanzenschädlinge, die in die einst sehr kalten Regionen vordringen. Diese Parasiten haben auch deshalb leichtes Spiel, weil die Bäume oft schon vorgeschädigt sind. Das Verschwinden der Wälder würde erneut massiv Kohlendioxid freisetzen, das den Treibhauseffekt verstärkt. Der Kipppunkt für die borealen Wälder könnte bei drei Grad Erwärmung liegen.[25]

Gletscher: Überall auf der Welt sind die rund 160 000 Gebirgsgletscher auf dem Rückzug – von dem Himalaya und den Anden bis in die Alpen.[26] Die Eismasse der heutigen Gletscher wird sich schon in dreißig Jahren halbiert haben. Steigen die Emissionen weiter an, wären die Alpen bis Ende des Jahrhunderts eisfrei. Gletscher sind wichtig als Süßwasserspeicher. Sie liefern im Sommer gerade in trockenen Regionen Trinkwasser für viele Millionen Menschen. Sie speisen viele Flüsse und bewässern so wichtige Ökosysteme. Sind die Gletscher weggeschmolzen, drohen Dürren und der Kollaps dieser Ökosysteme.

Monsune: Tropische und subtropische Winde, die ihre Richtung meist in halbjährlichem Rhythmus umkehren, heißen Monsune. Der bekannteste Monsun versorgt Indien mit 90 Prozent seiner Niederschläge.[27] Mit global steigenden Temperaturen werden diese Winde in Südostasien immer unberechenbarer. In der Folge wechseln sich extreme Dürren und Flutkatastrophen ab. In Westafrika verlagern sich Monsunsysteme, und mit ihnen verschieben sich die Regenzonen. Es wird neue Dürregebiete geben. In der Sahelzone könnten mehr Niederschläge fallen und sogar die Sahara begrünen. Weil der Saharawüstenstaub dank starker Winde sowohl die Karibik als auch Amazonien düngt und bei einer grünen, feuchten Vegetation nicht mehr davongeweht würde, könnte das in den Korallenriffen und dem Regenwald negative Folgen haben. Zu befürchten sind Auswirkungen auf die Monsunsysteme schon bei einer globalen Erwärmung zwischen 1,5 bis 2,5 Grad.

Methaneis in den Ozeanen: Die drohende Freisetzung des Treibhausgases Methan aus den Methanhydraten in den Ozeanen habe ich schon weiter oben erwähnt, als es um die schnelle Erwärmung während des PETM ging. Auch heute zählt sie wieder zu den potenziellen Kipppunkten.[28]

Nun stellt sich zunächst die Frage: Wann kippt welches der Elemente? Bereits 2016 illustrierte folgende Grafik[29] den jeweiligen Risikobereich:

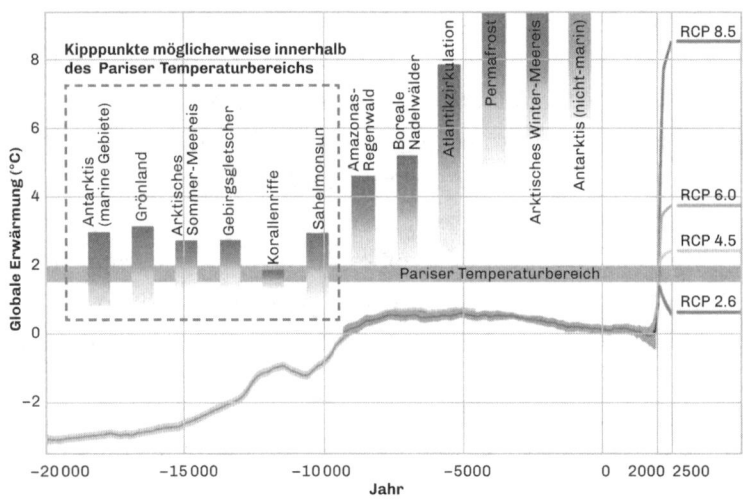

Die links unten beginnende, aufsteigende Linie stellt die Temperaturentwicklung der letzten zwanzigtausend Jahre bis ins Jahr 2500 dar – zuletzt je nach RCP. Die Illustration zeigt auch, bei welcher Temperatur das Kippen wichtiger Elemente beginnen könnte, und sie grenzt deutlich den «Pariser Temperaturbereich» ab. Schon vor Jahren zeigte sich also, dass wesentliche Kippelemente stark gefährdet sind. Christopher Mooney, ein Journalist der «Washington Post», nannte die Illustration «eine der wichtigsten Grafiken der Klimageschichte».[30] Ich selbst kann ihm nur zustimmen. Entscheidend ist: Die Grafik zeigt, dass fatale Kipppunkte innerhalb des Spektrums jener Temperaturen liegen, die wir anstreben. Das entspricht im Prinzip dem, was Martin Weitzman hervorgehoben hat. Selbst wenn ein Klimaziel von zum Beispiel zwei Grad erreicht werden könnte, würde das nicht bedeuten, dass der Prozess des Klimawandels an diesem Punkt stoppt. Weitzman hat immer wieder darauf hingewiesen, dass wir auch geringere Risiken mitbedenken müssen, weil sie größere Katastrophen auslösen können. Die sich gegenseitig verstärkenden Kipppunkte beschreiben genau ein solches katastrophales Szenario. Über die letzten zwanzig Jahre ist der Temperaturbereich, in dem das Risiko der Überschreitung von Kipppunkten steigt, leider immer weiter abgesunken. Das war auch eine wichtige Botschaft auf der vergangenen Klimakonferenz in Glasgow, ausgehend vom sechsten Weltklimarat-Bericht.

Daher muss es zu denken geben, dass Grönlandeis und Amazonien dem Kippen mittlerweile wohl deutlich näher gerückt sind. Die Erkenntnis, wie bedeutsam die Kippkaskaden sind, hat alles noch dringlicher gemacht. Die Klimaforscher warnen davor, dass die Zeitpunkte, an denen die Veränderungen unumkehrbar werden, schneller kommen könnten als gedacht. Die Kettenreaktionen werden möglicherweise verheerend sein. Als das Klimaziel von zwei Grad zu möglichst nahe an 1,5 Grad geändert wurde, haben viele angenommen, es gehe dabei lediglich um den besseren Schutz besonders gefährdeter Völker und Inseln. Es wurde meines Erachtens nicht ausreichend kommuniziert, dass es sich auch um einen Sicherheitsabstand zu den Kipppunkten handelt, die uns alle weltweit bedrohen.

Warum verstehen wir nicht?

An dieser Stelle möchte ich ein paar zusammenfassende Zwischenbotschaften loswerden. Sie sind sowohl an uns, die Akteure in der Politik, adressiert als auch an uns alle, sprich die Zivilgesellschaft:

Wenn wir davon reden, die globale Temperaturerhöhung auf 1,5 oder zwei Grad zu beschränken, dann setzt sich allzu leicht im

Kopf fest: Bei dieser Erhöhung wird oder bleibt alles irgendwie gut. Nein! Dem ist nicht so. Die Auswirkungen werden auf jeden Fall beträchtlich sein. Auch wenn wir jetzt einschneidende Maßnahmen ergreifen, wird sich die Situation über viele Jahrzehnte erst einmal nicht verbessern. Dafür ist schon viel zu viel im Gang.

Es gibt noch ein weiteres psychologisches Moment, das mit der Art und Weise zusammenhängt, wie wir über die Klimakrise und das Pariser Abkommen kommunizieren. Wir sprechen meist von der Zeitmarke 2100. Dabei bleibt bei uns hängen, ohne dass das gemeint ist und obwohl wir es eigentlich besser wissen: 2100 ist die Grenze für das Schlimmste, was uns bevorsteht. Auch das stimmt nicht. Der amerikanische Journalist David Wallace-Wells macht in seinem Buch «Die unbewohnbare Erde. Leben nach der Erderwärmung» genau darauf aufmerksam, wenn er das Jahrhundert nach 2100 als «Höllenjahrhundert» bezeichnet.[31] Wenn wir jetzt nicht handeln, geht es danach erst richtig los. Wir können zumindest nicht ausschließen, dass der größere Teil der Folgen unserer fossilen Bonanza-Jahre, als wir innerhalb von Dekaden den gespeicherten Kohlenstoff vieler Jahrmillionen in die Atmosphäre feuerten, erst im nächsten Jahrhundert durchlebt werden muss. Klar ist auf jeden Fall, dass unser Verhalten in den letzten fünfzig Jahren die ganze Welt verändern wird. Der Klimawandel wird die Politik über Jahrzehnte bestimmen. Dabei können wir uns an eine unstritig belegte wissenschaftliche Erkenntnis halten: Je früher und je radikaler wir dem Klimawandel begegnen, desto weniger stark und desto weniger nachhaltig müssen wir unser Leben verändern. In der Hinsicht gleicht der Klimawandel einer Viruspandemie. Man hat nur Erfolg, wenn man früh und hart zuschlägt. Doch das tun wir derzeit nicht.

Früh und hart zuzuschlagen, ist noch immer möglich. Noch haben wir es in der Hand. Noch gibt es sogar die Möglichkeit, den globalen Temperaturanstieg auf 1,5 Grad zu begrenzen. Sicher ist die Wahrscheinlichkeit, dass wir dieses Ziel erreichen werden, sehr gering. In jedem Fall geht es darum, den Temperaturanstieg relativ nah am 1,5-Grad-Ziel zu stoppen.

Ich zweifle oft daran, ob wir das alles wirklich begriffen haben. Manchmal befürchte ich, dass es einen echten epochalen Einschnitt braucht, damit endlich alle die Dringlichkeit verstehen. Schon jetzt haben wir weltweit eine durchschnittliche Temperaturerhöhung um 1,1 Grad. In unterschiedlichen Regionen fällt die Erhöhung unterschiedlich stark aus. So stieg die durchschnittliche Jahrestemperatur in der Arktis zwischen 1971 und 2019 sogar um 3,1 Grad.[32] Auch bei uns in Deutschland ist die Temperatur schon überproportional angestiegen – um 1,5 Grad, betrachtet man den Zeitraum von 1881 bis 2018.[33] Der renommierte Klimaforscher Stefan Rahmstorf vom Potsdam-Institut für Klimafolgenforschung korrigiert diesen Wert sogar nach oben. Ihm zufolge beschreiben die 1,5 Grad zwar die durchschnittliche Steigerung für diesen Zeitraum, doch verlaufe die Temperatursteigerung in Deutschland seit Mitte der 1980er Jahre nicht derart linear, sondern mittlerweile deutlich steiler: Deutschland sei deshalb seither schon um zwei Grad wärmer geworden.[34] Beides, die höhere Erwärmung in der Arktis und in Mitteleuropa, ist nicht überraschend. Landgebiete erwärmen sich schneller als Meere, während sich der globale Mittelwert aus dem Temperaturanstieg über dem Meer wie auf dem Land berechnet – und die Meere machen eben über zwei Drittel der Erdoberfläche aus.

Auch wenn es nie zuvor in der Erdgeschichte einen schnelleren Anstieg der Temperatur gegeben hat, so geschieht er nach unserem menschlichen Zeitmaßstab und Empfinden doch sehr, sehr langsam. Für viele klingen zwei Grad Erhöhung nicht besonders dramatisch. Schließlich erleben wir täglich Temperaturschwankungen, die deutlich größer sind. Nimmt man die Unterschiede zwischen Winter und Sommer hinzu, ist die Temperaturspanne, in der wir uns bewegen, noch beträchtlich größer. Mich erinnert die allgemeine Wahrnehmung an den sprichwörtlichen Frosch im Wasser: Wirft man ihn in einen Topf mit heißem Wasser, so die Legende, dann springt der Frosch schnell wieder raus, um zu überleben. Steigert man jedoch die Temperatur des zunächst angenehmen Wassers ganz langsam, dann bleibt der Frosch sitzen – bis er darin gekocht wird. Was 1,5 Grad oder zwei Grad mehr im bereits angeschlagenen Klimasystem bedeuten, verdeutlicht Hans Joachim Schellnhuber immer wieder durch einen Vergleich mit dem menschlichen Körper: «Das ist so, wie wenn sich die Körpertemperatur eines Menschen erhöht: Da ist ein Grad schon unangenehm, zwei Grad sind Fieber, und mehr als fünf Grad bedeuten den Tod.»[35]

Hat er damit recht? Was bedeutet das? Wenn wir in Deutschland, wie Rahmstorf es berechnet hat, schon jetzt zwei Grad weggesteckt haben, ist dann vielleicht alles halb so wild? Liegt das Schlimmste schon hinter uns? Kommt es am Ende vielleicht nur darauf an, nicht in Küstennähe zu leben?

Die Klimakrise ist längst bei uns angekommen

Was bedeuten jene zwei Grad mehr, die wir derzeit in Deutschland schon haben, für uns und unsere Gesundheit? Hitze belastet den Organismus enorm. Das führt zu einer Reihe von Krankheits- und zu Todesfällen. Dabei sind wir Menschen, denke ich oft, eigentlich robuste Tiere. Mit unserer nackten Haut und unseren Schweißdrüsen verfügen wir im Gegensatz zu anderen Arten über eine ganz besondere Form der Thermoregulation: Wir schwitzen, und die Verdunstungskälte schützt unseren Körper vor Überhitzung. Wenn es uns zu heiß wird, können wir uns außerdem irgendwohin bewegen, wo es kälter ist. Mittlerweile können wir in geschlossenen Räumen einfach Ventilatoren oder Klimaanlagen einschalten. (Übrigens, auch das beschreibt David Wallace-Wells in seinem Buch «Die unbewohnbare Erde»: Infolge der weltweit gestiegenen Temperaturen machen Ventilatoren und Klimaanlagen schon heute 10 Prozent des globalen Stromverbrauchs aus.[36] Das heißt konkret, dass wir zusätzlich Treibhausgase ausstoßen, um uns bei selbst verursachten Treibhaustemperaturen abzukühlen.)

In den vergangenen zwei Jahrzehnten gab es in Deutschland schon einige Hitzewellen mit erheblichen Folgen. Wegen der Rekordhitze im Sommer 2003 hatten wir ungefähr 7500 Todesfälle mehr als üblich, dazu hitzebedingte Krankheiten (Dehydrierung, Hitzschlag, Herz- und Kreislaufprobleme).[37] In den heißen Sommern 2006, 2010 und 2015 gab es 6200, 3700 und 6100 Hitzetote in Deutschland.[38] Im besonders heißen Sommer 2018 waren die Sterbezahlen zwischen dem 23. Juli und 9. August ungewöhnlich hoch. In diesen etwa zweieinhalb Wochen sind nach Angaben der statistischen Ämter in allen Bundesländern – nur das kleine Saarland kommt in der Statistik nicht vor – über 8000 Menschen mehr gestorben als im Vorjahreszeitraum; über den gesamten Sommer hinweg waren es sogar mehr als 10 000 zusätzliche Tote.[39]

Das sind viele Menschen, deren Tod jetzt schon mit den Auswirkungen der Klimakrise zu tun hat. Die Zahlen wurden also auch gemeldet. Aber betrachten wir die Hitzewellen bei uns seither anders? Meist wurde in den Meldungen darauf hingewiesen, dass viele der Verstorbenen alte Menschen waren, oft in Pflegeheimen. Mich hat dieser Verweis sehr enttäuscht, denn er wirkt relativierend: Viele der Hitzetoten, so mag manch einer denken, befanden sich sowieso schon am Ende ihres Lebens, und hätte man ihnen nur mehr Wasser gegeben, könnten sie vielleicht noch leben. So wurden die Hitzetoten praktisch wegerklärt. Trotz der hohen Zahl blieben sie in der Statistik nur Einzelfälle, weitgehend verborgen vor der Öffentlichkeit. Auswirkungen auf die Art und Weise, wie wir die Klimakrise wahrnehmen, hatte all das kaum.

Die Flutkatastrophe: unser Fukushima-Moment?

Im Juli 2021 starben in Rheinland-Pfalz und Nordrhein-Westfalen nach Starkregen und Überschwemmungen über hundertachtzig Menschen in den verheerenden Fluten. Ein solches Ausmaß war bislang in Deutschland nicht vorstellbar. Bisherige Pegelhöchststände wurden weit übertroffen. Autos, ganze Häuser und halbe Ortschaften wurden einfach weggeschwemmt. Die schnell steigenden Wasser zerstörten Straßen, Brücken, Eisenbahnstrecken. Die Infrastruktur ganzer Regionen muss neu aufgebaut werden.

Schon vor mehr als dreißig Jahren haben Klimaforscher vorhergesagt, dass solche Starkregenereignisse zunehmen werden – sowohl an Häufigkeit als auch an Intensität.[40] Wenn es, wie beschrieben, in Deutschland bereits durchschnittlich zwei Grad wärmer geworden ist, dann betrifft das natürlich auch die Luftmassen über dem Land. Warme Luft speichert deutlich mehr Feuchtigkeit als kühlere. Pro Grad Erwärmung enthält sie ungefähr 7 Prozent mehr Wasserdampf. Somit hätte sich die Speicherfähigkeit der Luft bei zwei Grad Erwärmung um rund 14 Prozent erhöht. Nun kommt ein zweites Phänomen dazu. Weil es in der Arktis schon so warm geworden ist, schmilzt nicht nur dem Eisbären das Eis unter den Füßen weg: Die Jetstreams, die unser Wetter von West nach Ost treiben, haben sich im Sommer offenbar schon stark abgeschwächt. Sie mäandern sowieso hin und her. Jetzt aber verlangsamen sie sich noch mehr und bleiben oftmals an einer Stelle stehen. Das hat im Sommer 2021 sowohl zu jenen Rekordtemperaturen und verheerenden Bränden an der amerikanischen Nordwestküste geführt als auch zu den katastrophalen Zerstörungen durch das Wasser in Deutschland. Aus ein paar heißen Tagen zusätzlich wird aufgrund der stehen gebliebenen Jetstreams eine sommerliche Hitzewelle. Aus einem feuchten Tiefdruckgebiet, das normalerweise rasch über uns hinwegzieht und Sommerregen liefert, wird tagelanger Dauerregen.

Bei uns blieben also vollgesogene Wolken über Gebieten in Rheinland-Pfalz und Nordrhein-Westfalen stehen. Alles bündelte sich über einer kleinen Fläche, die gespeicherten Wassermassen wurden komplett ausgekippt. Weil das im Mittelgebirge der Eifel passierte, sammelten sich die Regenmengen im Tal. Vielerorts sind Berghänge nicht mehr mit natürlich wachsendem Wald, sondern mit Forstkulturen bewachsen, die weniger Wasser speichern – das verstärkte die Katastrophe.[41] Nahezu ungebremst strömten die Fluten die Hänge hinab. Weil Dörfer und Städte zubetoniert und versiegelt sind, konnte das Wasser auch dort nicht im Erdreich versickern. Rasant steigende Hochwasser, wie wir sie hier noch nie gesehen haben, waren die Folge.

Ich muss gestehen, auch ich hatte mit einer solchen Flutkatastrophe, mit einem Hochwasser so schlimmen Ausmaßes bei uns nicht gerechnet. Wir waren darauf in keiner Weise vorbereitet – trotz besseren Wissens. War das nun also der viel diskutierte Fukushima-Punkt, an dem es endlich zu einem Umdenken gekommen ist? Ehrlich gesagt glaube ich das nicht. Es sind knapp zweihundert Menschen gestorben, eine unvorstellbare Tragödie. Die Zahl der Hitzetoten in den vergangenen Jahren hat aber doch noch einmal eine andere Dimension. Zudem finde ich den Vergleich mit Fukushima – im Sinne einer grundlegenden Kehrtwende, die in diesem Moment der Katastrophe begründet ist – nicht ermutigend. Fukushima hat dazu geführt, dass Atomkraftwerke als unsicher betrachtet werden, auch wenn sie in einem Hochtechnologieland wie Japan stehen. Völlig zu Recht, zumal das Endlagerproblem für Atommüll weiterhin nicht gelöst ist. Aber der Bürger musste in der Folge des beschlossenen Ausstiegs nicht sein Leben verändern. Für ihn blieb alles beim Alten. Beim Klimawandel verhält es sich ganz anders: Der Bürger muss anders essen, anders fahren, anders heizen, anders konsumieren. Sein ganzes Leben ändert sich. Ein Hochwasser, gegen das man auch noch viel besser hätte vorbereitet sein können, wird ihn nicht dazu bewegen, die Notwendigkeit einer so tiefgreifenden Veränderung einzusehen. Auch wenn die Katastrophe in Deutschland stattfand, bleiben die verheerenden Auswirkungen doch für die meisten von uns Hunderte von Kilometern entfernt, unseren Alltag berühren sie nicht. Viele meinen, dass sich die Folgen des Klimawandels im Wesentlichen fernab in den besonders gefährdeten Zonen dieser Erde abspielen werden. Und noch dazu ohnehin erst in der Zukunft. Die Bedrohung bleibt trotz der Ahrtal-Überschwemmungen abstrakt. Immerhin ist sich ein sehr großer Teil der Bevölkerung, in einigen Befragungen sogar 95 Prozent, darüber im Klaren, dass der Anteil der erneuerbaren Energien stark steigen muss. Wie groß die dafür zu erbringenden Opfer sind und wie radikal der Ausbau der erneuerbaren Energien vorangetrieben werden muss, wird dagegen meines Erachtens dramatisch unterschätzt.

CO$_2$-Budgets und die deutsche Politik

Wenn wir deutlich unter zwei Grad Erderwärmung bleiben wollen, müssen die Treibhausgasemissionen weltweit bis allerspätestens 2050 auf null reduziert werden.[42] Daraus ergibt sich das sogenannte CO$_2$-Budget, das insgesamt noch zur Verfügung steht. Im Pariser Klimaschutzabkommen haben sich die Staaten darauf geeinigt, bis zum Jahr 2050 klimaneutral zu werden. Die Verteilung des noch vorhandenen CO$_2$-Budgets ist nicht genau festgelegt. Aber man kann das Gesamtbudget unter Berücksichtigung des jeweiligen Anteils an der Weltbevölkerung auf die einzelnen Länder umlegen. So ergibt sich ein Budget für jedes Land.

Aktuell haben wir weltweit noch ein Budget von ungefähr 1170 Gigatonnen CO$_2$, bevor zwei Grad Erderwärmung erreicht sind. Für das 1,5-Grad-Ziel wurde ein Restbudget von etwa vierhundert Gigatonnen berechnet. Beim derzeitigen Verbrauch würden wir die uns zustehende Menge für das Zwei-Grad-Ziel in etwas mehr als vierundzwanzig Jahren ausstoßen. Legt man das 1,5-Grad-Ziel zugrunde, wäre die Restmenge beim aktuellen Verbrauch bereits in knapp sieben Jahren ausgeschöpft.[43] Ausgehend von unserer Bevölkerungszahl stünden uns in Deutschland 1,1 Prozent des globalen CO$_2$-Budgets zu. Um auf mittlere 1,75 Grad Erwärmung zu kommen, müssten wir uns auf 6,7 Milliarden «deutsche» Tonnen CO_2 beschränken.[44] Das bedeutet: Wenn wir bei unseren derzeitigen Emissionen bleiben, müssten wir 2038 von heute auf morgen CO_2-neutral sein. Für 1,5 Grad Erwärmung stehen uns nur noch 4,2 Milliarden Tonnen zur Verfügung, unsere Restmenge hätten wir in diesem Fall bei unverändertem Verbrauch bereits in wenigen Jahren aufgebraucht. Dann dürften wir nichts mehr emittieren.

So weit die wissenschaftlichen Berechnungen, die stetig aktualisiert werden und der Politik seit vielen Jahren vorliegen. Diese vorgerechnete Realität steht in krassem Widerspruch zu dem, was Teile der Politik zur Kenntnis nehmen beziehungsweise was sie davon in ihre Entscheidungen einfließen lassen. Um es klar zu sagen: Es gibt nicht *die* Politik, und der Unterschied zwischen den Parteien im Bereich des Klimaschutzes könnte größer nicht sein. Aber für uns alle gilt, dass wir die Not der Lage – die Tatsache, dass wir nur noch wenige Jahre so leben können wie jetzt – selten ungeschminkt mitteilen. Genau hier setzte die Argumentation des Bundesverfassungsgerichts in dem historischen Urteil vom April 2021 an. Wir haben uns im Pariser Klimaabkommen dazu verpflichtet, die Temperaturerhöhung zu begrenzen. Würden wir so weitermachen wie bisher, müsste vor allem die folgende Generation eine Vollbremsung hinlegen. Nach 2030 wären so drastische CO_2-Emissionsbeschränkungen erforderlich, «dass dadurch jegliche grundrechtlich geschützte Freiheit gefährdet ist».[45] Die Politik war aufgefordert, rasch und dramatisch nachzubessern. Das Bundesverfassungsgericht verlangte deutlich strengere Klimaschutzmaßnahmen.

Die Bundesregierung in der Großen Koalition hat schnell reagiert. Mit einer Art Sofortprogramm für die nächsten zwei Jahre über acht Milliarden Euro sollen Förderprogramme für grünen

Wasserstoff und Auflagen für energetisches Bauen finanziert werden.[46] Die zusätzlichen Kosten durch den höheren CO_2-Preis für das Heizen mit Öl und Gas sollen zur Hälfte die Vermieter tragen, um die Mieter zu entlasten und die Vermieter dazu zu drängen, ihre Gebäude zu sanieren.[47] Außerdem beschloss die Bundesregierung, die Treibhausgasemissionen bis 2030 im Vergleich zu 1990 um 65 statt 55 Prozent zu senken. Deutschland soll nun schon bis zum Jahr 2045 komplett treibhausgasneutral sein – fünf Jahre früher als bisher geplant.[48]

Das sind erst einmal alles erstrebenswerte Ziele, die auf Druck des Gerichtsurteils innerhalb kurzer Zeit beschlossen wurden. Als Teil der damaligen Großen Koalition habe ich selbst die Beschlüsse natürlich mitgetragen und dafür gestimmt. Worüber haben wir aber dann kurz darauf im Sommer 2021 während des Bundestagswahlkampfs diskutiert? Die Grünen schlugen vor, den Benzinpreis etwas schneller zu verteuern als vorgesehen – ein wichtiges Steuerungsinstrument: um weniger Auto zu fahren, aufs Fahrrad umzusteigen, als Pendler mit dem Zug zur Arbeit zu kommen oder den Anreiz zu verstärken, sich ein Elektroauto zuzulegen. Es geht darum, sich rasch vom klassischen Verbrennungsmotor zu verabschieden und schnellstmöglich aus den fossilen Energieträgern auszusteigen. Mit dieser Benzinpreisforderung war aber ein neuralgischer Punkt getroffen: Für wen ist das denn überhaupt noch bezahlbar? Was ist mit den sozial Benachteiligten? Wie soll das denn weitergehen, wenn Benzin immer teurer wird? Im Wahlkampf lädt eine solche Position zu Hetze ein. Und die gab es auch.

Schon vorher war passiert, was ich im zweiten Kapitel beschrieben habe und was zu erwarten war. Obwohl die Dringlichkeit des Verfassungsgerichtsurteils offensichtlich war, schlugen die wahlkämpfenden Parteien gar nicht erst vor, was eigentlich wissenschaftlich berechnet ist und dringend umgesetzt werden müsste: einen deutlich höheren Treibstoffpreis. Der Vorschlag der Grünen war noch relativ moderat. Die Parteien begnügten sich bei ihren Forderungen mit dem, was von den Wählern noch akzeptiert werden kann. Kommen radikale Vorschläge, wie sie eigentlich nötig wären, droht den Parteien die unmittelbare Abwahl. Dem kann man nur begegnen, indem zunächst die Voraussetzungen für solche Vorschläge geschaffen werden. Hier wären es die Alternativen zum Benziner gewesen. Und eine Prämie für jede und jeden, um die Mehrkosten auszugleichen. Von dieser profitieren allerdings oft auch die Falschen. Die Erklärungs- und Überzeugungsarbeit für solche Vorschläge erfordert eine präzise psychologische und ökonomische Vorbereitung. Das Beispiel zeigt, wie wichtig diese Vorbereitung ist. Und dass die Vorschläge zum optimalen Zeitpunkt kommen müssen. So oder so bleibt es leider dabei: Das Benzin muss teurer werden. Würde man zum Beispiel die CO_2-Kosten eines Liters Benzin auf die derzeitigen Kosten packen, ergäbe sich ein Preis, der so hoch wäre, dass ich ihn hier nicht einmal nennen will. Schon dann bestünde nämlich die Gefahr, später gezielt so zitiert zu werden, als würde ich diesen Preis fordern oder als wäre er die Konsequenz meiner Vorschläge. Dies gilt für viele andere Bereiche. Auch wenn die CO_2-Kosten einer Ölheizung auf den Preis des Heizöls gelegt würden, käme man zu einem Preis, den kein Politiker, dem an seiner Popularität und seiner Wiederwahl liegt, aussprechen sollte.

Das Budget an CO_2, das Deutschland noch zur Verfügung steht, lässt wie gesagt ein Leben, so wie wir es jetzt auf der Grundlage fossiler Energieträger führen, nur noch für wenige Jahre zu. Der Umbau der Energiegewinnung erfordert riesige Investitionen. Wenn über zwanzig Jahre hinweg in jedem Jahr hundert Milliarden Euro für diese Aufgabe aufgebracht würden, käme man auf

Gesamtkosten von bis zu zwei Billionen Euro. Und darin sind nicht einmal alle privaten Investitionen enthalten, die notwendig wären. Die Kosten für die Dämmung aller Wohnungen und Häuser sind ein Beispiel. Dazu kommen die neuen Heizungen mit Wärmepumpe. Und die Investitionen in Solardachanlagen und Energiespeicher. Pro Haushalt können selbst ohne Elektroauto Kosten von bis zu dreißigtausend Euro entstehen. Die Hälfte der Haushalte besitzt kein Vermögen. Für sie muss der Steuerzahler die Kosten tragen. Die natürlich von Haushalt zu Haushalt unterschiedlich sind.

Grundsätzlich sind fast alle Bürgerinnen und Bürger der Meinung, die Energiewende müsse kommen. Die wenigsten aber sind bereit, diese gigantischen zusätzlichen Investitionen zu zahlen. Dabei führt kein noch so hoher CO_2-Preis an ihnen vorbei. Wenn die Gesamtmenge erneuerbarer Energie begrenzt ist, sorgt ein steigender CO_2-Preis nur für höhere Kosten im Alltag der Bürger, weil die vorhandene erneuerbare Energie, für die keine CO_2-Abgaben anfallen, quasi schon komplett verkauft ist. Somit kann dann ein steigender CO_2-Preis nicht im nennenswerten Umfang dazu führen, dass mehr erneuerbare Energie zur Verfügung steht. Er macht zunächst nur den Verbrauch fossiler Energie teurer und erhöht den Druck umzusteigen. Trotzdem ist ein steigender CO_2-Preis richtig und absolut notwendig. Das Kernproblem aber ist die Menge an erneuerbarer Energie, die uns insgesamt zur Verfügung steht. Und diese lässt sich eben nicht im notwendigen Umfang steigern, ohne dass es zu den beschriebenen massiven Investitionen kommt. Von allen Aufgaben der Politik im Klimaschutz ist der massive Ausbau von Wind- und Solarenergie die mit Abstand wichtigste. Viele andere Aufgaben kann der Markt regeln.

Somit ist klar, was auf die Politik zukommt. Der Klimaschutz wird das bestimmende politische Thema der nächsten Jahrzehnte werden. Nach meiner Ansicht unterschätzen viele noch immer, wie gewaltig diese Aufgabe ist. Wenn wir die Klimaziele noch erreichen wollen, muss ein Umbau stattfinden, der weit über das hinausgeht, was wir bislang geschafft haben. Nur etwas weniger als 20 Prozent der Primärenergie, die wir in Deutschland verbrauchen, stammen gegenwärtig aus erneuerbaren Energiequellen. Das heißt, dass über 80 Prozent allein dieses Umbaus noch geleistet werden müssen. Der Ausbaupfad, auf dem wir derzeit unterwegs sind, reicht niemals aus, um Deutschland in den ungefähr fünfzehn Jahren, die uns noch verbleiben, zu 100 Prozent mit erneuerbarer Energie zu versorgen. Man bedenke, wie wenige Windräder wir in den vergangenen Jahren aufgestellt haben: 2019 waren es nur 325, 2020 nur 420 sogenannte Onshore-Windkraftanlagen, also Windräder auf dem Land.[49] Insgesamt gab es bis dahin «onshore» etwas mehr als dreißigtausend Windkraftanlagen. Was bedeutet: Der Ausbau der Windenergie hat sich in den vergangenen Jahren verlangsamt, anstatt vorangetrieben zu werden. Das ist unsere Realität heute. Die Zahl der Elektroautos muss bis zum Jahr 2030 um den Faktor vierzig auf vierzehn Millionen gesteigert werden. Bei etwa zehn Millionen Heizungen, die in den nächsten zwanzig Jahren von Öl und Gas auf Wärmepumpen umgestellt werden müssen, nachdem die Häuser saniert wurden, fehlt so vieles: das Geld, Anreize für die Mieter, Druck auf die Vermieter und schließlich die Handwerker. Dennoch ist all das unverzichtbar.

Optimismus gegen Pessimismus

Uns bleibt wenig Zeit. Oft genug fehlt mir einfach die Phantasie, um mir vorzustellen, wie wir das alles schaffen sollen. Dann bekomme ich vorgehalten, ich müsste optimistischer sein. Pessimismus führe allzu leicht zu Lethargie. Wir bräuchten einen «Spirit», der in die richtige Richtung weist und vermittelt: Wenn wir das jetzt genau so machen, dann schaffen wir das. Was aber bedeutet «genau so»?

Claudia Kemfert vom Deutschen Institut für Wirtschaftsforschung (DIW), die ich sehr schätze, ermahnt Skeptiker, positiver zu sein. Nach Berechnungen des DIW könnten wir in Deutschland so viel Wind- und Solarstrom erzeugen, dass damit der Bedarf an Primärenergie komplett gedeckt wäre – und zwar schon in den nächsten zehn bis fünfzehn Jahren.[50] Ähnlich sieht es Volker Quaschning, Ingenieur und Professor für Regenerative Energiesysteme an der Berliner Hochschule für Technik und Wirtschaft: Wenn wir zwei Prozent der Fläche Deutschlands für die Windkraft nutzen und ein weiteres Prozent für Photovoltaik zur Verfügung stellen, so Quaschning, könnten wir uns mit erneuerbarer Energie komplett selbst versorgen.[51] Für mich sind diese technischen Lösungen an sich gar nicht strittig. Ich halte sie nur derzeit schlicht und ergreifend für politisch sehr schwer durchsetzbar. Dazu stelle ich ein paar Fragen in den Raum: Was würden diese Vorschläge konkret bedeuten? Wie wollen wir in so kurzer Zeit solche Veränderungen vornehmen? Wer macht da mit? Wir müssen den Ausbau extrem beschleunigen – nicht etwa mit 10 Prozent Steigerung im Jahr, sondern in ganz anderen Größenordnungen. Und das dauerhaft, Jahr für Jahr.

Zunächst einmal gehe ich davon aus, dass die Aufgabe, Deutschland bis 2045 klimaneutral zu machen, tatsächlich zu schaffen ist. Es gibt dazu eine Reihe weiterer verlässlicher Analysen. Die beiden wichtigsten wurden vom Prognos-Institut, vom Wuppertal Institut und vom Öko-Institut («Klimaneutrales Deutschland 2045»)[52] beziehungsweise vom Potsdam-Institut für Klimafolgenforschung (PIK) erstellt («Ariadne-Projekt»)[53]. Besonders mit der Studie des PIK habe ich mich intensiv auseinandergesetzt, und ich halte sie für schlüssig in Bezug auf die vorgeschlagenen Ausbaupfade für Energie, Gebäude und Verkehr, Industrie und CO_2-Wiederentnahme.[54] Es ist schon beeindruckend, dass die vorliegenden Studien die Machbarkeit der Energiewende in der zur Verfügung stehenden Zeit belegen. Noch vor Jahren war das nicht so klar. Um mir ein umfassendes Bild zu machen, habe ich mit Wissenschaftlerinnen und Wissenschaftlern diskutiert, die zwar mit den Studien eng vertraut sind, aber nicht daran mitgearbeitet haben. Sie bestätigten die vorliegende Evidenz. Auch Thinktanks wie GermanZero bekräftigen die Ergebnisse. Selbst in der Industrie hat ein deutlicher Sinneswandel stattgefunden. Alles drängt auf die Energiewende. Aber kann sie auch politisch gelingen?

Einige an der Ariadne-Studie beteiligte Wissenschaftler haben sogar Vorschläge gemacht, wie die Energiewende politisch gemeistert werden könnte. So schlug der Sozial- und Klimawissenschaftler Christian Flachsland von der Hertie School in Berlin vor, dass im Bundeskanzleramt eine Abteilung zur Umsetzung der Klimapolitik eingerichtet werden sollte.[55] Außerdem solle das sogenannte Klimakabinett, also die mit dem Klimawandel beschäftigten Ministerien, mehr Rechte bekommen. Da die Materie so komplex ist, empfahl Flachsland, dass die Parteien auf den Aufbau eigener Expertenstäbe verzichten – vielleicht auch, um parteipolitisches Querfeuer zu vermeiden. Diese Empfehlungen liefen darauf hinaus, dass die Umsetzung zum Beispiel der Ariadne-Ausbaupfade durch Experten im Kanzleramt und in den klimarelevanten Ministerien überwacht würden, bei jeweils intensiver Beratung von Wissenschaftlerinnen und Wissenschaftlern wie etwa jenen, die auch die Studien erstellt haben. Quasi eine Regierungsexpertokratie, ergänzt durch Spezialisten von außen.

Dieser Vorschlag ist sicher gut gemeint, aber ich halte ihn auf eine gewisse Weise für unpolitisch. Das Parlament muss auf jeden Fall sehr viel stärker eingebunden werden. Wer die Experten in einigen Ministerien und im Kanzleramt bündeln will, trägt nicht der Tatsache Rechnung, dass wir eine parlamentarische Demokratie sind. In einer parlamentarischen Demokratie werden die Gesetze nicht nur ausschließlich vom Parlament beschlossen, sondern auch wesentlich von diesem vorbereitet und gestaltet. Gesetze, deren Notwendigkeit das Parlament nicht einsieht – und seien sie von Experten vorbereitet und in der Theorie der Gutachten unbedingt notwendig –, werden nicht verabschiedet. Es sind im Übrigen die Parlamentarier, die im Falle unpopulärer Gesetze nicht nur ihrem Mandat nicht gerecht werden, sondern dieses auch verlieren. Daher ist der ansonsten sehr bedenkenswerte Vorschlag von Christian Flachsland aus meiner Sicht so nicht umsetzbar. Ich glaube auch, dass der Verzicht auf Expertengruppen in den Parteien selbst nicht realisierbar und zudem nicht empfehlenswert ist. Es sind die Parteien, die spezifische Vorschläge zur Bewältigung des Klimawandels machen müssen und für die jetzt laufende Legislaturperiode bereits Zusagen und Versprechungen gemacht haben. So ist meine eigene These die, dass wir nur vorankommen, wenn Wissenschaftlerinnen und Wissenschaftler sowohl im Parlament als auch in den Parteien stärker vertreten sind und direkt beteiligt werden.

Was würden die Vorschläge aus den bisher vorliegenden Gutachten zur Klimaneutralität im Jahr 2045 konkret bedeuten? Wir müssten dafür wirklich in die Fläche rein, das heißt etwa die Landwirtschaft so umbauen, dass auf Äckern mehr Windräder und Photovoltaikanlagen stehen. Wenn zwei Prozent der Fläche für Windräder und Photovoltaik genutzt werden sollen, klingt das zunächst nicht nach viel. Zumal dann weniger Fläche für Biomasse gebraucht wird, womit schon ein großer Teil der benötigten Gesamtfläche abgedeckt ist. Aber wie überzeugt man genug Landwirte, ihre Fläche zur Verfügung zu stellen? Zusätzlich müssten viele Dächer mit Photovoltaikanlagen versorgt werden. Jedes mehr oder weniger nach Süden zeigende Dach mit einem geeigneten sogenannten Azimutwinkel (der angibt, wie gut das Dach von der Sonne angestrahlt wird) sollte Photovoltaikplatten tragen. Immerhin hat sich gezeigt, dass unterhalb von Solaranlagen sehr erfolgreich Landwirtschaft betrieben werden kann. In Spanien zum Beispiel werden derzeit große Plantagen für Beeren oder Tomaten unter Photovoltaikanlagen getestet. Im Idealfall spenden die Anlagen Schutz vor der Sonne bei gleichzeitiger Konservierung der Wärme. Auch in Deutschland wäre das möglich, allerdings müssten Landwirte dafür sogar ihren Anbau umstellen. Und in der EU müsste sichergestellt werden, dass trotzdem die Agrarumlage für diese Bauern nicht fällt.

Auch unsere Nord- und Ostseegebiete müssten mit Windrädern vollgestellt sein – jeweils von der Küste bis in die Tiefe, wo eine solche Bebauung noch realistisch möglich ist. Offshore-Strom aus Windkraft zu gewinnen, ist zwar ungefähr doppelt so teuer wie an Land, dafür aber sehr zuverlässig. Im Meer reicht bei den dort möglichen Höhen der Windkraftanlagen der Wind fast immer aus, um Strom zu produzieren. Windflaute ist praktisch kein Problem. Dieser Strom stabilisiert daher nicht nur das Netz. Er kann auch für die Gewinnung von Wasserstoff genutzt werden, wenn das Netz ihn nicht braucht. Trotzdem ersetzt er schon aus

Kostengründen nicht den Strom aus Solar- oder Windkraftanlagen an Land.

Natürlich ist auch der Betrieb von Offshore-Windkraftanlagen ein Eingriff in die Natur. Für Schweinswale und Meeresvögel sind die Windkrafträder eine Bedrohung. Die Wale können sich theoretisch neue Reviere suchen. Allerdings nehmen diese Tiere gerade in der Bauphase oft dauerhafte Schäden. Die Säulen der Windkraftanlagen müssen mit gigantischer Kraft in die Tiefe gerammt werden. Der so entstehende Unterwasserschall scheint die Wale und möglicherweise auch Fische zu verletzen. Bekannt ist, wie stark Vögel beeinträchtigt werden. Die Wahrscheinlichkeit, dass ein Vogel den Flug durch Zonen voller rotierender Räder überlebt, schwindet, je mehr Räder dort stehen. Hier ist immerhin eine gute Lösung auf dem Weg: Wenn Vogelschwärme im Anflug sind, können sich Windkraftanlagen vorübergehend automatisch abschalten. Solche «Vogelschutzsysteme» sind gar nicht so teuer, der Einbau eines Kamerasystems von SafeWind kostet beispielsweise nur dreißigtausend Euro – bei Gesamtkosten von vier Millionen Euro pro Anlage.[56] Solche Systeme weiterzuentwickeln und auszubauen könnte viele Konflikte um die Windkraft beilegen und den Ausbau der erneuerbaren Energie beschleunigen.

Um es klar zu sagen: Ich halte es für unabdingbar, dass wir versuchen, alle Lebewesen beim Bau und Betrieb von Solaranlagen und insbesondere Windkraftanlagen zu schonen. Aber zum Schluss darf das nicht dazu führen, dass auch nur eine einzige Anlage zu wenig gebaut wird. Denn wir verteidigen hier nicht nur die Lebensgrundlagen der Menschen, sondern auch die der Tiere.

Die Umsetzung der Ausbaupläne wird unendlich viel politisches Kapital kosten. Oft wollen die Leute nicht, dass Windparks in ihrer Nähe errichtet werden. Diese Menschen dazu zu bewegen, die Windparks zu akzeptieren, wird nur möglich sein, wenn sie viel stärker als heute an deren Betrieb beteiligt werden. Und selbst dann wird es massive Widerstände geben. Bei der Sonnenenergie ist die Situation deutlich günstiger, weil Photovoltaikplatten auf den Dächern und auch entlang von Autobahnen oder auf Äckern viel eher akzeptiert werden. Schwieriger wiederum ist der Bau großer Stromtrassen, der dringend vorangetrieben werden muss. Und auch der Umstieg auf Strom aus erneuerbaren Quellen ist eine Herkulesaufgabe. Die CO_2-Abgabe kann nur funktionieren, wenn damit die durchschnittlichen Kosten für Heizöl, Gas, Benzin, Diesel und mithilfe von fossilen Brennstoffen produzierte Produkte steigen. Dem kann man entgegenwirken durch eine Energieprämie. Das Problem aber liegt darin, dass es immer wieder Einzelfälle gibt, in denen die zusätzlichen Kosten nicht durch die rückerstattete Energieprämie ausgeglichen werden. Es ist leider mit massiven populistischen Angriffen gegen diese dringend notwendige Integration der CO_2-Kosten in die Preise der energieintensiven Güter zu rechnen. Jede auch noch so geringe Verteuerung des Benzins wird von den Populisten voll ausgenutzt. Dazu kommen Veränderungen am Arbeitsmarkt. Auch wenn schon jetzt klar ist, dass der gigantische Umbau unserer Wirtschaft viel mehr Arbeitsplätze schaffen wird, als er vernichtet, werden Arbeitsplätze verloren gehen. Insgesamt ist der Aufwand sogar so groß, dass die Energiewende selbst durch den Mangel an Arbeitskräften verlangsamt wird. Es zeichnet sich ab, dass etwa im Bereich der Bauwirtschaft nicht genug Arbeitskräfte vorhanden sind, um die oben erwähnte Sanierung der Gebäude und ihre Ausstattung mit Wärmepumpen vornehmen zu können. Es fehlen Arbeiter für den Bau der Windräder, Bahntrassen, Stromtrassen, Energiespeicher. Und das sind nur ein paar Beispiele. Es ist eine maximale Mobilmachung von Lobbyisten und Populisten gegen jeden Schritt der Energiewende zu erwarten. Gegen das Elektroauto wird man zu

Felde ziehen, sobald klar wird, dass zahlreiche Zulieferer für den Verbrennungsmotor existenziell gefährdet sein werden. Schon jetzt sehen wir, wie stark die Bevölkerung auf den Preisanstieg bei Öl, Gas und Benzin reagiert.

Es muss der Politik gelingen, die Bürger von der Notwendigkeit der Energiewende zu überzeugen. Denn: Jeder Einzelne muss sein Leben umstellen. Viel mehr Menschen müssen zum Beispiel auf das Auto verzichten und mit den öffentlichen Verkehrsmitteln oder dem Fahrrad fahren. Flugreisen im Inland passen nicht zu dieser Strategie. Sie müssten verboten werden. Flugreisen ins Ausland sollten eigentlich erst möglich sein, wenn die Flugzeuge mit erneuerbaren Kraftstoffen betrieben oder entsprechende Kohlenstoffsenken erschlossen würden. Auch die individuelle Ernährung muss umgestellt werden. Ein weitgehender Fleischverzicht wäre eine notwendige Bedingung für weitgehende CO_2-Neutralität.

In unserer Hand liegt zunächst einmal das, was in Deutschland passiert. Aber natürlich bedarf es in der Klimakrise einer internationalen, weltweiten Kraftanstrengung. Die riesige politische Umstellung und auch die Umstellung jedes Einzelnen werden zusätzlich mit dem Argument kämpfen müssen, dass es auf ein Land wie Deutschland alleine nicht ankomme. Mit einem Prozent der Weltbevölkerung, so heißt es oft, könne das Klima weltweit nicht beeinflusst werden. Ich werde im letzten Kapitel auf dieses Argument eingehen und erläutern, weshalb es gerade auf Deutschland besonders ankommt.

Es geht mir in diesem Buch nicht darum, ein Programm zur Energiewende zu entwerfen. Dafür gibt es wie oben beschrieben ausgezeichnete, gut durchdachte und ausformulierte Szenarien. Trotzdem möchte ich noch ein paar Aspekte nennen, die mir erwähnenswert erscheinen.

Ein paar Lösungen und ihre Folgen

Schon vor einigen Jahren startete mit großen Vorschusslorbeeren die Desertec-Initiative, deren Anliegen es war, mit Solarstrom aus der Sahara den Energiebedarf Europas zu decken. Die Sonneneinstrahlung in der größten Wüste der Welt hätte sogar genug Potenzial, so hieß es, den ganzen Globus mit Energie zu versorgen.[57] Die Ziele waren für den Zeitpunkt vielleicht zu hoch gesteckt, der «Arabische Frühling» sorgte jedenfalls nicht für die stabilen sozialen und politischen Bedingungen vor Ort, die ein solch riesiges Projekt mit gewaltigen Investitionen benötigt hätte. Desertec scheiterte. Dabei war es prinzipiell eine kluge Idee, sonnenstrahlenreiche und kaum bewohnte Wüstengebiete zu nutzen.

Während das ursprüngliche Konzept vorsah, den Strom über die Hochspannung-Gleichstrom-Übertragung (HGÜ) direkt nach Europa zu bringen, ging man in der Folge mehr dazu über, die Wasserstoffproduktion in den Wüstenregionen über Solarenergie zu organisieren. Dieser Wasserstoff könnte zum Beispiel in Hafenanlagen wie Rotterdam angeliefert und von dort über Rohrleitungssysteme in die Regionen mit hoher Energieintensität der Industrie verteilt werden. Die Herausforderungen in Nordafrika sind allerdings beachtlich. In der Wüste, wo die Solaranlagen entstehen sollen, gibt es bislang nicht die Straßen, die man bräuchte, um eine so gigantische Infrastruktur zu errichten. Es wäre spektakulär teuer, die Sahara infrastrukturell zu erschließen. Der dort erzeugte Strom müsste auch abtransportiert werden, etwa in gigantischen Trassen, die den Strom direkt nach Europa leiten. Oder man gewinnt vor Ort mithilfe des Stroms aus den Solaranlagen und per Elektrolyse aus Wasser Wasserstoff. In den betreffenden Ländern ist Wasser allerdings naturgemäß knapp, auch wenn mittlerweile Elektrolyseverfahren für Meerwasser entwickelt sind.[58] Und man darf das Potenzial der Wüste für Solarenergie auch nicht überschätzen. Sobald große Teile der Wüste mit Photovoltaikplatten bedeckt wären, würden sich in deren Schatten vermehrt Gräser und andere Pflanzen ansiedeln, was das Ökosystem deutlich verändern würde. Der Sand und die Nährstoffe darin würden weniger weggeweht, und wie schon weiter oben erwähnt hätte das Auswirkungen in anderen Regionen der Welt, da der Saharastaub sogar den Regenwald Amazoniens düngt.

Würde diese theoretisch interessante Lösung der Praxis standhalten? Das zu ermitteln ist eine klassische Aufgabe der Wissenschaft. Zum jetzigen Zeitpunkt ist immerhin klar, dass aus den sonnenreichen Regionen im Süden Europas und im Norden Afrikas wesentliche zusätzliche Beiträge für die Energiewende in Form von grünem Wasserstoff zu erwarten sind. Wie weit wir hier gehen können, ist noch unklar. Fragen wie diese müssen aber schnellstens geklärt werden, damit wir unsere Energiewende planen können. Auch solche Untersuchungen müssen wir als Politiker anregen und unterstützen: Eine entscheidende Form der Zusammenarbeit von Wissenschaft und Politik liegt darin, dass Politik das fördert, was wissenschaftlich erforscht werden muss. Wichtig ist aber die Warnung, dass die Verheißung von grünem Wasserstoff nicht die Alternative zum Aufbau ausreichender Kapazitäten erneuerbarer Energien in Deutschland sein kann. Dafür ist der Energiebedarf viel zu hoch und die Energiedichte von Wasserstoff im Endverbrauch zu niedrig. Wenn es um den Import ging, war Öl unschlagbar. Das lässt sich durch Wüstenwasserstoff nicht wiederholen.

Die Umstellung auf erneuerbare Energien ist allerdings nur ein Teil unserer Aufgabe. Andere zentrale Fragen sind: Wie senken wir schnell genug unseren Ausstoß an Treibhausgasen? Wie vermeiden wir die Emission zusätzlicher Treibhausgase? Gibt es Möglichkeiten, CO_2 aus der Luft zu holen, um so die Erwärmung zu bremsen? Norwegen etwa bereitet CO_2-Deponien in 2500 Meter tiefen porösen Gesteinsschichten auf dem Meeresgrund vor.[59] Dorthin sollen die verflüssigten Emissionen aus Kraftwerken und Industrie verpresst werden. CO_2 abzutrennen bedeutet aber einen hohen Energieaufwand. Zudem gibt es Sicherheitsbedenken: Bleibt das Kohlendioxid wirklich dauerhaft in den Gesteinen, oder entweicht es womöglich irgendwann wieder als Gas in die Luft? Andere Methoden sollen ermöglichen, das Kohlendioxid schon beim Verbrennen fossiler Energieträger über spezielle Filter quasi als Kalkstein abzuspeichern, sodass es gar nicht erst in die Atmosphäre gelangt.[60] Wieder andere zielen darauf ab, CO_2 direkt aus der Luft abzuscheiden, um daraus synthetische Kraftstoffe herzustellen.[61] Damit das Ganze wirklich CO_2-neutral ist, muss die Energie für diese Abscheidungsprozesse aus erneuerbarer Energie stammen. Bislang jedenfalls heißt es bei solchen Bemühungen: Wenn diese technischen Methoden effektiv sind, dann sind sie teuer.[62]

Einen ganz anderen – nicht technischen, sondern natürlichen – Weg, wie man das CO_2 aus der Atmosphäre entfernen könnte, schlägt Hans Joachim Schellnhuber vor. Wenn man Gebäude mit weniger Stahl und Zement und dafür mit umso mehr Holz bauen würde, hätte das einen doppelten Effekt. Die Wissenschaftler um Schellnhuber am Potsdam-Institut für Klimafolgenforschung haben berechnet, dass sehr viel CO_2 gebunden werden könnte, wenn man möglichst schnell möglichst viele Bäume zur Verwendung am Bau wachsen lassen würde. Während des Wachsens ziehen die Bäume viel Kohlendioxid aus der Atmosphäre, um es in ihrem Holz zu speichern. Wenn man das Holz der ausgewachsenen Bäume rasch verbaut, es also nicht verrotten lässt, wobei wieder CO_2 frei würde, dann wäre das Kohlendioxid oft über Jahrhunderte in den Gebäuden gespeichert. Außerdem könnte gleich wieder neues Holz nachwachsen. So könnte man viel Kohlendioxid aus der Atmosphäre ziehen, denn junge, wachsende Bäume, so die Idee, bauen in ihren wachsenden Stamm mehr CO_2 ein als bereits große. Der hohe Ausstoß von CO_2 bei der Zement- und Stahlproduktion würde vermieden.

Einige sehen diese Idee sehr kritisch, etwa der Waldexperte Pierre Ibisch, Professor an der Hochschule für nachhaltige Entwicklung in Eberswalde: «Ich weiß nicht, wo dieses Holz herkommen soll, mit dem wir uns aus der Klimakrise bauen wollen.» Ibisch befürchtet, dass große Holzplantagen mit immer neuen Monokulturen entstehen würden, die dann eben «keine Wirkung für das Klima in der Landschaft und die Funktionstüchtigkeit von Ökosystemen» haben.[63] (Dass die Überschwemmungen in Nordrhein-Westfalen und Rheinland-Pfalz im Sommer 2021 so verheerend ausfielen, lag wie schon erwähnt zum Teil auch daran, dass Forstmonokulturen weniger Wasser aufnehmen und speichern können als natürlich gewachsene Wälder.)

Hier wäre also wieder ein Punkt, um zu sagen: Das muss wissenschaftlich geprüft werden. Mir persönlich erscheint die Theorie Schellnhubers schlüssig und bedenkenswert. Das Holz wird nur angebaut, um es zum Bauen zu verwenden. Schwierig ist allenfalls die Frage, auf welcher Fläche dieses Holz angebaut werden soll. Andererseits wird gegenwärtig zu viel Fläche für die Landwirtschaft genutzt, weil wir uns nach wie vor zu stark fleischorientiert ernähren. Hier sieht man erneut, wie die Dinge zusammenhängen. Zu viel Fläche geht verloren, weil wir Fleisch produzieren, statt über Getreide die notwendige Kalorienmenge auf viel kleinerer Fläche zu gewinnen. Würden wir die für den Agrarbereich benötigte Fläche reduzieren, wäre mehr Fläche vorhanden, um darauf Bäume für den Bau zu pflanzen. Ihr Holz würde netto der Atmosphäre CO_2 entziehen.

Schließlich möchte ich auch das sehr kontrovers diskutierte Geoengineering ansprechen. Unter diesem Begriff versteht man die Manipulation des Klimasystems in ganz großem, weltweitem Maßstab. Die Idee dahinter: Wenn man die Treibhausgase nicht oder nur schwer oder nicht schnell genug aus der Luft herausbekommt, so könnte man doch zum Beispiel versuchen, die Erde künstlich abzukühlen, indem man bestimmte Chemikalien – wie Aluminiumoxid oder Schwefeldioxid – in die höheren Atmosphärenschichten bringt, die das Sonnenlicht reflektieren. Doch solche Maßnahmen sind sehr umstritten. Schellnhuber vermerkt dazu: «Keine Form von Geoengineering kann ein Ersatz für entschlossene Klimapolitik sein, durch welche Emissionen vermieden werden. Der direkte Eingriff in Abläufe des Erdsystems ist immer mit starken Nebenwirkungen verbunden, die wir nicht auf die leichte Schulter nehmen sollten.»[64]

Wie schnell in diesem komplexen System des Klimas und der Atmosphäre ein gelöstes Problem zu einem neuen führen kann, zeigt die erfolgreiche Bekämpfung des Ozonlochs. Im vorigen Kapitel diente es als gutes Beispiel für das rasche Zusammenwirken von Wissenschaft und Politik. Die schädlichen FCKW wurden verboten und aus dem Verkehr gezogen, das Ozonloch schrumpft seitdem immer weiter, bis alle einst verwendeten FCKW abgebaut sein werden. Damals suchte man nach einem schnellen Ersatz und verwendete eine Reihe von Fluorkohlenwasserstoffen (FKW) als Kühlmittel. Die FKW enthalten kein Chlor und können deshalb in der Atmosphäre kein Ozon zersetzen. Zu spät fand man heraus, dass diese FKW auch als Treibhausgase wirken – und zwar je nach verwendetem Stoff hundert oder gar mehrere Tausend Mal stärker als CO_2. Gerade der ozonfreundliche Ersatzstoff stellte sich ironischerweise als besonders klimaschädlich heraus. Zum Glück beschlossen 2016 über zweihundert Länder der Weltgemeinschaft bei einer Konferenz in Kigali, auch die FKW schritt-weise abzuschaffen.[65] Allein das würde eine weitere Erwärmung um ein halbes Grad mehr bis zum Jahr 2100 verhindern.[66]

4. KAPITEL

So einfach könnte Klimaschutz sein – unsere Ernährung

Eine der wenigen greifbaren, unmittelbar wirksamen Maßnahmen im Klimaschutz wäre quasi von heute auf morgen umzusetzen. Auf einen Schlag könnten wir einen großen Teil unserer Methanemissionen beenden. Wir bräuchten keine aufwendigen Ersatzlösungen, um unsere Energie nicht mehr aus fossilen Brennstoffen zu gewinnen und CO_2 zu vermeiden. Wir müssten nur etwas weglassen, das wir nicht wirklich brauchen. Diese einfache Lösung wäre: Wir müssten fleischfrei leben, am besten völlig auf Fleisch verzichten. Oder zumindest unseren Konsum an Fleisch stark einschränken. Aber auch in diesem Fall handeln wir bisher nicht, obwohl die Wissenschaft klare Einschätzungen vorgibt. Darum soll es in diesem Kapitel gehen.

Die meisten von uns haben mittlerweile erkannt, welche Rolle die Verbrennung fossiler Brennstoffe bei der Erwärmung der Atmosphäre spielt. Viel weniger aber wird darüber diskutiert, wie wir auch unsere Ernährung und Landwirtschaft klimaneutral gestalten können. Schon die Emissionen, die weltweit durch die Erzeugung unserer Nahrungsmittel entstehen, können das Erreichen der Klimaziele des Pariser Abkommens verhindern.[1] Der größte Teil davon geht auf das Konto unseres Fleischverzehrs. «Die Leute machen Witze über rülpsende Kühe, ohne zu verstehen, wie groß diese Quelle in Wahrheit ist», so der Umweltwissenschaftler Rob Jackson von der kalifornischen Stanford-Universität. «Die Emissionen von Rindern und anderen Wiederkäuern sind beinahe so groß wie die der fossilen Treibstoffindustrie für Methan.»[2] Der Ausstoß von Methan, den es mit Blick auf die Klimakrise zu vermeiden gilt, nimmt seit dem Jahr 2000 sogar kontinuierlich zu – bedingt durch Emissionen beim Abbau fossiler Brennstoffe und eben durch die Tierhaltung. Nie zuvor wurden weltweit höhere Methanemissionen registriert als im Jahr 2017, wie die Stanforder Forscher um Jackson in einer Studie zeigen.

Diese Entwicklung wird sich wahrscheinlich fortsetzen: In den vergangenen zwanzig Jahren hat sich der Fleischkonsum weltweit mehr als verdoppelt. Allein 2018 verzehrten die Menschen 320 Millionen Tonnen Fleisch.[3] Der Konsum könnte sich in den folgenden zehn Jahren um weitere 13 Prozent steigern. Zumindest geht er nicht automatisch zurück. Die Ursache ist: Immer mehr Menschen leben im Wohlstand und leisten sich daher immer mehr Fleisch. In den entwickelten Ländern beträgt der Pro-Kopf-Verzehr schon knapp 70 Kilogramm im Jahr; in allen anderen Ländern durchschnittlich fast 27 Kilogramm.[4] Nach Angaben des Weltklimarats trägt unsere Ernährung derzeit insgesamt zwischen 21 und 37 Prozent zum globalen Treibhausausstoß bei.[5] Davon entfallen knapp 40 Prozent auf die «Verdauungsabgase» von Rindern, Schafen und Ziegen. Weitere 45 Prozent entstehen bei der Herstellung von Futtermitteln, die vor allem für die zunehmende industrielle Massenhaltung von Geflügel und Schweinen bestimmt sind. Es werden immer mehr Futterpflanzen angebaut, die immer mehr gedüngt werden müssen – wobei das Treibhausgas Distickstoffoxid N_2O entsteht. Das heißt: Allein die Produktion von Fleisch trägt enorm zur globalen Treibhausgasemission bei.

Was wir essen, ruiniert das Klima

Das geruchlose und brennbare Methangas bildet sich vor allem dort neu, wo organische Stoffe unter Luftabschluss abgebaut werden. Das geschieht beim Reisanbau, in Klärwerken und auf Mülldeponien, vor allem aber bei der Massentierhaltung.[6] Die Verdauung von Rindern und anderen Wiederkäuern wie Schafen und Ziegen sorgt für besonders viel Methan in der Atmosphäre: Aus einer einzigen ausgewachsenen Kuh entweichen vorne und hinten täglich mindestens dreihundert Liter Methanabgase. Mit der Jahresabgasmenge dieser Kuh allein ließe sich das Heim einer vierköpfigen Familie im Winter einen Monat lang heizen – inklusive Warmwassererzeugung.[7]

Wie schon erwähnt ist Methan als Treibhausgas etwa fünfundzwanzigmal so wirksam wie CO_2, es hat daher einen großen Anteil am menschengemachten Klimawandel. Die relativ gute Nachricht ist: Ein Methanmolekül bleibt durchschnittlich nur etwa zwölfeinhalb Jahre in der Atmosphäre, dann wird es zersetzt. Bis CO_2 vollständig abgebaut ist, vergehen Zehntausende von Jahren und mehr. Der Verzicht auf Fleisch hätte daher eine ziemlich schnelle Wirkung auf die Zusammensetzung unserer Atmosphäre.

Ein weiteres hochwirksames Treibhausgas entsteht in der Landwirtschaft: das schon erwähnte Distickstoffoxid N_2O, auch «Lachgas» genannt. Es trägt etwa ein Zehntel zur globalen Erwärmung bei und gelangt vor allem über Stickstoffdünger aus überdüngten Böden und Massentierhaltung in die Atmosphäre. Dort kommt es in noch viel geringeren Spuren vor als CO_2 (ein Tausendstel der Konzentration), als Treibhausgas aber ist es fast dreihundertmal so wirksam. In der Atmosphäre hält sich N_2O etwa zehnmal länger als Methan; rund hundertzwanzig Jahre dauert es, bis das Gas abgebaut ist. Um das Treibhauspotenzial dieser und anderer Gase zu vergleichen, rechnet man ihren Effekt auf die entsprechende Menge Kohlendioxid um. Das nennt man dann CO_2-Äquivalente: Ein Kilogramm emittiertes Methan ist in seiner Wirkung also das Äquivalent von fünfundzwanzig Kilogramm CO_2, ein Kilogramm emittiertes N_2O das Äquivalent von knapp dreihundert Kilogramm CO_2.[8]

Auf diese Weise können wir auch die Treibhauseffekte verschiedener gängiger Fleischsorten und anderer Lebensmittel vergleichen. Bei der Produktion von Fleisch vom Rind (über 13 Kilogramm CO_2 pro Kilogramm Fleisch), vom Schwein (4,6 Kilogramm) und vom Huhn (5,5 Kilogramm)[9] entstehen deutlich mehr Treibhausgase als bei der Herstellung anderer üblicher Lebensmittel wie Mischbrot (0,75 Kilogramm), Äpfel (0,5 Kilogramm) oder Tomaten (0,2 Kilogramm).[10] Der durchschnittliche Fleischkonsum pro Person ist für fast eine halbe Tonne CO_2 pro Jahr verantwortlich.[11] Fleisch hat also eine sehr schlechte Klimabilanz, während pflanzliche Kost einen deutlich geringeren Anteil an den Treibhausgasemissionen hat.

Zudem spielt Fleischkonsum eine große Rolle bei der Abholzung Amazoniens. Um Weideflächen für Rinder und Anbauflächen für Sojabohnen (vor allem für Tierfutter) zu gewinnen, wurden in Brasilien allein zwischen 2006 und 2017 rund 220000 Quadratkilometer Regenwald und angrenzender Cerrado-Savannenwald abgeholzt und abgefackelt – ein Gebiet, das etwa 60 Prozent der Fläche Deutschlands umfasst.[12] Zum Vergleich: Der gesamte Regenwald Amazoniens ist etwa zwanzigmal so groß wie Deutschland. Seit 1990 ist mehr als die Fläche der Bundesrepublik in Amazonien gerodet worden – insgesamt über 400000 Quadratkilometer.[13] War die Abholzung zwischenzeitlich stark zurückgegangen, hat sie unter dem populistischen Präsidenten Jair Bolsonaro wieder deutlich zugenommen: 2019 und 2020 wurden jeweils über

10000 Quadratkilometer Regenwald vernichtet – das sind drei Fußballfelder pro Minute, die vor allem für den internationalen Handel mit Rindfleisch und Tierfutter abgeholzt werden.[14] Das bringt eines der am meisten bedrohten Elemente unseres Klimasystems immer näher an seinen Kipppunkt: Es entweicht noch mehr CO_2 aus dem riesigen Kohlenstoffspeicher des Regenwaldes in die Luft. Das wiederum heizt die Erwärmung an, und die Nährstoff- und Wasserzyklen Amazoniens werden gestört.

Das sind, einmal mehr, die Fakten. Kein oder weniger Fleisch ist besser für unser Klima. Wo also bleiben die weitgreifenden politischen Entscheidungen für eine so einfache Lösung? Es ist geradezu absurd, dass zur Steigerung unseres ohnedies zu hohen Fleischkonsums der Regenwald abgeholzt wird.

Ein Leben ohne Fleisch ist gesünder

Seit mehr als dreißig Jahren verzichte ich persönlich darauf, Fleisch zu essen. Meine Entscheidung hatte anfänglich nichts mit dem Klima zu tun. Damals war Hunger weltweit noch verbreiteter als heute. Es schien mir unethisch, jeden Tag Fleisch zu verzehren, während anderswo so viele Menschen verhungern. Um das Fleisch zu produzieren, muss ein Tier mindestens fünf-, sechsmal so viele Kalorien aufnehmen, wie wir dann zu uns nehmen, wenn wir das Tier verspeisen. So kam ich also zu meiner Entscheidung. Dabei habe ich vorher ausgesprochen gerne Fleisch verzehrt. In der Kindheit habe ich sehr viel Schinken und Salami gegessen, meistens auf Schwarzbrot. Es gab bei uns nicht jeden Tag Fleisch, meine Eltern konnten sich das nicht leisten. Fleisch war etwas Besonderes. Dazu kam, dass sie dachten, es sei besonders gesund.

Für mich war es jedenfalls etwas Wertvolles, auch später noch. Der Verzicht aus ethischen Gründen war zunächst ein Risiko. Ich dachte erst, er würde mir sehr schwerfallen. Aber die Umstellung gelang schnell und gut. Schon nach kurzer Zeit bedeutete der Verzicht keinen Verlust mehr für mich. Das Fleisch hat mir nie gefehlt. Ich vollzog die Abkehr in den Vereinigten Staaten – ich zelebrierte sie geradezu. Das letzte Stück Fleisch habe ich in der Wüste von Arizona verzehrt, als ich 1987 einen Forschungsaufenthalt in Tucson hatte. Wenn man dort auf den Highways nach Süden fuhr, kam man an einer berühmt-berüchtigten Braterei namens «Big A» vorbei. Dort bekam man Burger mit allerlei Belag, aber es gab eben nur Burger. Die Braterei war für die durchreisenden Trucker ein Standardhalt. Für mich war sie ein guter Ort, um das allerletzte Mal Fleisch zu essen.

Später habe ich an der Harvard School of Public Health mit klinischer Epidemiologie begonnen. Mein erster Betreuer dort war Walter Willett. Kaum jemand hat mehr zu den Zusammenhängen von Ernährung und der Entstehung von Krankheiten, zu den Vorzügen veganer und vegetarischer Kost publiziert. Wenn man so will, ist er der Papst der Ernährungsepidemiologie. Walter Willett und sein Team konnten klar nachweisen, dass sowohl eine vegane sowie eine vegetarische als auch eine pescetarische Kost, bei der Fische und Meeresfrüchte auf dem Speiseplan stehen können, der üblichen fleischhaltigen Kost überlegen sind. Willett ist übrigens auch mitverantwortlich dafür, dass ich heute auf Salz verzichte. Seit jener Zeit sind zahlreiche andere Forschungsgruppen zu dem gleichen Ergebnis gekommen: Ohne Fleisch würden wir alle viel gesünder leben.

Der Grund dafür liegt darin, dass der Verzicht auf Fleisch das Risiko vieler Krankheiten enorm vermindert. Das «rote» Fleisch von Rind, Schwein, Schaf und Kalb erhöht das Risiko für Dickdarmkrebs, das «weiße» von Fisch und Geflügel hingegen nicht.[15] Das liegt vermutlich am eisenhaltigen Blutfarbstoff Häm, der im roten Fleisch reichhaltig vorhanden ist. Häm regt die Darmzellen an, sich stärker zu teilen, verursacht lokale entzündliche Prozesse und fördert die Entstehung oder das Anschalten von «Krebsgenen». Rotes Fleisch und Wurstprodukte sind wahrscheinlich für jeden zehnten Dickdarmkrebs verantwortlich.[16] Das Risiko erhöht sich bei gegrilltem Fleisch. Schon beim Verzehr von hundertfünfzig Gramm Wurst am Tag steigt es deutlich. Aber auch im Fall von Bauchspeicheldrüsen- und Prostatakrebs ist rotes Fleisch ein Risikofaktor.

Wir sind evolutionsbiologisch vermutlich nicht auf die Ausmaße des heutigen Fleischverzehrs vorbereitet. Natürlich war Fleisch Teil unserer Ernährung, seit unsere Vorfahren in der afrikanischen Savanne anfingen, auf zwei Beinen zu gehen. Aber nie zuvor haben wir solche Mengen an Fleisch konsumiert wie heute. Nie zuvor in der menschlichen Geschichte wurden wir so alt wie heute. Die weitaus meisten Fälle von Darmkrebs – über 98 Prozent – entstehen im Alter von über fünfzig Jahren. Erst seit wenigen Jahrhunderten erreichen immer mehr Menschen dieses Alter. Genau diese Kombination – dass wir älter werden, als es uns die Evolution zur Fortpflanzung ermöglichen musste, und dass wir uns in einem Überfluss ernähren, für den der Körper in keiner Weise ausgelegt ist – erklärt die vielen Zivilisationskrankheiten.

Es gibt zahlreiche weitere Krankheiten, die mit dem Fleischkonsum in Zusammenhang stehen: Herz-Kreislauf-Erkrankungen, etwa Arteriosklerosen, die zu Schlaganfall und Herzinfarkt führen; aber auch Nierenerkrankungen, weil Fleisch direkt die Cholesterinwerte erhöht und durch seine prooxidative Wirkung besonders reaktive Sauerstoffverbindungen entstehen, die die

Gefäße angreifen können. Fleisch trägt dazu bei, dass Menschen zu Übergewicht neigen; dieses wiederum geht oft einher mit Gelenkerkrankungen und der Entstehung von Diabetes.

Umwelt-Mikado mit Grillwürstchen

Das alles sind wissenschaftlich belegte Fakten zu den Folgen unseres Fleischkonsums – mal aufs Weltklima bezogen, mal medizinisch und für den Einzelnen betrachtet. Was wir essen, hat großen Einfluss auf unsere individuelle Gesundheit und auf die Umwelt, die wir alle teilen. Ob man weniger Fleisch essen will oder nicht, das ist für jeden Einzelnen eine sehr persönliche Entscheidung. Wie aber könnte die Politik die wissenschaftlichen Erkenntnisse in konsequentes Handeln umsetzen? Gebot oder Verbot? Zunächst einmal ist es politisch weder wünschenswert noch möglich, Vorschriften dazu zu machen, was gegessen werden darf und was nicht. Das muss jeder für sich entscheiden dürfen. Eine Einmischung staatlicherseits darf es nicht geben. Sie wird auch von den Bürgern nicht akzeptiert.

Um dieses Problem zu veranschaulichen, will ich von dem vielleicht missglücktesten Wahlkampfauftritt meiner bisherigen Laufbahn erzählen. Vor der Bundestagswahl 2009 hatte ich gemeinsam mit dem damaligen Umweltminister Sigmar Gabriel in meinem Leverkusener Wahlkreis zu einer Grillaktion eingeladen. Um für gesundes Grillen zu werben, verzichteten wir auf Fleisch und grillten nur ökologisch vertretbar gefangenen Fisch und Gemüse mit einer speziellen Marinade, die vor krebserregendem Ruß schützen sollte. Als besonderen Clou hatten wir einen Dritte-Welt-Sonnenkocher zum Solargrill umfunktioniert, sodass wir sogar CO_2-frei grillen konnten. Weil aber der Solargrill deutlich länger brauchte als ein klassischer Kohlegrill, sank die Stimmung bei den anwesenden Bürgern und Journalisten. Die lokale Berichterstattung wies später auf die hohen Kosten von Gemüse und Fisch im Vergleich zu klassischem Grillgut hin. Überhaupt war die Presse in den folgenden Tagen verheerend. Bis heute werde ich auf das Solargrillen mit Sigmar angesprochen.[17]

Noch nachhaltigere Wirkung hatte die mittlerweile legendäre Diskussion um den Veggie-Day. 2013 forderten die Grünen in ihrem Wahlprogramm, dass es in öffentlichen Kantinen einen Tag in der Woche geben sollte, an dem nur vegane oder vegetarische Gerichte angeboten werden. Das war kein zentraler Punkt im Programm der Partei, sondern eher der Versuch, zum Nachdenken über Klimaschutz, Massentierhaltung und die mit dem Fleischkonsum verbundenen gesundheitlichen Risiken anzuregen. Im damaligen Wahlkampf wurde dieser Vorschlag zu einer ideologischen Frage aufgeblasen. Eine mediale Kampagne führte zum Aufschrei: «Die wollen uns das Fleisch verbieten!» Das kostete die Grünen damals viele Wählerstimmen. Im darauffolgenden Parteiprogramm war von einem Veggie-Day keine Rede mehr.

Mittlerweile hat sich die gesellschaftliche Diskussion weiterentwickelt. Im Wolfsburger VW-Konzern wurden nach den Werksferien im Sommer 2021 nur noch vegane und vegetarische Gerichte im Restaurant des «Markenhochhauses» angeboten, ab und zu ergänzt durch Fisch, was in vielen deutschen Medien Schlagzeilen machte.[18] Damit ist in der VW-Zentrale die beliebte Currywurst vom Speiseplan gestrichen. In anderen Werkskantinen soll es sie weiterhin geben, aber auch dort sollen täglich vegetarische Gerichte angeboten werden. Wenn der größte deutsche Automobilkonzern (und im Jahr 2020 der zweitgrößte der Welt) einen solchen begrüßenswerten Schritt macht, dann hat sich die öffentliche Wahrnehmung des Themas Fleischverzicht ganz offensichtlich verändert. Den Grünen allerdings hängt die Veggie-Day-Diskussion bis heute nach – Stichwort «Verbotspartei».

Ich nenne das «Umwelt-Mikado»: Wer sich bei solchen Fragen bewegt – und vor allem, wer sich als Erster bewegt –, der verliert.

Die Fleischlobby

Gegen Fleischkonsum vorzugehen kostet Parteien aber nicht nur Stimmen bei der Wahl, sondern könnte unter Umständen sogar finanzielle Einbußen bedeuten. Vom größten deutschen Schlacht-konzern Tönnies flossen zwischen 2002 und 2017 neunmal fünf-stellige Parteispenden auf das Konto der CDU – zum Teil mehr als dreißigtausend Euro pro Einzelspende.[19] In mehreren Bundes-ländern gibt es zum Teil riesige Fleischfabriken. Sie geben vor, wie das Geschäft läuft. Weil dort viele Menschen arbeiten, sind diese Schlachtkonzerne als Arbeitgeber relevant – und deshalb für Politiker ausschlaggebend. Beide Seiten stehen in direktem Aus-tausch, die Konzerne eben oft auch als Sponsoren der Parteien. Daher sind die Fleischfabriken von großer Bedeutung, wenn es um die Umsetzung möglicher politischer Beschlüsse geht. Die Fleischlobby hat erheblichen Einfluss. Das System zur Produktion von Steaks und Grillwürstchen ist industrialisiert und durchöko-nomisiert – von der Haltung der Schweine und ihrer Mästung (vor allem mit Soja) über die Schlachtung und Filetierung bis hin zum Verkauf. Deshalb haben wir Billigfleisch in den Supermärk-ten. Was nicht nur billiges Fleisch bedeutet, sondern eben auch viel Fleisch. Die Grundlage dafür ist Massentierhaltung, die das

Fleisch erst so billig macht, dass es in diesem Ausmaß konsumiert werden kann. In den Fabriken des Tönnies-Konzerns etwa, der 2020 wegen Corona-Ausbrüchen bundesweit Schlagzeilen machte, sodass endlich die fragwürdigen Arbeitsbedingungen dort in den Blick gerieten, wurden 2019 16,7 Millionen Schweine geschlachtet. Das ist ein Drittel des Marktanteils beim Schlachten von Schweinen in Deutschland. Der Umsatz des Tönnies-Konzerns in diesem Jahr betrug 7,3 Milliarden Euro.[20]

Wer aber hat etwas von diesem System? Viele Millionen Tiere haben in den Intensivbetrieben vor allem ein schlechtes Leben. Man muss das aus meiner Sicht ganz klar Tierquälerei nennen. Diese Tiere produzieren Unmengen an Harn und Kot, die meist als Gülle auf Feldern «entsorgt» werden. Früher war diese Art der Düngung für die Landwirtschaft wichtig. Heute gibt es viel zu viel Gülle. Die Felder sind längst überdüngt, vor allem mit Stickstoffverbindungen, wobei wieder viel N_2O in die Atmosphäre gelangt. Aufgrund dieser Überdüngung können die Böden schon lange keine Nährstoffe mehr aufnehmen, und auch unsere Gewässer leiden darunter – sowohl das Grundwasser als auch Bäche, Seen und Flüsse. Mit diesem Billigfleisch ernähren wir uns schlecht, das Krankheitsrisiko erhöht sich. Dazu kommt: Der einzelne Bauer mit seiner Schweinezucht verdient nicht mehr wie früher. Die Mitarbeiter in den Schlachtfabriken sind oft schlecht bezahlte Leiharbeiter, wie im Tönnies-Coronafall bundesweit deutlich wurde.

Am Ende profitieren von diesem System nur jene, denen die Fleischfabriken gehören und die den Markt kontrollieren. Ein klassisches Beispiel für eine überdrehte kapitalistische Produktionsweise. Das Folgende sage ich nicht so leicht: Für mich handelt es sich hier um ein perverses System der Ausbeutung, das für fast alle Beteiligten nachteilig ist. Billiges Fleisch wird klimaschädlich auf der Grundlage von Tierquälerei und unwürdigen Arbeitsbedingungen produziert. Marketing, Lobbyismus und die Bestechung von Parteien tun das Übrige. Das alles geschieht zum Gewinn einiger weniger und kostet viele die Gesundheit.

Wie könnten wir an alldem etwas ändern? Am 17. Juni 2020 schrieb ich folgenden Tweet: «Billigfleisch bringt niemandem Vorteile. Tierquälerei, hohe CO_2-Belastung, Düngebodenvergiftung, ausbeuterische Arbeitsbedingungen, Herzinfarkte und Übergewicht. Und aktuell Coronaausbrüche. Dieses Geschäftsmodell sollte endlich beendet werden.»[21] Beispielhaft möchte ich hier eine Auswahl der getwitterten Antworten zitieren:

«Was sollen dann die armen Menschen essen?»

«Lauterbach ist weder Diktator noch Führer, der bestimmt, wo es langgeht. In einer Demokratie braucht es Mehrheiten. Und die sehen aktuell so aus, dass der gemeine Wähler schreit ‹Ich lass mir mein tägliches Schnitzel aber nicht verbieten!!!›»

«Dann bitte auch einmal wirklich handeln und in der Koalition Druck machen.»

«Da muss ich Ihnen in der Tat zustimmen. Und was tun Sie dagegen, außer zu twittern? Eine Antwort wird es darauf wohl nicht geben.»

«Problem ist, die Mehrheit will Masse zum Billigstpreis. Änderung politisch wünschenswert, aber sicher in absehbarer Zukunft nicht mehrheitsfähig. Leider.»

In diesem Fall zeigten die Antworten auf meinen Tweet im Großen und Ganzen differenzierte Sichtweisen zwischen dem Hinweis auf soziale Verhältnisse und der Einsicht, weshalb die Politik solche Erkenntnisse oft nicht umsetzt. Die Fragen, die hier anklingen, verdienen eine Antwort, und diese ist nicht einfach. Zum einen sind zwar viele Politiker im Grundsatz mit dem Umstand vertraut, dass die Fleischindustrie Methan oder CO_2-Äquivalente produziert. Allerdings sind wahrscheinlich die wenigsten ausreichend eingearbeitet, um das Ausmaß des Problems zu erkennen. Dies ist kein Vorwurf und keine Kritik, sondern schlicht eine Feststellung. Es überrascht viele, dass hundert Gramm Aufschnitt vom Rind ein ganzes Kilogramm CO_2 verursachen. Und dann kommt noch das Problem der Lobbygruppen dazu. Schon Landwirtschaftsministerin Julia Klöckner wurde mit einem Lösungsvorschlag konfrontiert, den sie aber nicht umsetzen wollte. Indem wir unsere Lebensmittel mit CO_2-Äquivalenten kennzeichnen, könnten wir deutlich machen, welchen Treibhauseffekt ein Produkt hat. Dies hätte zur Folge, dass viele Konsumenten Produkte mit schlechter CO_2-Bilanz meiden. Ein Vorschlag, den breite Teile der Agrarindustrie ablehnen.

Wir könnten auch – wie bereits im Kapitel über Wissenschaft und Politik erwähnt – Fleischersatz subventionieren und eine Art CO_2-Steuer auf Fleischprodukte erheben.[22] Doch ganz abgesehen von dem Aufschrei, der folgen würde: Selbst wenn ich vegane Bio-Burger im Park für lau verteilen würde, liefe das wahrscheinlich darauf hinaus, dass viel davon übrig bleibt und nicht konsumiert wird. Für viele Bürgerinnen und Bürger ist es einfach schwer, die Gewohnheiten ihres eingefleischten Lebens zu ändern.

Wenn wir wirklich konsequent die industrielle Massentierhaltung in Deutschland verbieten würden, dann wäre Fleisch deutlich teurer – und wir wären bei dem eben erhobenen Vorwurf, dass die unteren Einkommensklassen sich das nicht mehr leisten können. Weil es in der EU einfach möglich ist, würde wohl billiges Fleisch aus anderen Ländern importiert. Das Problem wäre nicht gelöst. Es müsste also gleich auf europäischer Ebene angegangen werden – vom Verbot der Massentierhaltung bis zum Verbot des Imports von Billigfleisch, das auf Kosten des Regenwalds geht. Dafür wiederum bräuchten wir Einigkeit unter den europäischen Regierungen. Selbst wenn wir die hätten: Wie würden wir Brasilien dazu bekommen, nicht mehr den Regenwald abzuholzen? Der populistische Präsident Jair Bolsonaro hat die Erschließung Amazoniens zum Programm gemacht und treibt die Abholzung weiter voran. Wir könnten Länder wie Brasilien natürlich unter Druck setzen, indem wir den Handel mit ihnen abbrechen oder beschränken. Wir könnten sie auch dafür entschädigen, dass sie diese Flächen nicht mehr landwirtschaftlich nutzen können. Was bedeuten würde: Wir bezahlen dafür, dass sie den Regenwald stehen lassen. Das tun wir aber nicht.

Derzeit geht es zwischen der Europäischen Union und den vier südamerikanischen Mercosur-Staaten Argentinien, Brasilien, Paraguay und Uruguay um ein Abkommen zur Errichtung der größten Freihandelszone der Welt. Umweltverbände kämpfen schon lange gegen dieses Abkommen, weil Brasilien die Rodungen nicht stoppen will.[23] Aber auch ein internationales Team aus Wissenschaftlerinnen und Wissenschaftlern renommierter Institutionen – darunter das Helmholtz-Zentrum für Umweltforschung UFZ, die Senckenberg Gesellschaft für Naturforschung und die Berliner Humboldt-Universität – hat sich eindeutig dazu geäußert: Das geplante Abkommen «steht in vielen Punkten in klarem Gegensatz zum European Green Deal und widerspricht einer Reihe von Nachhaltigkeitskriterien», heißt es in einer Pressemitteilung.[24] Auch Angela Merkel hatte, wie sie selbst sagte, «erhebliche Zweifel» an der Umsetzung des Abkommens.[25] Meine persönliche Position ist folgende: Ein Handelsabkommen mit diesen Staaten muss sicherstellen, dass der Regenwald nicht weiter abgeholzt wird. Denn es gibt nur wenige Dinge, die so verrückt sind wie die Abholzung von Regenwald, um dort zum Beispiel Sojabohnen anzubauen, die dann an Rinder verfüttert werden, bei deren schneller Mästung Methan freigesetzt wird, bevor die Umwelt auch noch bei der Verarbeitung ihres Fleisches geschädigt wird. Und das alles, um sich ungesünder zu ernähren. Der Wissenschaftsleugner Bolsonaro hat übrigens nicht unrecht, wenn er argumentiert, dass die Europäische Union beispielsweise mit Polen und Ungarn Umweltsünder am Netz hält, die mit der massiven Verstromung von Kohle proportional viel mehr CO_2 freisetzen als Brasilien, das seit Bolsonaro wieder die Brandrodung der Wälder fördert. Kippen wir aber das Mercosur-Abkommen, verringern wir natürlich unsere Möglichkeit, dort Einfluss zu nehmen. Auch das muss man bedenken.

Unterm Strich heißt das: Auch wenn uns kaum Zeit bleibt, um die Treibhausemissionen entscheidend zu verringern, ist selbst diese so einfach erscheinende Lösung – Fleisch wegzulassen, weil wir es nicht wirklich brauchen – politisch kaum umzusetzen. Nicht unbedingt, weil Politikerinnen und Politiker die wissenschaftlichen Fakten und Zusammenhänge nicht begriffen haben. Sondern weil Politik häufig dem Druck von Wählern wie Lobbyisten ausweicht und den nationalen Interessen anderer Staaten nichts entgegensetzen kann. Es hängt also an privaten Entscheidungen und gesellschaftlichen Entwicklungen, die der Politik voraus sind. Eine konsequente, harte Kampagne für Klima und Gesundheit und gegen Tierquälerei könnte den Wandel vielleicht beschleunigen. Wenn ich diese Zusammenhänge vor jungen Leuten erläutere, merke ich, dass sich etwas verändern lässt. Manche, da bin ich relativ sicher, werden in Zukunft auf Fleisch verzichten. Viele tun es schon jetzt, weil sie gesünder, besser und länger leben wollen. Reicht dieser Bewusstseinswandel der jüngeren Generation aus, um die radikale Wende herbeizuführen, die wir brauchen?

Das kann man nur hoffen, denn es gibt weitere kritische Folgen des übermäßigen Fleischkonsums. Neben der CO_2-Bilanz ist auch die Wasserbilanz verheerend. Unter dem sogenannten Wasserfußabdruck versteht man, wie viel Wasser für die Produktion von Nahrungsmitteln eingesetzt werden muss. Zum Vergleich und zum Abschluss dieses Kapitels ein paar Zahlen zum Wasserverbrauch in Litern pro produziertem Kilogramm Nahrungsmittel. Wieder schneiden pflanzliche Produkte deutlich besser ab als tierische:

Rindfleisch: 15 415 Liter
Schafe und Ziegen: 8763 Liter
Schwein: 5988 Liter
Huhn: 4325 Liter
Hülsenfrüchte wie Bohnen, Linsen, Erbsen: 4055 Liter
Getreide: 1644 Liter
Früchte: 962 Liter
Gemüse durchschnittlich: 322 Liter[26]

Bei uns in Deutschland ist der immense Wasserverbrauch durch die Fleischproduktion noch kein großes Problem. Wohl aber in trockenen Regionen der Welt, wo für Landwirtschaft und Viehzucht oft viel Grundwasser entnommen wird – etwa in den USA, in Indien und China. Die Folgen für diese Regionen sind enorm: Böden versalzen, ganze Landstriche trocknen aus. Der weltweite

Wassermangel ist schon heute ein globales Problem, das in der Öffentlichkeit bislang kaum gesehen wird. Er wird sich in den nächsten Jahren noch verstärken.

5. KAPITEL

Eine unterschätzte Gefahr – der Wassermangel

Die weltweite Wasserkrise wird oft unterschätzt. Viele Menschen denken: Wo ist das Problem? Die Erde ist doch voller Wasser. Das stimmt auch: Ungefähr 70 Prozent der Erdoberfläche sind von Wasser in flüssigem Zustand bedeckt, 5 Prozent von Eis. Das für uns nutzbare und trinkbare Wasser macht aber nur etwa ein Prozent dieser Gesamtmenge aus.[1] 96 Prozent davon sind Salzwasser in Ozeanen und Meeren.[2] Von den verbleibenden 4 Prozent Süßwasser sind etwa 3 Prozent in Form von Eis an den Polen und in den Gletschern der Hochgebirge gespeichert, etwa ein Prozent lagert in oft ganz tiefen unterirdischen Wasserspeichern im Gestein. Nur ein winziger Bruchteil des Wassers steckt in Bächen, Flüssen und Seen – etwa 0,01 Prozent. Der für uns Menschen verfügbare Anteil befindet sich überwiegend im sogenannten kurzfristigen Wasserkreislauf: Das Wasser verdunstet über Ozeanen und Landmassen, um in Form von Regen dahin zurückzukehren. So gelangt es entweder direkt wieder in die Meere, oder es fließt über Flüsse und Grundwasser dorthin. Wenn zu diesem kurzfristigen Wasserkreislauf also nur etwa 0,1 Prozent vom Gesamtwasser der Erde gehört, dann relativiert das die Menge, die uns wirklich zur Verfügung steht: Es ist nur ein Tausendstel des Wassers, das es auf unserem blauen Planeten gibt.

Die nächsten Jahrzehnte werden weltweit durch zunehmenden Wassermangel geprägt sein. Schon jetzt haben 785 Millionen Menschen keine Grundversorgung mit Wasser, wie UNICEF am Weltwassertag 2021 meldete.[3] 2,2 Milliarden Menschen haben keinen regelmäßigen Zugang zu sauberem Wasser. Nahezu die Hälfte der Weltbevölkerung leidet mindestens für einen Monat im Jahr an Wasserarmut, so UN-Water, die für Wasser zuständige Organisation der Vereinten Nationen.[4] Bis zum Jahr 2050 könnte diese Zahl auf 5,7 Milliarden Menschen anwachsen.

«Wenn die Wasserhähne trocken bleiben, stehen die Menschen am ersten Tag an Wasserstellen in der ganzen Stadt in einer Schlange. Wenn sie am zweiten Tag kein Wasser bekommen, werden dafür Menschen getötet.» Diese Befürchtung äußerte Nicholas Sloane aus dem südafrikanischen Kapstadt.[5] Schon mehrfach stand man hier kurz vor dem «Day Zero» – dem Tag, an dem kein Wasser mehr aus den Leitungen kommt. Beinahe wäre Kapstadt die erste Großstadt weltweit gewesen, der das Wasser ausgeht. Nicht zuletzt durch strenge Rationierung konnte das noch abgewendet werden. Sloane, der eigentlich ein Experte für Schiffsbergungen ist, möchte seine Stadt auch in Zukunft vor diesem Schicksal bewahren: Er will vom Schelfeis der Antarktis abgebrochene Eisberge vor die Küste Südafrikas schleppen.[6] Über diesen ungewöhnlichen Vorschlag zur Lösung des Wassermangels später mehr.

Der Kampf ums Wasser hat begonnen

Was ich im Juli 2021 aus dem Iran las, bestürzte mich zutiefst: In der Provinz Chuzestan, nördlich des Persischen Golfs, war es über fünfzig Grad heiß, und es gab kein Trinkwasser mehr. Die

Menschen tranken angeblich schon aus den letzten verbliebenen Pfützen. Nachts war es kühler, aber das bedeutete oft immer noch über dreißig Grad. Dann gingen die Leute auf die Straße, um gegen den Wassermangel zu protestieren. Zehn Demonstranten waren schon getötet worden, als Sicherheitskräfte der Regierung mit scharfer Munition schossen. In mindestens siebenhundert Dörfern und Städten der Region fehlte Wasser, Haustiere verdursteten schon.[7]

Auch der Irak, Syrien und der Libanon hatten zur gleichen Zeit riesige Wasserprobleme. Seit Wochen, hieß es im Berliner «Tagesspiegel», komme es in Basra, im Süden des Irak, und in der Hauptstadt Bagdad regelmäßig zu Demonstrationen. Aufgrund von Stromausfällen in der maroden Infrastruktur floss dort kein Wasser aus den Hähnen. Zudem war der Wasserpegel in den Flüssen Euphrat und Tigris viel niedriger als früher. Der Irak warf der Türkei vor, das kostbare Wasser der Flüsse für den eigenen Bedarf in Stauseen zurückzuhalten. Im Nordosten Syriens konnte ein anderer Stausee nicht mehr wie üblich mit Grundwasser befüllt werden. Über eine Million Menschen mussten aus Tanklastwagen versorgt werden. Im gebeutelten Libanon, warnte UNICEF, könne die Wasserversorgung innerhalb weniger Wochen komplett zusammenbrechen. In Beirut, wo ich gute Freunde habe, fielen sowohl das Wasser als auch der Strom stundenweise am Tag gleichzeitig aus. Trotzdem wurden die Fußballplätze wohlhabender Universitäten wie der American University mit Wasser versorgt, damit der Rasen bespielbar blieb.

Allein in diesen vier Ländern – dem Iran, dem Irak, Syrien und Libanon – leben über hundertfünfzig Millionen Menschen, die schlicht immer weniger Wasser haben. Dadurch verschärfen sich die laufenden Konflikte im Nahen und Mittleren Osten – sowohl zwischen den vom Wassermangel betroffenen Staaten als auch innerhalb der Bevölkerungsgruppen. Manchmal wundert es mich, dass da nicht schon viel mehr passiert.

Selbst Kalifornien, der Obstgarten Amerikas, trocknet aus. Auch in Deutschland wird darüber berichtet, etwa Anfang August 2021 in der «Tagesschau». Die dortige Wasserbehörde, so heißt es, verbiete Tausenden von Landwirten, das kostbare Wasser aus Seen, Flüssen und Kanälen im Sacramento-San Joaquin River Delta zu nutzen.[8] Wenige Tage später schränkt die amerikanische Bundesregierung auch die Wasserzuteilung aus dem Lake Mead ein und erklärt erstmals den Wassernotstand.[9] Der seinem Fassungsvermögen nach größte Stausee der USA, der den Colorado River anstaut, ist eine der wichtigsten Wasserquellen für die südwestlichen US-Bundesstaaten Arizona, Nevada, Kalifornien und auch für Mexiko. Rund fünfundzwanzig Millionen Menschen beziehen aus dem See ihr Wasser. Noch nie seit der Errichtung des berühmten Hoover-Damms in den 1930er Jahren war der Wasserstand des Lake Mead so niedrig – der Stausee ist nur zu etwa einem Drittel gefüllt. Die Farmer Arizonas müssen nun auf ungefähr 20 Prozent des sonst zugeteilten Wassers verzichten. Auch im Osten der USA gibt es längst Streit um das knappe Wasser: So klagte Florida vor Gericht gegen Georgia, weil von dort immer weniger Wasser über den Santa Fe River kommt. Das Wasser in einer Bucht, so die Kläger, werde dadurch immer salzhaltiger – und das beeinträchtige den Lebensunterhalt von Menschen, die dort seit Generationen als Austernfischer leben.[10]

Die Auseinandersetzungen um die knappe Ressource Wasser haben also begonnen. Das fehlende Wasser wird ein riesiges Problem werden: Wassermangel im Süden von Europa. Wassermangel im Westen und im Süden der Vereinigten Staaten. Wassermangel im Nahen Osten. Wassermangel in fast allen Teilen Afrikas, insbesondere in Südafrika. Wassermangel in Indien. Und

Wassermangel in Bangladesch. Dazu noch massiver Wassermangel in China.

Raubbau am Grundwasser

Weltweit hat sich der Wasserverbrauch laut dem Weltwasserbericht der UN von 2020 in den vergangenen hundert Jahren versechsfacht.[11] Aufgrund der wachsenden Weltbevölkerung, wirtschaftlicher Entwicklungen und des sich verändernden Konsumverhaltens werde sich der Wasserverbrauch auch weiterhin um schätzungsweise ein Prozent pro Jahr steigern. Wir benötigen Wasser für industrielle Produktionsprozesse und natürlich zum Trinken und zur Körperhygiene. Nach Angaben des World Resources Institute (WRI), einer Washingtoner Denkfabrik, gehen aber 70 Prozent des Wassers, das wir Menschen nutzen, in die Herstellung unserer Nahrungsmittel.[12]

Auf die Bedeutung des Fleischverzehrs für den globalen Wasserverbrauch habe ich schon hingewiesen. Als ich vor ein paar Jahren anfing, mich mit dem Thema zu beschäftigen, wusste ich zwar, dass wir wenig Wasser zur Verfügung haben, weil, wie gesagt, nur ein sehr klcincr Tcil dcs Wassers auf der Erde Trinkwasser ist. Aber ich wusste nicht, wie sehr wir bereits von der Substanz leben, weil wir für unsere Landwirtschaft die unterirdisch und oft sehr tief liegenden Grundwasservorkommen ausbeuten, die nur langsam zu erneuern sind.[13] Wie unverantwortlich die Vorräte an Wasser ausgeschöpft werden, nicht anders als die Öl- oder Gasvorräte, zeigt sich auch, wenn man sich die beschriebenen aktuellen Beispiele aus Vorderasien und Kalifornien genauer anschaut.

Der Iran leidet schon seit vielen Jahren unter der Wasserkrise. Das Land liegt in einer trockenen Weltregion, aber die Wasserknappheit sei menschengemacht, so hieß es bereits 2017 in einer Studie der Heinrich-Böll-Stiftung.[14] Dahinter stehe die «weitgehend ungesteuerte Ausbeutung der Grundwasservorräte, vor allem durch die Landwirtschaft». Diese verbrauche gut 90 Prozent des Wassers im Land. Auch in Kalifornien werden für den Anbau von Obst, Gemüse und anderen Nahrungsmitteln die tief liegenden Grundwasserspeicher geplündert, die natürlich auch zur Versorgung der Menschen in den großen Städten dienen. In der Folge sinkt der Spiegel stetig, und es muss immer tiefer nach Wasser gebohrt werden. Das geht schon seit Jahrzehnten so. Bis sich diese Speicher wieder auffüllen, dauert es wohl ebenso lange.[15] Auch der für die Wasserversorgung im trockenen Südwesten der USA so wichtige Colorado River speist sich mindestens zur Hälfte aus Grundwasserquellen, die angezapft und leergepumpt werden.[16]

In den warmen Landwirtschaftsregionen Europas ist das ganz ähnlich. Das Mittelmeerklima zeichnet sich durch heiße, trockene Sommer aus, während Niederschläge vor allem im milden Winter fallen. An der sonnigen Südküste Spaniens werden auf großen Flächen unsere Tomaten und Avocados, Erdbeeren und Zitrusfrüchte angebaut, die viel Wasser benötigen.[17] Viele dieser Obst- und Gemüsesorten reifen in Gewächshäusern. Dabei passt dieser großflächige und wasserintensive Anbau nicht in die trockenen klimatischen Verhältnisse. Früher wurde in solchen Gebieten vor allem Trockenfeldbau betrieben mit Nutzpflanzen, die beides gut vertragen – Wärme und Trockenheit. Dazu gehören natürlich Oliven, aber auch Getreide und Wein. (Auf den Kanarischen Inseln werden bis heute traditionelle Weinbaumethoden angewandt: Die Reben wachsen in mehrere Meter tiefen Löchern im vulkanischen

Boden, wo sich nachts Feuchtigkeit sammeln kann.) Heute haben spanische Bauern vielerorts umgesattelt auf die erwähnten wasserintensiven Kulturen. Für die müssen seit Jahren mit Brunnen die Grundwasserspeicher angezapft werden. Die Folgen, hier wie überall: Über kurz oder lang wird dort kein Wasser mehr zu holen sein.[18]

Das Problem ist seit langem bekannt. Obwohl es in vielen wissenschaftlichen Studien analysiert worden ist, bleibt es grundsätzlich ungelöst. Im globalen Wettbewerb zählen die Verkaufszahlen von heute – und nicht die von morgen. Das gilt besonders für den Nahrungsmittelsektor. Dabei betrifft der sinkende Grundwasserspiegel nicht nur landwirtschaftliche Regionen, sondern weltweit auch die wachsenden Megacitys. Ob in Mexiko-Stadt oder dem indonesischen Jakarta: Häuser sinken im Boden ein, stehen schief, haben oft tiefe Risse. Die Ursache: Die unterirdischen Wasserspeicher sind geleert. In beiden Riesenmetropolen – um Mexiko-Stadt herum leben über zwanzig Millionen Menschen, in Jakarta um die dreißig Millionen – muss für die Trinkwasserversorgung Grundwasser aus dem Untergrund der Stadt gepumpt werden. Wo das entnommene Wasser fehlt, sacken die lockeren Böden, mal eine Mischung aus Ton und vulkanischem Gestein wie in Mexiko-Stadt, mal Schwemmland wie in Jakarta, oft um mehrere Dutzend Zentimeter im Jahr und über längere Zeiträume hinweg ein.[19] Nicht anders ist es in den Megacitys Bangkok, Ho-Chi-Minh-Stadt und Teheran.[20] Schmerzhaft betroffen sind dort vor allem die Ärmsten, die oftmals in Slums leben. Sie können sich abgepacktes Trinkwasser meist nicht leisten, häufig gewinnen sie es aus Abwässern. Dieses Wasser ist oft unfassbar verschmutzt und voller Krankheitskeime. Vielerorts versucht man, die Abwässer so zu reinigen, dass sie als Trinkwasser verwendet werden können. Solche Reinigungsanlagen sind bisher sehr kostspielig und verbrauchen viel Energie. Dauerhaft dürften sie für die großen Metropolen in Afrika oder Asien jedoch die einzige Lösung sein.

Und jetzt noch die Klimakatastrophe obendrauf

Diese Entwicklung hat zunächst nichts mit dem Klimawandel zu tun. Die sich derzeit verschärfende Klimakrise kommt – neben den Versorgungsschwierigkeiten, die mit einer weiter wachsenden Bevölkerung einhergehen – noch dazu. Sie verschärft den Wassermangel in den betroffenen Regionen. Erstaunlicherweise zeigen Simulationen der Klimaforschung: Überall auf der Welt, auch in trockenen Zonen, werden die Niederschläge zunehmen.[21] Das ist kein Widerspruch zu dem, was gerade beschrieben wurde. Mit dem weltweiten Anstieg der Temperaturen nimmt auch die jährliche Verdunstung von Feuchtigkeit zu. Viel Wasser, das als Regen niedergegangen ist, verdunstet rasch wieder. In der Konsequenz bedeutet das: In Regenzeiten gibt es mehr Regen, während in Trockenzeiten allein schon wegen der höheren Temperaturen und mehr Verdunstung noch mehr Dürre herrscht – bis plötzliche, zunehmend stärker werdende Sturzregen kommen. Denn die Dürre verstärkt sich selbst. Fällt endlich der ersehnte Regen, ist der völlig ausgetrocknete, verhärtete und abgedichtete Boden nicht in der Lage, das Wasser aufzunehmen. Es kann noch so viel Regen auf einmal kommen, er dringt nicht in den Boden ein. Das Wasser fließt rasch ab. Grundwasser – egal ob in landwirtschaftlich übernutzten Gebieten oder in Megacitys – wird auf diese Weise kaum mehr aufgestockt, selbst wenn mehr Regen auf den Boden fällt. Städte wie Jakarta, die in einer tropischen und feuchten Zone liegen, haben schon heute regelmäßig mit sintflutartigen, im Monsun durch die Klimakrise stärker gewordenen Regenfällen zu kämpfen. In zugepflasterten und zubetonierten Metropolen kann das Wasser nicht rasch genug versickern oder abfließen, was zu starken Überschwemmungen führt.

Eine weitere und für viele Regionen wichtige Wasserquelle wird bald mehr und mehr versiegen. Dieses Phänomen hat in der Tat viel mit dem Klimawandel zu tun. Trockene Gebiete vieler Länder sind auf das Schmelzwasser von Hochgebirgsgletschern angewiesen, etwa aus dem Himalaya.[22] Von der Gefahr, dass diese Klimaelemente endgültig kippen, war bereits die Rede. Die Gletscher sind längst dabei zu schmelzen. Zunächst führt das zu mehr Schmelzwasser, das in die Täler fließt. Wenn die Gletscher aber ganz abgeschmolzen sind, wird das drastische Konsequenzen haben. In den Gletschern sammelt sich in der kalten Jahreszeit Niederschlag in Form von Schnee und Eis. Sie sind ein Wasserspeicher für die warme Jahreszeit. Denn erst das sommerliche Schmelzwasser ermöglicht zuverlässig Landwirtschaft, zum Teil viele Tausend Kilometer von den Bergen entfernt. Allein schon im indischen Raum wird das dauerhafte Abschmelzen der Gletscher einige Hundert Millionen Menschen betreffen, deren Leben von Indus und Ganges bestimmt ist. Die wichtigsten Flüsse Indiens sind in ihrer Existenz gefährdet. Das wird auch zu Grenzkonflikten zwischen benachbarten Staaten führen. Aber vor allem ist die Lebensgrundlage vieler Millionen Menschen bedroht. Niemand weiß heute, woher das Wasser kommen soll, welches das Schmelzwasser der Gletscher ersetzen könnte.

Abschließend lässt sich sagen: Etwa 70 Prozent des verbrauchten Wassers entfallen nach Angaben der Welternährungsorganisation FAO auf die Nahrungsmittelproduktion (vor allem auf die Produktion von Fleisch), 20 Prozent auf industrielle Fertigung und 10 Prozent auf die Kommunen (Trinkwasser, Hygiene und Ähnliches).[23] Wir übernutzen die lebenswichtige Ressource Wasser, weil wir mehr aus den Grundwasserspeichern entnehmen, als dort auf natürlichem Weg wieder bereitgestellt wird. Die Grenzen dieses Systems haben wir schon überschritten, unser Wasserbedarf wird dennoch weiter zunehmen. Es ist absehbar, dass sich die beschriebenen Probleme in der Klimakrise schnell verstärken werden, weil Dürreperioden häufiger werden und weil wir für die Landwirtschaft, wie wir sie praktizieren, immer weiter Grundwasser abzapfen müssen und werden.

Kriege der Zukunft

Immer wieder ist Krieg um Öl geführt worden. Aber das Öl verliert seine Bedeutung. Die erneuerbaren Energien werden es ersetzen. Statt der Kriege ums Öl drohen uns jetzt Kriege ums Wasser. Wassermangel ist eines der zentralen Menschheitsprobleme, ein Problem, das sehr schwer zu lösen ist. «Die größte Krise, über die niemand spricht», so formulierte es Andrew Steer, der frühere Präsident und Geschäftsführer des bereits erwähnten World Resources Institute (WRI).[24] Neben Hunger und finanzieller Instabilität sind regionale und überregionale Konflikte die Folge – und Migration. Eine der Ursachen für den syrischen Bürgerkrieg, der 2011 begann, war Wassermangel.[25] Längere Dürren verstärkten von 2007 bis 2010 die Schwierigkeiten der Landwirtschaft in der trockenen Region. Über anderthalb Millionen Menschen zogen in die Peripherie der Städte, wo schon eine ähnliche Anzahl von Flüchtlingen aus dem Irakkrieg untergekommen war. Zusammengenommen war das etwa ein Fünftel aller Menschen, die in Syrien lebten. Hohe Arbeitslosigkeit und schlechte Versorgung bildeten den Nährboden für wachsende Unzufriedenheit, die in einem Aufstand gegen den Diktator Assad gipfelte und zum Bürgerkrieg führte. Eine Folge des Krieges in Syrien und um die Vorherrschaft im Land war die Flüchtlingskrise 2015.

Der Syrienkrieg könnte einer der ersten Konflikte sein, die im Wesentlichen auf Wassermangel zurückzuführen sind. Direkt vor unserer europäischen Haustür verschärft die Wasserkrise zunehmend die gegenwärtigen Spannungen. Wie sich an diesem Beispiel zeigt: sowohl innerhalb der betroffenen Länder als auch zwischen den Staaten. Die Türkei streitet mit dem Iran und dem Irak um Wasser, weil sie Staudämme zur Energieerzeugung baut. Das technisch gut gerüstete Israel bereitet für sich selbst sauberes Süßwasser auf, während im palästinensischen Gazastreifen extremer Wassermangel herrscht. Nur reiche Länder werden in der Lage sein, einen Teil ihres Wasserbedarfs durch Anlagen zur Entsalzung von Meerwasser zu decken. Neben Israel setzt etwa Saudi-Arabien entsprechende Technologie ein. Dies ist keine Lösung für die ganze Welt, weil der Energiebedarf für die Entsalzung sehr hoch ist, ebenso wie die Kosten. Und solche Anlagen sind nur in Küstennähe einsetzbar. Die Wasserkrise könnte im Nahen Osten Pulverfässer zum Explodieren bringen. Diese Weltregion ist sehr dicht besiedelt, und überall wird das Wasser mehr oder weniger komplett ausgehen. (Im Nahen Osten und in Nordafrika leben 6 Prozent der Weltbevölkerung, während dort gerade mal ein Prozent der Trinkwasservorräte der Erde lagert.[26]) Ähnliche Konflikte schwelen zwischen Äthiopien, Ägypten und dem Sudan, weil Äthiopien bald den größten Staudamm Afrikas vollendet, um mit dem Nilwasser Strom zu erzeugen.[27] Auch zwischen Bangladesch, Indien, Pakistan und China, den Anrainerstaaten des Himalaya, nehmen die Streitigkeiten zu.[28] China verfügt über nur 7 Prozent der Trinkwasservorräte und muss damit etwa 20 Prozent der Weltbevölkerung versorgen.[29] Infolge des stetig zunehmenden Lebensstandards droht Wasser zur eigentlichen Mangelressource zu werden.

Werden die Kriege der Zukunft ums Wasser geführt? Das prophezeite schon 1985 Boutros Boutros-Ghali, der später UN-Generalsekretär wurde. Noch ist es nicht so weit gekommen. Aber der Syrienkrieg scheint zumindest ein Schritt in diese Richtung zu sein. Nicht nur die Wissenschaft hat dieses Problem schon lange analysiert. Auch die Politik hat, wie die Warnung Boutros-Ghalis beweist, das Problem frühzeitig erkannt – aber reagieren wir auch darauf?

Was tun gegen den Wassermangel?

Immer wieder sorgen ausgefallene Vorschläge für Schlagzeilen – wie die zu Beginn des Kapitels erwähnte Idee, abgebrochene Eisberge aus der Antarktis in von Trockenheit geplagte Regionen zu bringen. Vielleicht liegt ihr besonderer Reiz darin, dass sie das von uns angerichtete beginnende Desaster der Klimakatastrophe mit einer Lösung für das Wasserproblem verbinden: Rettung scheint möglich. Für mich liegt das Positive solcher Meldungen allein darin, dass sie auf die Wasserkrise aufmerksam machen. Denn Unternehmungen dieser Art sind schon logistisch kaum zu bewerkstelligen. Ein solches Monstrum von Eisberg müsste ja erst einmal bewegt werden. Da fragt man sich, wie viel Treibhausgas die ziehenden Schiffe wohl in die Atmosphäre blasen würden. Und wie man dann das Wasser des schmelzenden Eisbergs aufs trockene Land bekommt. Würde man irgendwie mit Sägen Eisblöcke aus dem Berg schneiden, um sie wiederum per Schiff an Land zu bringen? Kapstadt jedenfalls hat diesen Vorschlag abgelehnt: zu teuer, noch teurer als die Entsalzung von Meerwasser.[30]

Wahrscheinlich denken viele – und bestimmt auch der halbe Bundestag – an diese scheinbar naheliegende Lösung: Lasst uns doch Trinkwasser aus Meerwasser herstellen, davon gibt es schließlich genug. Aber ganz so einfach ist es nicht. Grundsätzlich kann die Entsalzung nach zwei Prinzipien erfolgen. Das eine Prinzip entspricht der Verdunstung oder auch Destillation von Wasser. Dabei wird Salzwasser erhitzt und der verdunstete Wasserdampf in kühleren Behältern aufgefangen. Dort kondensiert der Dampf wieder zu flüssigem Wasser. Das zweite Prinzip ist das sogenannte Umkehrosmoseverfahren, bei dem das Salzwasser durch eine halbdurchlässige Membran gepresst wird, die wie ein Filter arbeitet. Vereinfacht gesagt lässt der Filter nur das Wasser durch, das Salz und viele Verunreinigungen bleiben zurück. Beide Verfahren klingen nicht kompliziert, sie sind jedoch, wie schon erwähnt, sehr aufwendig, energieintensiv und daher zum gegenwärtigen Zeitpunkt für arme Länder zu teuer. Zwar ließe sich gerade in diesen trockenen Ländern dank der großen Sonneneinstrahlung theoretisch viel erneuerbare Energie herstellen, die zur Entsalzung genutzt werden könnte. Dem stehen zum einen die hohen Kosten im Weg, zum anderen haben nicht alle trockenen Länder ausreichenden Zugang zum Meer. Weltweit stellen Entsalzungsanlagen bislang nur rund ein Prozent des insgesamt verbrauchten Süßwassers her.[31] Ob die Entsalzung in absehbarer Zeit für ärmere Länder bezahlbar sein wird, ist eine vollkommen offene Frage. Dazu kommt: Es ist schwer vorstellbar, wie solche technisch komplexen Anlagen in Ländern voller Bürgerkriegswirren wie Syrien oder Irak errichtet werden könnten.

In Städten wird sich das Problem teilweise lösen lassen, indem

Wasser immer wieder gereinigt und Abwasser zu Trinkwasser umgewandelt wird. Das reicht aber nicht aus, um den Problemen auf dem Land beizukommen. Letztlich steht hinter dem dortigen Wassermangel unsere Form von Landwirtschaft, die wir dringend ändern müssen. Vom Verzicht auf intensive Fleischwirtschaft mit besonders hohem Wasserverbrauch war schon die Rede. Wir müssen das vorhandene Wasser sinnvoller einsetzen – und in wasserarmen Gebieten nur noch Nahrungsmittel anbauen, die gut mit Trockenheit umgehen können. Vielerorts wird schon moderne Technik angewandt, um knappes Wasser geschickter zu verteilen – etwa durch Tröpfchenbewässerung.[32] Computergesteuert wird Wasser in Schläuchen direkt zu den Pflanzen geleitet; dort kommt es aus kleinen Löchern im Schlauch, um die Pflanze genau so zu bewässern, wie sie es gerade braucht. Aber auch das sind aufwendige Methoden, die man in den betroffenen Regionen, zum Beispiel in Vorderasien, nicht so schnell etablieren könnte – allein schon wegen der erwähnten politischen Auseinandersetzungen und Kämpfe innerhalb dieser Länder. Allgemein stellt sich immer wieder die politische Frage: Wie setzt man in der Landwirtschaft wasserschonendere Methoden durch?

In Südostaustralien hat man versucht, die Landwirtschaft zu einer wassersparenden Tierhaltung und Getreideproduktion zu bewegen, indem eine Art Börse für Wasserrechte geschaffen wurde.[33] Dabei wurde den Landwirten eine anteilig faire Menge Wasser zugewiesen. Ein Teil des Wassers wurde an der Börse gehandelt. Die Landwirte, die mehr Wasser brauchten, konnten dieses Wasser an der Börse kaufen. Diejenigen, die weniger benötigten, als ihnen zugewiesen wurde, konnten Wasser an der Börse verkaufen. Das System wurde eingestellt, weil es nach kurzer Zeit zu Spekulationen um Wasser kam, während die Landwirte um ihre Existenz kämpften. Rein marktwirtschaftliche Systeme zur

Verwaltung des Wassermangels scheinen keine gute Idee zu sein. Ein ähnlicher Fehlschlag war die Privatisierung der Wasserwerke in London. Die Rohre für Wasser wurden nicht mehr gewartet, und noch jetzt, Jahre später, verlieren die maroden Wasserleitungen von London bis zu 40 Prozent des wertvollen Trinkwassers.[34] Wasser fair zu verteilen ist schon in Europa und den USA schwer genug. Wie soll es erst in den Krisenstaaten funktionieren?

Auf Dauer wird es vor allem darum gehen, die Grundwasservorräte wiederaufzufüllen. Aufgrund der beschriebenen Situation – mehr Dürren, mehr Starkregen, die schnell abfließen – wird das Jahrzehnte, wenn nicht Jahrhunderte in Anspruch nehmen. Immerhin gibt es Versuche, nach Extremregen Landflächen zu fluten, damit das Wasser in den Boden eindringen und die Speicher wiederauffüllen kann.[35] Auch in den Megacitys müssen die Böden durchlässiger gemacht werden. Würde man die oft maroden Leitungssysteme der Großstädte ausbessern, ließe sich viel Wasser einsparen. Das alles braucht Zeit, und ich bezweifle, dass das in den entscheidenden kommenden Jahren ausreicht, um eine grundsätzliche Veränderung herbeizuführen. Gerade auch, weil der Zugang zu Wasser ganz schnell zu einer existenziellen Angelegenheit wird.

Natürlich müssen auch wir in Deutschland unseren Wasserkonsum einschränken. Auch bei uns wird das Grundwasser nicht mehr aufgefüllt wie in früheren Jahren und Jahrzehnten. 70 Prozent unserer Wasserversorgung für Äcker, Industrie und Haushalte stammen aus dem Grundwasser.[36] Nach den Dürrejahren 2018 und 2019 ist der Grundwasserspiegel mancherorts deutlich gefallen; die besonders betroffenen trockenen Regionen liegen vor allem im Norden und im Osten Deutschlands.[37] Die Autoren Nick Reimer und Toralf Staud prophezeien in ihrem Buch «Deutschland 2050» Konflikte um die Wasserverteilung auch bei uns.[38]

Im Vergleich zu den zuvor erwähnten Ländern sind wir in Deutschland zwar mit Wasser gesegnet, aber auch wir verbrauchen zu viel «virtuelles Wasser», das heißt Wasser, das bei der Produktion am Herkunftsort, oft außerhalb Deutschlands, benötigt wird. Als es um die Fleischproduktion ging, habe ich schon von diesem «Wasserfußabdruck» gesprochen. Ein Beispiel: Bevor wir eine Tasse frisch gebrühten Kaffee genießen, werden für Produktion und Transport hundertvierzig Liter Wasser verwendet. Erik Gawel vom Leipziger Helmholtz-Zentrum für Umweltforschung UFZ weist darauf hin, dass das allein noch nichts über den Wasserhaushalt der Region aussagt, aus der der Kaffee stammt.[39] Er könnte in einem Regenwaldgebiet gewachsen sein, wo der natürliche Wasserkreislauf funktioniert – oder aber auf einer intensiv bewässerten Kaffeeplantage. Sinnvoll für den Verbraucher, der mit seinem Konsum keinen Schaden anrichten will, sei daher ein entsprechendes Nachhaltigkeitszertifikat. Für meinen Gedankengang aber ist bedeutsam, was Gawel betont: «Wasserprobleme lassen sich nicht im Supermarkt lösen, sondern nur vor Ort.»

Mit Entwicklungshilfe können wir viel erreichen, etwa eine marode Wirtschaft fördern. Wassermangel dagegen ist nur schwer beizukommen. Ein prinzipieller Unterschied etwa zu Hungersnöten besteht darin, dass wir Wasser nicht in großen Mengen dahin bringen können, wo es dringend gebraucht wird, schon gar nicht in die Trocken- und Dürreregionen der Welt. Wir haben auch keine Möglichkeiten, in Wassernotstandsgebieten innerhalb kürzester Zeit trinkbares Wasser herzustellen. Wir wissen, dass sich die Wasserknappheit dort in den nächsten Jahren noch verschärfen wird. Was also sollen wir den Menschen anbieten? Wir haben schlichtweg nichts, um das Problem in angemessener Zeit zu lösen. Keine Güter mehr aus Ländern zu kaufen, in denen das

Wasser knapp ist, würde vielen der Menschen dort die Lebensgrundlage rauben. Es gibt keine Möglichkeit, den Wassermangel
in den nächsten Jahrzehnten ohne große Opfer zu bekämpfen.
Wenn der Wassermangel aber nicht bekämpft werden kann, müssen wir mit verstärkter Migration rechnen.

Die Flucht vor der Dürre

Es ist generell schwer, die Menge der Menschen zu beziffern, die
vor Klimawandel und Umweltzerstörung flüchten und daher oft
«Klimaflüchtlinge» genannt werden. Wie der Fall Syrien zeigt, hat
eine solche Flucht oft noch andere, politische Ursachen. Weil die
Klimakrise die Wasserkrise verschärft, übernehme ich den Ausdruck hier, auch wenn der Wassermangel durch ausbeuterische
Landwirtschaft oft der eigentliche Auslöser ist. Je nach Quelle
werden in den nächsten Jahrzehnten zwischen hundert und zwei-
hundertfünfzig Millionen Klimaflüchtlinge erwartet.[40]

Die meisten davon, so die Prognosen, werden wie bisher Bin-
nenflüchtlinge sein, die innerhalb eines Landes in andere Regionen wandern – oder in benachbarten Staaten etwa innerhalb
Vorderasiens oder Afrikas einen neuen Ort zum Leben suchen.
Aber wird das so bleiben? Es hat für Betroffene keinen Sinn, in
benachbarte Regionen auszuwandern, wenn die Probleme, vor
denen sie fliehen, auch dort vorherrschen. Denken wir an Afrika
oder Vorderasien, bleibt somit nur der Weg nach Norden, nach
Europa. Denn Europa ist wahrscheinlich der Kontinent, der aufgrund seiner geographischen Lage noch am besten gegen die
besonders harten Konsequenzen des Klimawandels gewappnet ist.
Unlängst hat ein Team des britischen «Guardian» auf der Grund-

lage des sechsten Weltklimarat-Berichts eine ausgezeichnete Projektion erstellt, die zukünftige Dürren, Hitzetage, Starkniederschläge und andere klimabedingte Veränderungen weltweit und in Abhängigkeit von der jeweiligen Erderwärmung zeigt.[41] Deutlich wird hier auch, was bereits andere Studien klar belegt haben: Deutschland befindet sich in fast jeder Hinsicht in einer ausgesprochen günstigen Ausgangsposition. Selbst innerhalb von Europa ist vermutlich kein Land so gut gegen die katastrophalen Folgen des Klimawandels geschützt wie Deutschland. Vergleichbar wären allenfalls die skandinavischen Länder und auf dem amerikanischen Kontinent Kanada.

Für jede Art von Klimamigration nach Europa wird Deutschland daher ein besonders begehrtes Zielland sein. Kann man Klimaflüchtlinge einfach abweisen? Gerade bei Klimaflüchtlingen kommen wir, wie schon oben beschrieben, in eine schwierige humanitäre Situation: weil wir den Menschen in ihrer Heimat nicht direkt helfen können, nicht einmal mit dem nötigen Wasser. Wenn wir den Klimawandel nicht stoppen, werden sich Menschen auf den Weg nach Europa und auch nach Deutschland machen, die in ihren Heimatländern schlicht und ergreifend nicht mehr überleben können. Es handelt sich dann nicht mehr um eine vorübergehende Notlage wie im Fall eines Bürgerkriegs, sondern um eine Frage der blanken Existenz. Vor dieser Situation werden wir stehen. Europa wird mit Flüchtlingen konfrontiert sein, deren Überleben in ihren Heimatländern nicht gesichert ist. Darüber muss sich jeder im Klaren sein.

Können wir das Ganze noch abwenden? Auch wenn es gelingt, den Anstieg der Klimagase rechtzeitig zu stoppen, wie es das Pariser Abkommen vorsieht, gilt leider: Die Grundwasservorräte werden sich dadurch nicht erneuern, sondern weiter geleert werden. Dürren werden zunehmen. Daher ist davon auszugehen, dass Europa in den kommenden Jahrzehnten eine große Einwanderungswelle bevorsteht. Und Menschen zurückzuweisen in Länder, in denen sie zu verdursten drohen, ist mit der Wahrung der Menschenrechte nicht zu vereinbaren.

Südeuropa brennt

Die kommende Hitze, die wir erwarten müssen, in Nordafrika, im Nahen und Mittleren Osten, aber auch in Teilen Chinas und in den Vereinigten Staaten, war im Sommer 2021 auch schon im Süden Europas zu spüren, wo es rund um das Mittelmeer an allen Ecken und Enden brannte. Wie wird sich die Situation im Süden Europas entwickeln? Die Simulationen für Dürren und Hitzetage sind auch hier sehr besorgniserregend und entsprechen ungefähr dem, was für den Südosten der Vereinigten Staaten zu erwarten ist. Die Richtung, in die es geht, ist bereits klar zu erkennen. «Tausende Menschen fliehen vor verheerenden Waldbränden», meldete «Spiegel Online» am 17. August 2021.[42] Zu diesem Zeitpunkt waren die Feuer im Süden Portugals, Frankreichs, Italiens und Griechenlands weitgehend außer Kontrolle. Auch in der Türkei und in Algerien brannte es wie selten zuvor. Wir werden recht bald Umweltmigration aus dem Süden Europas erleben – aus verschiedenen Gründen. Jedenfalls gehe ich davon aus, dass diese Region stark an Attraktivität verlieren wird.

Die Brände verursachen nicht nur enorme Schäden in der Landschaft, in den Ortschaften und der Infrastruktur. Sie führen auch zu erheblicher Belastung durch Feinstaub. Bisher ist das Risiko, das von Feinstaub ausgeht, in der allgemeinen Bevölkerung viel zu wenig bekannt. Die im Feinstaub enthaltenen Nanopartikel führen zu Gefäßschäden, die sich in Schlaganfällen und Herzinfarkten oder in Nierenversagen äußern können. Bedeutsamer noch ist das mit Feinstaub einhergehende Demenzrisiko, das mittlerweile sowohl für die Alzheimerdemenz als auch für die gefäßbedingte Demenz belegt ist.[43] In den kommenden Jahren werden mehr und mehr Menschen verstehen, wie gefährlich Feinstaub ist.[44] Niemand, der all das weiß und bei Trost ist, wird noch in einer Gegend leben wollen, in der es jedes Jahr vier Wochen Brandsaison gibt. Sobald die Ersten von dort wegziehen, werden viele folgen. Und auch die Touristen werden bald ausbleiben: Wer will mit diesem Wissen und bei regelmäßigen vierzig Grad Hitze hier noch Urlaub machen?

In der Folge werden solche Regionen rasch verarmen. Das wird auch ökonomisch eine Zäsur für Europa bedeuten, denn die betroffenen Länder sind stark vom Tourismus abhängig – und von der Landwirtschaft. Schon jetzt müsste es eigentlich heißen: In bestimmten Gebieten dürfen Pflanzen, die viel Wasser brauchen, gar nicht mehr angebaut werden, wie zum Beispiel in Spanien, wo sowieso Grundwassermangel herrscht. Avocados oder Mandeln lassen sich für einen hohen Preis verkaufen, aber beide brauchen ausgesprochen viel Wasser. Ich bin mir sicher, dass es mit solchen Luxusprodukten in ein paar Jahren vorbei ist. In Spanien etwa werden viel weniger solcher Lebensmittel angebaut werden können. Das gilt auch für die anderen Mittelmeerländer.

Zumindest eine positive Entwicklung, die in den kommenden Jahren und Jahrzehnten nicht unterschätzt werden darf, sehe ich für diese Länder. Wie kein anderer Fleck Europas sind sie nahezu optimal dafür geeignet, Solarenergie zu produzieren. Schon oft habe ich mich gefragt, warum man diese Regionen mit starker Sonneneinstrahlung nicht längst viel mehr zur Erzeugung erneuerbarer Energien nutzt. Um Almería, im südspanischen Andalusien, stehen nicht nur Gewächshäuser, es gibt dort seit Jahren auch eine Reihe von Pilotprojekten zur Nutzung von Sonnenenergie. Die spanische Regierung will die sonnige Küste für Solarparks nutzen.[45] So hätten Länder wie Spanien auf jeden Fall eine Perspektive bei der Stromerzeugung, die die Landwirtschaft ökonomisch ersetzen könnte. Auch weil es viel einfacher ist, Strom durch Europa zu schicken, als unter Umständen Wasserstoff aus Nordafrika zu uns zu transportieren.

Zurück nach Afrika und in den Nahen Osten. Dass es wegen des Wassermangels zu Migrantenströmen nach Europa kommt, lässt sich kaum mehr verhindern. Wer hat da was versäumt? Hätte die Wissenschaft mehr drängen müssen, damit die Politik reagiert? Mir ist bewusst, dass der Ausblick, den ich hier beschreibe, noch pessimistischer erscheint als vieles in den vorherigen Kapiteln. Vielleicht weil die Folgen des Wassermangels schon jetzt greifbarer und besser vorstellbar sind als das Kippen des Regenwalds oder das Tauen des Permafrosts. Die ersten großen Migrationsbewegungen werden durch Dürren und den damit einhergehenden Hunger entstehen. Dieser Hunger trifft auf junge Gesellschaften, die eine recht genaue Vorstellung davon haben, wie man anderswo lebt. Die erste große Revolution der Kommunikation war für ärmere Länder das Handy. Eine viel größere Bedeutung wird die zweite Revolution haben: Immer größere Teil der jungen Menschen dort verfügen über ein Smartphone oder ein Tablet. Damit ist erfahrbar und erlebbar, wie es anderen Menschen auf der Welt geht – und dass es ihnen vielfach besser geht als einem selbst. Mir fehlt die Phantasie, um mir vorzustellen, wie das Armuts-, Hunger- und Durstproblem so umfassend und so schnell gelöst werden könnte, dass Millionen junge Leute ihr Land nicht verlassen wollen.

6. KAPITEL

Und das war erst der Anfang – kommende Pandemien

Nicht nur die Zahl der Naturkatastrophen wie Hitzewellen, Dürren und verheerende Feuer, dauerhafte Sturzregen und große Überschwemmungen wird stetig zunehmen, sondern auch die der Pandemien. Was kommt da noch auf unsere Kinder zu? Bevor ich den Blick in die Zukunft richte, möchte ich auf die Folgen der gegenwärtigen Covid-19-Pandemie schauen, die noch nicht vorbei ist, obwohl es für viele manchmal den Anschein hat, als wäre bald wieder alles «normal». Vielleicht, weil wir alle die globalen Auswirkungen der Pandemie nicht genau vor Augen haben.

Bislang starben weltweit über fünf Millionen Menschen an der Infektion mit SARS-CoV-2, von dem wir meist als Coronavirus sprechen, in Deutschland fast hunderttausend.[1] Während ich das schreibe, nimmt die vierte Welle mit Gewalt zu. Die Inzidenz liegt bei den Ungeimpften so hoch, dass die Gesamtinzidenz höher ist als im Laufe der gesamten Pandemie in Deutschland. Wissenschaftliche Warnungen wurden überhört, als die Welle ihren Lauf nahm. Fehler, die vor einem Jahr gemacht wurden, sind zum Teil wiederholt worden. Es sterben im Moment etwa zweihundert Menschen am Tag. Ich versuche die Gesetzgebung so zu beeinflussen, dass wir umfangreiche Beschränkungen für Ungeimpfte auf den Weg bringen können. Mir tun die Menschen leid, die jetzt auf den Intensivstationen liegen. Ich habe in den letzten eineinhalb Jahren viele beatmete Covid-Patienten gesehen. Auch wenn die meisten von ihnen in diesen Stunden Ungeimpfte sind, berührt mich als Arzt und Mensch ihr Schicksal und das ihrer Familien sehr. Viele haben einfach zu lange mit der Impfung gezögert. Für Maßnahmen gegen ihre Freiheitsrechte bin ich auch deshalb, weil sie ihrem eigenen Schutz dienen. Und weil wir sonst diese Welle nicht beherrschen können. Wir hätten deutlich früher reagieren müssen. Im Mittelpunkt des Handelns steht jetzt die erneut drohende Überlastung der Intensivmedizin. Aber auch leichtere Fälle sind gefährlich. Und die gesundheitlichen Folgeschäden für die vielen Infizierten, die an Long-Covid erkrankt sind, lassen sich nicht absehen. Long-Covid ist oft eine schwere Erkrankung, und sie tritt auch bei vielen Geimpften auf.

Ähnlich verheerend wie in medizinischer Hinsicht sieht es bei den wirtschaftlichen Konsequenzen aus: Nach Schätzungen werden die Gesamtkosten der Pandemie für den deutschen Staat bis zu fünfhundert Milliarden Euro betragen.[2] Das ist in etwa so viel wie der gesamte Bundeshaushalt im Jahr 2020, als wegen Corona rund hundertfünfzig Milliarden Euro mehr als im Jahr zuvor ausgegeben wurden. Die Leistung unserer Volkswirtschaft ist infolge der Krise samt Lockdown um 4,6 Prozent zurückgegangen: Das Bruttoinlandsprodukt (BIP) 2020 betrug im Vergleich zu 2019 rund hundert Milliarden Euro weniger.[3]

Weltweit waren die wirtschaftlichen Schäden immens. Insgesamt betragen sie schätzungsweise mehr als elf Billionen US-Dollar (umgerechnet etwa 9,3 Billionen Euro), wie dem Bericht «A World in Disorder» (Eine Welt in Unordnung) des Global Preparedness Monitoring Board zu entnehmen ist.[4] Dieses Gremium wurde von der Weltgesundheitsorganisation WHO und der Weltbank als Reaktion auf die afrikanische Ebola-Seuche gegründet, um künftig besser für Pandemien gerüstet zu sein.[5] Ein Jahr vor Ausbruch der Corona-Seuche warnte das Gremium vor der «sehr realen Wahrscheinlichkeit der Ausbreitung einer tödlichen Pandemie auf der ganzen Welt» und forderte dringende Maßnahmen zur Vorbereitung. Bisher sei die Vorsorge für eine solche Pandemie komplett versäumt worden, dabei hätte sie die Welt gerade einmal fünf US-Dollar pro Person und Jahr gekostet. Anders ausgedrückt, so heißt es im Bericht, hätten wir mit den Kosten, die die Pandemie letztlich verursacht hat, fünfhundert Jahre Vorsorge finanzieren können. «Nie zuvor war die Welt Zeuge einer Pandemie mit derart weitreichenden und zerstörerischen sozialen und wirtschaftlichen Auswirkungen.»

Ob diese globalen Folgen jedem von uns bewusst sind, wage ich zu bezweifeln. Das Wort «Pandemie» immerhin wird nun nicht mehr nur von Experten benutzt, sondern gehört mittlerweile zum Alltagswortschatz – weltweit. Neue und gefährliche Krankheitserreger tauchen viel häufiger auf, als die meisten denken, und es werden noch mehr kommen. Viele der folgenden Erreger waren vor einem halben Jahrhundert noch völlig unbekannt oder zumindest seltener:[6] HIV und Ebola, das West-Nil-Virus, die Vogelgrippe, weitere Coronaviren wie SARS-CoV-1 und MERS-CoV, das Dengue-, das Hanta- und das Zikavirus, das bei infizierten schwangeren Frauen zu schweren Fehlbildungen des Gehirns ihrer ungeborenen Kinder führen kann, die dann mit relativ kleinem, mikrozephalem Kopf zur Welt kommen. Einige dieser neuen Erreger haben zu zeitlich und räumlich begrenzten Ausbrüchen der entsprechenden Infektionskrankheiten geführt. Ebola und Denguefieber sind Beispiele für solche Epidemien. Pandemien hingegen sind Seuchen, die sich weltweit über viele Länder und Kontinente verbreiten, wie etwa die Spanische Grippe, an der nach dem Ersten Weltkrieg bis zu fünfzig Millionen Menschen starben, oder die durch HIV ausgelöste Immunschwäche AIDS, die bislang fast vierzig Millionen Menschen das Leben gekostet hat. Diese Aufzählung allein zeigt schon, dass die Coronapandemie keine Ausnahme war – im Gegenteil.

Die Generalprobe: Pandemieübung mit Modi-SARS

Was die Gefahr einer kommenden Pandemie betrifft, waren wir in der deutschen Politik eigentlich gut beraten. Und wir hätten entsprechend gut vorbereitet sein können. Epidemiologen, Virologen und auch Naturschützer hatten schon lange davor gewarnt, dass ein Virus mit neuartigen Eigenschaften auftauchen und zu einer gefährlichen Pandemie führen könnte. Seit 2002 konnten wir ganz konkret mit der Möglichkeit rechnen, dass ein Virus, das die Atemwege befällt, sich weltweit verbreiten würde. In diesem Jahr identifizierte Christian Drosten, damals noch am Hamburger Bernhard-Nocht-Institut für Tropenmedizin, zusammen mit Kollegen SARS-CoV-1 als Erreger jener neuartigen Lungenkrankheit SARS (von «Severe Acute Respiratory Syndrome», auf Deutsch: schweres akutes Atemwegssyndrom), die von China aus um die Welt ging.[7] Dieses erste SARS konnte schnell genug eingedämmt werden, nicht zuletzt, weil sich das Virus nur in den unteren Atemwegen, also tiefer in der Lunge, vermehrte. Die Übertragung von Mensch zu Mensch fand erst statt, wenn eine infizierte Person schon Symptome zeigte. Indem Erkrankte dann zügig isoliert wurden, gelang es, die weitere Ausbreitung des Erregers zu verhindern. Das erste SARS-Virus hätte also ein Modell dafür liefern können, wie man sich auf eine entsprechende Pandemie vorbereitet.

Mittlerweile gibt es viele Viren, von denen wir wissen, dass sie uns potenziell befallen können, indem sie von Tieren auf den Menschen überspringen. Das Robert-Koch-Institut (RKI) hat deshalb gemeinsam mit anderen Bundesbehörden 2012 einen Bericht zur Risikoanalyse erarbeitet, der dem Gesundheitsausschuss des Bundestages Anfang 2013 vorgelegt und als Drucksache des Bundestages veröffentlicht wurde.[8] Im Nachhinein liest sich dieser uns Bundestagsabgeordneten vorgelegte Bericht wie ein Drehbuch für das, was wir seit Anfang 2020 erlebt haben. Folgendes Szenario wird darin entwickelt: Ein neues Coronavirus, das dem ersten SARS-Virus gleicht, verbreitet sich ausgehend von einem Wildtiermarkt in China in der Welt. Dieses hypothetische Virus wird Modi-SARS genannt und soll ebenfalls, so die Versuchsanordnung im Modell, die Lunge befallen. Erkrankte Personen leiden an trockenem Husten, Fieber, Schüttelfrost und Atemnot. Etwa 10 Prozent der Erkrankten sterben an dem Virus. Kinder haben deutlich schwächere Krankheitsverläufe, während die Hälfte der Fünfundsechzigjährigen eine Erkrankung nicht überlebt. Der hypothetische Erreger wird Wochen nach den ersten Fällen in Asien von Reisenden nach Deutschland eingeschleppt. Vor allem zwei Personen, die nach ihrer Ankunft Kontakt zu vielen weiteren hatten, verbreiten das Virus rasch – sie sind also «Superspreader», ein weiterer Begriff, der heute fast Allgemeingut ist. Im Szenario folgen Schulschließungen, die Absage von Großveranstaltungen, Quarantäne. Bei einer ersten Welle erkranken in Deutschland ungefähr sechs Millionen Menschen. In der Folge bricht das Gesundheitssystem zusammen. Zwei weitere Wellen folgen. Nach drei Jahren dieser zum Glück nur ausgedachten Pandemie sind hierzulande 7,5 Millionen Menschen gestorben. Das Szenario spielt auch mögliche Maßnahmen gegen die Verbreitung der Epidemie durch, etwa Quarantäne oder Maskengebrauch. Im

Modell können sie die Auswirkungen der Seuche nicht stoppen, aber immerhin abmildern.

Dieses Planspiel, wissenschaftlich gut ausgearbeitet, lag uns also vor. Heute wissen wir alle, dass wir nicht die eigentlich zwingenden Schlussfolgerungen daraus gezogen haben. Am Beispiel des Influenzavirus und um gravierenden Grippeausbrüchen vorzubeugen, hat das RKI im Jahr 2017 noch dazu den sogenannten Nationalen Pandemieplan veröffentlicht, in dem eine ausreichende Bevorratung mit Schutzmasken und Beatmungsgeräten gefordert wurde.[9] Bekanntlich fehlten diese Vorräte zu Beginn der Coronapandemie. Prinzipiell hätten allen Abgeordneten im Bundestag die Gefahren einer solchen Pandemie bewusst sein können und sollen. Warum also hinkte die Politik in diesem Fall der Wissenschaft hinterher?

Ich selbst war 2013 als Mitglied im Gesundheitsausschuss dabei, als es um die Risikoanalyse anhand des Modi-SARS-Szenarios ging. Wir haben den Bericht zur Kenntnis genommen, also quasi zu den Akten gelegt – und das war es dann auch schon gewesen. Später hat er überhaupt keine Rolle mehr gespielt. Warum ist die Analyse nicht zu uns durchgedrungen? Viele werden das Szenario als nicht allzu wahrscheinlich erachtet haben. Auch ich habe mich nicht weiter darum gekümmert. Ich war mit anderen, aktuelleren Fragestellungen und Problemen beschäftigt. Und ich dachte: Das geht jetzt seinen üblichen Weg zu den zuständigen Stellen. Die werden ihre Schlüsse ziehen, das nötige Material beschaffen, entsprechende Katastrophenübungen durchführen. Das war eine Fehleinschätzung. Auch diese Stellen sind offenbar davon ausgegangen, dass dieses Szenario unwahrscheinlich ist.

Aber auch das Planspiel des RKI, das bereits so viele verschiedene Faktoren berücksichtigte, konnte manches, was uns ab 2020 ereilt hat, nicht vorhersehen: etwa dass ein anderes SARS-Virus auch über die oberen Atemwege weitergegeben werden könnte. Auf diesen Gedanken war auch ich damals nicht gekommen. Ich hielt es beinahe für unmöglich. Eine solche Situation wäre der perfekte Albtraum gewesen – und sie trat tatsächlich ein.[10]

Der Ernstfall: Corona

Nie vergessen werde ich einen Moment im Februar 2020. Ich war an der Harvard School of Public Health, um dort Vorlesungen zu halten, und hatte mich mit einem Kollegen, Marc Lipsitch, zum Essen getroffen. Lipsitch ist einer der großen Infektionsepidemiologen, ein Corona-Spezialist mit internationalem Renommee. Beim Essen diskutierten wir, was wir über SARS-CoV-2 wussten – und am Ende des Gesprächs wurde mir schlagartig klar, wie sehr das neue Virus uns begleiten und unsere Welt verändern würde. Schließlich wussten wir, dass sich das Virus respiratorisch, also über die Atmung, verbreitet. Ob über Aerosole oder durch Tröpfcheninfektion, war noch unklar. Damit war eine schnelle Verbreitung viel wahrscheinlicher als beispielsweise bei HIV, mit dem man sich nur durch den Austausch von Blut, Sperma und anderen infektiösen Körperflüssigkeiten infizieren kann. Außerdem gab es keine bereits bestehende Immunität im Körper gegen solche Viren. Das heißt, es waren sehr schwere Verläufe zu erwarten. Wir rechneten aus, wie viele Menschen im Worst-Case-Szenario erkranken, wie viele sterben würden. Mir wurde klar, dass Milliarden Menschen betroffen sein könnten. Diese plötzliche Erkenntnis war wie ein Schock für mich.

Seither lese ich so viele Studien zum Coronavirus wie möglich. Dabei verbinden sich zwei Interessen, die mein Leben bestimmt haben: Politik und Epidemiologie. Zwei Disziplinen, die vieles gemeinsam haben. In der Epidemiologie, wörtlich «die Lehre von dem, was über das Volk kommt», werden die Ursachen und Abläufe von Krankheiten erforscht. Um zu verstehen, wie sich Infektionskrankheiten und Seuchen ausbreiten, müssen die Voraussetzungen zur Entstehung der jeweiligen Erkrankung bei dem Einzelnen und in der gesamten Gesellschaft untersucht werden. In der Politik geht es in diesem Fall darum, möglichst günstige Voraussetzungen zu schaffen, um eine solche Epidemie zu verhindern. Das Coronavirus ist epidemiologisch interessant, weil es fast jedes Organ betreffen kann, nicht nur die Atemwege, weil es akute und chronische Verläufe kennt und das Gehirn so befällt, dass verschiedene kognitive und psychische Folgen auftreten.

In den Monaten der Pandemie konnte ich mich immer weiter in das Thema vertiefen. Mittlerweile gibt es kaum eine andere Krankheit, die so intensiv erforscht wurde, bis hinein in komplexe immunologische Zellfunktionen. Und das in fast jedem Organ in jedem Stadium der Erkrankung. Oft wird der Erkenntnisgewinn auf die Entwicklung von mRNA-Impfstoffen reduziert. Dabei wird übersehen, welche enorm wichtigen Erkenntnisse gewonnen werden konnten – in der Immunologie, der Virologie, der Epidemiologie und der Modellierung, also der Entwicklung mathematischer Modelle zur Ausbreitung von Infektionskrankheiten, um nur ein paar Bereiche zu nennen. Viele dieser Erkenntnisse werden nicht nur für andere Infektionskrankheiten von Bedeutung sein, sondern auch für die Behandlung von Krebserkrankungen sowie für die Vorbeugung und Behandlung von Immunkrankheiten jeder Art. Da Viren ein Risiko für neurodegenerative Erkrankungen sind, hat man auch hier langfristig mit wesentlichen Fortschritten zu rechnen. Die Bedeutung von Viren für die Entstehung von Demenzerkrankungen zum Beispiel wird unterschätzt. Gerade die Untersuchung des Corona-virus hat in diesem Zusammenhang faszinierende Ergebnisse gebracht.

Bei der Analyse der im Stundentakt erscheinenden neuen Studien hatte ich das Privileg, mit vielen internationalen Spezialisten zusammenzuarbeiten. Besonders in Deutschland hatten wir ein sehr starkes Team am Start. Über das Virus selbst habe ich von niemandem mehr gelernt als von Christian Drosten, der auch international als einer der besten Experten für Coronaviren gilt. Er ist zudem ein exzellenter Epidemiologe. Es ist erstaunlich, wie oft wir bei unseren Gesprächen zu ähnlichen Ergebnissen kamen, aus völlig anderer Vorbereitung heraus. Ich bin kein Virologe, habe mich in das Thema nur eingearbeitet. Christian Drosten aber kann die epidemiologische und die virologische Sicht zusammendenken. Dass Deutschland, gemessen an der Sterblichkeit, besser durch die ersten drei Wellen der Pandemie gekommen ist als fast alle anderen in der Altersstruktur vergleichbaren Länder, geht meines Erachtens auch auf Leute wie ihn zurück. Dazu kamen weitere Wissenschaftlerinnen und Wissenschaftler, die Angela Merkel und die Bund-Länder-Konferenz beraten haben. Fast immer dabei waren die Virologin Melanie Brinkmann von der Technischen Universität Braunschweig, der Physiker und Immunologe Michael Meyer Hermann vom Helmholtz-Zentrum für Infektionsforschung, ebenfalls in Braunschweig, der Physiker und Epidemiologe Dirk Brockmann von der Berliner Humboldt-Universität und am RKI, die Psychologin und Gesundheitsökonomin Cornelia Betsch von der Universität Erfurt, seit Herbst 2021 auch am Hamburger Bernhard-Nocht-Institut für Tropenmedizin, und der Informatiker und Corona-Modellierer Kai Nagel von der Technischen Universität Berlin. Die Wissenschaftlerinnen und Wissenschaftler des RKI und in der Ständigen Impfkommission

(STIKO) haben ebenso großartige Arbeit geleistet, auch wenn ich nicht immer jede ihrer Positionen geteilt habe.

Zu Beginn der vierten Welle hat man unterschätzt, dass eine Variante wie Delta, die sechsmal so ansteckend ist wie die ursprüngliche Variante, sich auch bei einer Impfquote von etwas unter 70 Prozent rasend schnell unter den Ungeimpften ausbreitet, wenn Schutzmaßnahmen in den Innenräumen wegfallen. Dazu wurde unterschätzt, wie schnell die Impfstoffe ihre Wirkung gegen eine symptomatische Ansteckung verlieren. Gegen das erste Problem hätte frühzeitig 2G – mit konsequenter Kontrolle – in den öffentlichen Einrichtungen geholfen. Gegen das zweite Problem eine frühe und konsequente Booster-Impfstrategie.

Trotz allem hat die Menschheit bei SARS-CoV-2 vielleicht sogar noch Glück im Unglück gehabt. Immerhin stellte sich das neuartige Coronavirus als nicht so tödlich heraus wie das Modi-SARS-Virus des RKI-Planspiels. Allerdings war es, wie zu erwarten, deutlich infektiöser als SARS-CoV-1, weil es sich auch im Rachenraum vermehrt und dadurch leichter ausgeatmet werden kann. So sind auch Infizierte infektiös, die keine Krankheitssymptome zeigen. Aber es soll hier nicht um das Virus und die Covid-19-Erkrankung an sich gehen, sondern um das Zusammenspiel von Wissenschaft und Politik in einer gefährlichen aktuellen Krise, das man als exemplarisch betrachten kann – ausgehend davon, dass selbst präzise und konkrete Warnungen aus der Wissenschaft wie das Planspiel des RKI nicht beachtet und beiseitegelegt wurden.

Wie gesagt, wir sind in Deutschland bis zur vierten Welle recht gut durch die Krise gekommen, obwohl wir so vieles vorab wissen und besser vorbereitet hätten sein können. Das liegt meines Erachtens in erster Linie daran, dass wir uns nach dem Beginn der Krise sehr viel stärker am bekannten wissenschaftlichen Sachstand orientiert haben, als dies andere Länder getan haben. Dort wurden die wissenschaftlichen Erkenntnisse zum Teil viel weniger stringent umgesetzt – mit der Folge einer deutlich höheren Übersterblichkeit.[11] Ich möchte hier die vielen Todesfälle durch Coronainfektionen in den USA unter Trump erwähnen, die eng mit der Wissenschaftsfeindlichkeit des ehemaligen Präsidenten zusammenhängen und die so leicht zu verhindern gewesen wären. In England hat sich Boris Johnson immer wieder über die Ratschläge seines wissenschaftlichen Teams hinweggesetzt. Das britische Beispiel werde ich weiter unten noch ausführen. Selbst der französische Staatspräsident Emmanuel Macron hatte manchmal keinen guten Kompass und handelte oft gegen die Empfehlung von Wissenschaftlern, was vergleichsweise höhere Fall- und Todeszahlen in Frankreich zur Folge hatte.

Hier bestätigt sich eigentlich schon eine der Grundthesen meines Buches: Wenn verantwortliche Politiker einen wissenschaftlichen Hintergrund haben, der es ihnen ermöglicht, wissenschaftliche Erkenntnisse rasch einzuordnen und entsprechend zu handeln, ist das außerordentlich hilfreich. Die Physikerin Angela Merkel hat sehr früh verstanden, welche explosive Kraft die Covid-Erkrankung hat. Ihr musste man nicht erklären, was es bedeutet, wenn Fallzahlen exponentiell wachsen. Dazu kommt, dass einige der Politikerinnen und Politiker, die in dieser Krise beratend oder handelnd eine Rolle gespielt haben, einen medizinischen Hintergrund haben: darunter Helge Braun, der als Kanzleramtsminister einer der engsten Mitarbeiter der Kanzlerin war, der Hamburger Regierende Bürgermeister Peter Tschentscher, die Ärztin Sabine Dittmar, der Arzt Janosch Dahmen und der Infektiologe Andrew Ullmann, alle aus dem Gesundheitsausschuss des Bundestages. Peter Tschentscher zum Beispiel war immer sehr gut eingearbeitet und hat einige wichtige und kluge Entscheidungen in der

Ministerpräsidentenkonferenz mitvorbereitet und durchgesetzt. Aber er hat auch in Hamburg sehr viel richtig gemacht, so etwa, als er die 2G-Regel[12] in der vierten Welle des Spätsommers 2021 früh konsequent in seinem Bundesland einsetzte.

In der wichtigsten Phase der Krise hat nicht das Parlament die Entscheidungen gefällt, sondern die Ministerpräsidentenkonferenz gemeinsam mit dem Kanzleramt und den relevanten Ministerinnen und Ministern. Dazu hatte das Parlament den entsprechenden Auftrag vergeben, und die getroffenen Entscheidungen konnten durch das Parlament jederzeit zurückgenommen werden. Damit war in diesem drängenden Augenblick den demokratischen Erfordernissen Genüge getan.

Ist es möglich, in der Bewältigung zum Beispiel einer Pandemie zu vergleichbaren Ergebnissen zu kommen ohne Ärzte und Wissenschaftler in politischen Funktionen? Sicher kann es ohne Wissenschaftler oder Ärzte im Amt prinzipiell ebenso gut gelingen. Die Voraussetzung wäre aber, dass die Amtsträger für wissenschaftliche Beratung nicht nur offen sind, sondern diese auch bewerten können. Für Politiker ist es leicht, sich wissenschaftlichen Sachverstand zu organisieren. Die eigentliche Schwierigkeit liegt darin, ein Gefühl für die Qualität der Ratschläge zu bekommen und diese entsprechend einzuordnen. Natürlich ist es hilfreich, sich ein Netzwerk von Wissenschaftlern aufzubauen, denen man vertraut und deren Arbeit man einschätzen kann. Das alles ändert aber nichts daran, dass es zumindest einen Anteil von Wissenschaftlern in den entscheidenden politischen Positionen geben sollte. Die Vernetzung von Politik und Wissenschaft gerade in einer Krise, in der besonders schnell wichtige Entscheidungen zu treffen sind, ist von größter Bedeutung. Das hat sich auch in der Coronakrise in Deutschland gezeigt.

Zu Beginn der Pandemie hat die Zusammenarbeit von Wissenschaft und Politik in Deutschland aus meiner Sicht gut funktioniert. In relativ kurzer Zeit wurde im Kanzleramt ein Beratungsteam gebildet, dessen Ratschläge nicht nur gehört wurden, sondern zu einem großen Teil auch politisch umgesetzt werden konnten. Dazu zählt vieles, was beim Infektionsschutz eine große Rolle spielt: das Tragen von Masken, der Sicherheitsabstand von anderthalb Metern, die Strategie, Kontakte zu reduzieren, einen Lockdown zu verhängen, möglichst viel im Homeoffice zu arbeiten, die Schulen zu schließen. Diese Maßnahmen wirken im Nachhinein beinahe als selbstverständlich, und sie wurden auch von vielen anderen europäischen und nichteuropäischen Ländern verhängt. Das Besondere in Deutschland aber war, dass wir sehr schnell reagiert haben und sehr konsequent.

Wichtig war auch, gleich zu Beginn der Pandemie, dass die Öffentlichkeit in Deutschland aufgeklärt wurde: Wie funktioniert exponentielles Wachstum? Wie überträgt sich das Virus? Was kann getan werden, um die Pandemie zu stoppen? Wie wirken welche Lockdown-Maßnahmen? An welchen Impfstoffen forschen wir? Gut informiert und beraten wurde schon in der Anfangsphase nicht nur die Politik, sondern auch die Bevölkerung. Unzählige Artikel in den Qualitätsmedien und ebenso viele Talkshows, Radiosendungen, Podcasts und Dokumentationen klärten täglich darüber auf, wie Wissenschaft funktioniert, was man wissen kann, wenn plötzlich ein solcher neuer, gefährlicher Erreger auftaucht. So konnte die Öffentlichkeit in Echtzeit beim Entstehen von wissenschaftlichem Fortschritt zuschauen und einen wichtigen Einblick erhalten, wie wissenschaftliche Diskussionen ablaufen. Dabei haben Wissenschaftsjournalisten beindruckend zusammengearbeitet, oft auch in Zusammenspiel mit erklärenden Experten. Der Virologe Christian Drosten ist auch hier das beste Beispiel. Sein vom NDR produzierter Podcast, an dem die Wissenschaftsredakteurinnen Korinna Hennig, Beke Schulmann und Anja Martini mitgearbeitet haben, informierte interessierte Bürger und war für viele eine Stütze bei der Bewältigung der Pandemie. Ich selbst habe versucht, auf Twitter und Instagram die wichtigsten Studien zum jeweils aktuellen Stand der Pandemie zu verbreiten und zu kommentieren. Als Public-Health-Wissenschaftler weiß man, wie wichtig in einem solchen Fall die öffentliche Diskussion ist. Eine Pandemie lässt sich nur bewältigen, wenn die Bevölkerung bereit ist, die Schutzmaßnahmen freiwillig umzusetzen. Entscheidend dafür ist, dass genug Vertrauen in die Regierung und in die beratenden Wissenschaftler besteht. Dies ist keineswegs selbstverständlich, weil es von Anfang an aus verschiedensten Richtungen gezielte Angriffe auf dieses Vertrauen gegeben hat.

Um zur Politik selbst zurückzukehren: Wie sollten Beraterstäbe für die Krisenbewältigung besetzt werden? Die beratende Runde im Kanzleramt, so hört man, hat sich aus dem Stand und aus der Beratungsnot heraus gebildet, ohne dass es dafür institutionalisierte Strukturen gab. So gut das in diesem Fall auch funktioniert hat: Meiner Ansicht nach wäre es besser, wenn wir in Zukunft ein Beratergremium mit offiziellem Mandat hätten. In Großbritannien etwa gibt es die Scientific Advisory Group for Emergencies (SAGE). Diese offizielle Institution soll sicherstellen, dass die Regierung im Notfall rasch und strukturiert wissenschaftlich fundierte Beratung erhält. Wie erwähnt hat der britische Premierminister Boris Johnson sehr viele Ratschläge des SAGE-Konsortiums nicht befolgt. Wahrscheinlich aber wäre die Situation im britischen Königreich zu Beginn der Pandemie ohne die SAGE-Beratung noch viel schlimmer gewesen.

Die Wissenschaftlerinnen und Wissenschaftler, die Johnson beratend zur Verfügung standen, sind international überaus angesehen. Die Universität Cambridge hat eine lange Tradition in der Erforschung von Viruserkrankungen und in der Analyse ihrer genetischen Grundlagen und Veränderungen. Die Universität Oxford hat mit die besten epidemiologischen Arbeitsgruppen für die Modellierung von Infektionskrankheiten. Starke Arbeitsgruppen finden sich auch am Imperial College London und an der London School of Hygiene and Tropical Medicine. Die besten Wissenschaftler dieser und einiger anderer Einrichtungen gehörten dem unabhängigen SAGE-Expertengremium an, das wöchentlich eine für die Politik aufgearbeitete wissenschaftliche Analyse erstellt. Dazu wurden zahlreiche Forschungsprojekte angestoßen und ausgewertet. Trotzdem schnitt kaum ein europäisches Land in der Pandemie schlechter ab als Großbritannien – zu Beginn und auch später. Als die vierte Welle infolge eines zu früh und gegen den Rat der Wissenschaftler beschlossenen «Freedom Day» erneut die Fall- und Sterbezahlen in die Höhe trieb, reduzierten die SAGE-Wissenschaftler, den Sinn ihres Einsatzes bezweifelnd, ihre beratende Arbeit auf zweiwöchentliche Treffen.

Was Deutschland betrifft, darf nicht übersehen werden, dass auch das Robert-Koch-Institut eine wichtige beratende Einrichtung ist, die zum Teil eigene wissenschaftliche Arbeit zur Bewältigung der Pandemie eingebracht hat. Das Institut untersteht direkt dem Bundesgesundheitsministerium, arbeitet also mit ganz entscheidenden Daten dem Bundesgesundheitsminister zu. So haben etwa die Modellierungen von Dirk Brockmann und Ben Maier zur Frage der Impfintervalle, des Abstands zwischen zwei Impfungen, eine wichtige Rolle gespielt.

Aber auch in Deutschland wurden schwere Fehler gemacht. Im Sommer 2020 – vor Beginn der zweiten Welle – lief es bei uns nicht mehr so gut. Einige Ministerpräsidenten hatten sich eigene Beratergremien zugelegt. Die in dieser Zeit häufig gehörten Wissenschaftler befürworteten eine Position, der zufolge mehr

Lockerungen zugelassen werden sollten. Meines Erachtens wurden sie von Politikern ausgesucht, um unpopuläre Maßnahmen wie weitere Lockdowns möglichst zu verhindern und populäre Maßnahmen wie frühere Öffnungen zu begründen. Das führte in der Ministerpräsidentenkonferenz zu erheblichen Konflikten. Außerdem haben wir es im Sommer 2020 versäumt, uns auf die darauffolgende zweite Welle ausreichend vorzubereiten. In dieser zweiten Welle gab es dann deutlich höhere Infektionszahlen – an manchen Tagen über dreißigtausend diagnostizierte Infizierte – als während der ersten Welle Anfang April.[13] Das hing auch damit zusammen, dass das Virus sich über den Sommer hinweg weit in die Fläche Deutschlands ausbreiten konnte und schließlich nahezu überall vorkam. Zu Beginn der ersten Welle hatte es nur ein paar Hotspots gegeben. In der Folge haben wir die zweite Welle zu spät bekämpft, und zu viele Menschen sind gestorben, vor allem in den Pflegeeinrichtungen.

Hier kann und soll keine Beschreibung und Bewertung unserer Corona-Politik vorgenommen werden. Ich habe diese letzten Entwicklungen nur erwähnt, weil sie noch einmal das zentrale Problem deutlich machen, das in der Auswahl der Experten liegt – und dazu die Bedeutung der ausgewählten Experten für die Beeinflussung der öffentlichen Meinung und die Vorbereitung von politischen Entscheidungen. Die Einbeziehung besonders ausgewiesener und geeigneter Experten ist für die Bewältigung einer solchen Krise eine notwendige, aber eben keine hinreichende Bedingung für Erfolg. Letzteres zeigt die vierte Welle. Maßgebliche Berater der Regierung sowie das RKI hatten vor der vierten Welle gewarnt. Einige Wissenschaftler, die man vielleicht als Außenseiter beschreiben kann, taten die Warnungen als unbegründet ab. Auch führende Ärztefunktionäre legten sich fest und forderten das Ende aller Schutzmaßnahmen. Sogar von einem

«Freedom Day» wurde gesprochen. In dieser letzten Phase der noch amtierenden Regierung gab es ein gefährliches Management-Vakuum. Das Virus hat es sofort gefüllt.

Was aber kommt nun? Die Covid-Krise ist noch nicht vorbei, sondern weiterhin ein weltweites Problem. Ende Oktober 2021 sind gerade einmal 37 Prozent der Weltbevölkerung vollständig gegen das Coronavirus geimpft, fast die Hälfte hat zumindest eine erste Impfung erhalten.[14] Bei derzeit fast 7,9 Milliarden Menschen auf der Welt bedeutet das: Mehr als vier Milliarden Menschen sind noch nicht geimpft. In allen ärmeren Ländern sterben völlig unnötig sehr viele Menschen, auch das in typischen Infektions-wellen: Die Menschen sterben in Indien. Dann sterben viele Menschen in Brasilien. Die Menschen sterben auch in Afrika, obwohl man davon wenig hört, weil wenig berichtet wird und es kaum gute Studien dazu gibt. Gerade in Afrika sterben Menschen auch durch unser Versagen, weil wir so gut wie keine Impfstoffe dorthin gebracht haben. Aber es sind nicht allein die fehlenden Impfstoffe. Menschen sterben dort auch, weil wir kaum Beatmungs-geräte geliefert haben. Regelmäßig lesen wir Meldungen, dass in ärmeren Ländern der Sauerstoff ausgeht – ob im brasilianischen Manaus mitten in Amazonien, in Afrika oder Indien. Das Versagen der westlichen Industrieländer bei der Hilfe für ärmere Länder in der Coronakrise ist nicht nur ein moralisches Versagen. Es wird damit auch schwerer, den Klimawandel zu bewältigen. Denn die wirtschaftliche Entwicklung der betroffenen Länder ist um Jahre zurückgeworfen worden, an den Aufbau einer Infrastruktur für die erneuerbaren Energien und eine nachhaltige Wirtschaft ist kaum zu denken. Darüber hinaus werden einige dieser Länder nach diesen Erfahrungen vermutlich noch einmal überprüfen, inwieweit sie bereit sind, auf fossile Energieträger zu verzichten, um dem Klimawandel zu begegnen.

Wie wir neue Virusmutanten heranzüchten

Dass wir ärmere Länder nicht stärker unterstützen, wird große Konsequenzen für die globale Entwicklung der Pandemie haben – und somit auch für uns. Den Rest der Welt nicht mit Impfstoff zu versorgen, bedeutet letztlich eine Bedrohung für uns selbst. Wir verlängern die Pandemie, weil auf diese Weise immer neue Mutationen entstehen. So machte sich im August 2021 gerade die neue Mutation AY.3 der Delta-Variante auf den Weg, die noch ansteckender sein könnte als die ursprüngliche Delta-Variante, die aus Indien stammte.[15] Die als Delta plus bezeichneten Varianten (darunter eben auch AY.3) sind nicht wesentlich gefährlicher als die frühere Delta-Variante, was die Schwere der Erkrankung betrifft. Man geht allerdings davon aus, dass die Ansteckungsrate um etwa 10 Prozent höher liegt. Die Delta-Variante hat sich mittlerweile (Stand Mitte November 2021) schon ein halbes Dutzend Mal verändert. Und es scheint so gut wie sicher: Es werden weitere Varianten entstehen, die gefährlicher sind als die bisherigen.

Das Coronavirus führt uns allen gerade im Schnelldurchlauf vor, wie Evolution, Mutation und Selektion funktionieren. Und wir züchten diese Varianten selbst heran. Grundsätzlich haben wir zwei große Probleme. Zum einen können sich Varianten entwickeln, die viel ansteckender sind als die bisherigen, die also eine weit größere Zahl von Menschen infizieren können.[16] Dahinter steckt folgender Mechanismus: Je mehr Infektionen es weltweit gibt, desto mehr Mutationen können statistisch gesehen im Erbgut des Virus stattfinden. Dadurch entwickelt sich das Virus schneller weiter. Ein Virus, das sich so verändert, dass es ansteckender wird, hat einen Vorteil und wird die anderen Varianten verdrängen. Zwar ist es oftmals so, dass sich Erreger, wenn sie schon länger einen Wirt befallen, mit der Zeit abschwächen. Wenn sie ihren Wirt umbringen, schadet das nämlich auch dem Erreger, weil er sich nicht weiterverbreiten kann. Doch das Coronavirus ist nicht so tödlich, dass es die menschliche Bevölkerung so stark verringern würde, dass das Virus keinen neuen menschlichen Wirt mehr fände. Dafür sind wir einfach zu viele Menschen auf der Erde und leben – gerade in den ärmeren Ländern – viel zu dicht zusammen. Das Coronavirus findet sofort neue Wirte, die es befallen kann und die zu seiner Verbreitung beitragen. Es muss also nicht harmloser werden, um zu überleben. So ist etwa die Delta-Variante in Indien entstanden: weil viele Menschen eng beisammenlebten, sich gegenseitig infizierten und daher die Wahrscheinlichkeit von Mutationen extrem hoch war. Und auch, weil die Bevölkerung so gut wie ungeimpft war. Unter diesen Bedingungen entstehen aggressive Varianten, die sich schneller ausbreiten und für noch mehr Infektionen sorgen. Wenn in Ländern nicht genug Menschen geimpft sind, steigt dort deswegen die Zahl der Schwererkrankten und der Todesfälle.

Das zweite Problem ist: Es entstehen die sogenannten Durchbruch-Mutanten, die sich auch bei denjenigen durchsetzen, die bereits infiziert waren oder geimpft sind. Das geschieht auf folgende Weise: Unser Immunsystem versucht natürlich, sich gegen das Virus zu wehren. Nach der Infektion entsteht eine Immunität, die vor einer erneuten Infektion schützt oder deren Folgen abmildert. Eine ähnliche Immunität erreichen wir durch Impfung. Das Virus muss also, um sich weiterverbreiten zu können und so zu überleben, diese Immunität, die wir entwickelt haben, überwinden. Auf diesem Weg entstehen Mutanten, gegen die unsere durch Infektion oder Impfung erworbene Immunität machtlos ist. Auch hier gilt: Je mehr Menschen infiziert sind, desto höher ist die Wahrscheinlichkeit, dass solche Mutationen entstehen. Weil sich auch Geimpfte oder Genesene noch infizieren können, meist aber wegen ihrer erworbenen Immunität kaum Krankheitssymptome entwickeln, sodass die Infektion nicht erkannt wird, können sich in ihnen solche Mutationen entwickeln, die den Impfschutz durchbrechen. Das ist wie bei einem Sieb: Nur die Viren kommen durch, die Löcher im Schutz durch Impfung oder Immunität finden. So entstehen die sogenannten Flucht- oder Durchbruchmutationen, sie werden vom Immunsystem nicht mehr erkannt und können dann auch für Geimpfte und Genesene wieder gefährlich sein. Das Virus hat also «gelernt», Geimpfte und Genesene wieder zu infizieren, sodass auch schwere Erkrankungen entstehen können.

Nun besteht die Gefahr, dass beides zusammenkommt: Es könnten Viren entstehen, die sowohl ansteckender sind als auch resistenter gegenüber dem Immunsystem. Dabei könnte das Virus sogar noch tödlicher werden.[17] Wir müssen also zum einen die vorhandenen Impfstoffe dahingehend weiterentwickeln, dass sie gegen alle entstehenden Mutanten ausreichend Immunität erzeugen. Zum anderen müssen wir die gesamte Weltbevölkerung durchimpfen, sonst werden weiterhin gerade in bevölkerungsreichen Entwicklungsländern neue Mutanten entstehen und um die Welt ziehen. Die Wahrscheinlichkeit von zukünftigen Mutationen hängt sehr stark von der Impfquote in diesen Ländern ab. Somit werden wir erst dann frei von neuen Varianten sein, wenn weltweit eine hohe Impfquote erreicht wurde.[18]

Das führe ich hier deshalb so weit aus, weil wir noch nie ein Virus hatten, das sich in so kurzer Zeit so weit verbreitete und so aggressiv verhielt wie SARS-CoV-2. Wir müssen unbedingt im Blick behalten, dass sich aus dem jetzigen Coronavirus unter Umständen ein noch deutlich gefährlicheres Virus entwickeln könnte. Der Fall dieser Pandemie zeigt, dass es nötig ist, den

Worst Case immer mitzudenken. Da das Coronavirus nicht das letzte Virus sein wird, das die derzeitige Weltbevölkerung befällt, nimmt die Bedeutung der systematischen Beschäftigung mit Pandemien weiter zu.

Wir sollten also vorbereitet sein – auf das, was uns diese Pandemie noch bringen mag, und auf die nächste sowieso. Dazu gehören unter anderem die Lehren aus dem nicht befolgten Pandemieplan des RKI. Wichtige Fragen sind: Wie viel Schutzkleidung brauchen wir für das medizinische Personal, wie viele Masken müssen da sein? Wo müssen die Masken gelagert werden? Haben wir die Infrastruktur, um schnell Impfstoffe zu entwickeln? Haben wir die Infrastruktur, um die entwickelten Impfstoffe schnell zu produzieren? Die Impfstoffentwicklung lässt sich noch erheblich beschleunigen. Haben wir außerdem eine institutionelle Struktur aufgebaut, die uns in die Lage versetzt, rasch genug die Veränderung der Viren zu beobachten, also wie sich das Virus durch seine Mutationen entwickelt? («Surveillance» nennen das die Virologen.) Sind wir generell ausreichend mit Medikamenten aller Art versorgt? In dieser Pandemie gab es durchaus Engpässe, weil wir bei unserer Versorgung mittlerweile von Ländern wie Indien abhängen, die einen Großteil der Arzneimittel weltweit herstellen. Wegen der Pandemie und entsprechenden Lockdowns stockten dort zeitweise sowohl die Produktion als auch der Transport der Medikamente. Das sind nur ein paar Aspekte, die dringend berücksichtigt werden müssen für den Fall einer weiteren Pandemie. Für die Umsetzung muss die Politik sorgen.

Pandemien und Klimawandel

Wer neue Pandemien vermeiden will, muss sich auf Erreger konzentrieren, die oft noch gar nicht da sind. Viele der neuen Infektionskrankheiten sind Zoonosen, deren Erreger ursprünglich von Tieren stammen, wie HIV, Ebola und das erste SARS-Virus. Für SARS-CoV-2 steht der endgültige Nachweis noch aus, aber das Virus ist ganz nahe mit Coronaviren verwandt, die bei Fledermäusen zu finden sind. Solche neuen Krankheitserreger tauchen immer wieder dann auf, wenn wir in engen Kontakt mit Wildtieren kommen; oft geschieht das durch den Handel mit ihnen oder den Verzehr von Wildtierfleisch. Dabei «springen» Viren oder andere Erreger auf uns über und verändern sich dabei, sie mutieren. Genauso können Erreger auch zwischen Tierarten quasi hin- und herspringen, wenn wir Tiere aus unterschiedlichen Lebensräumen unter unhygienischen Bedingungen halten, wie es auf vielen Wildtierfarmen und -märkten Südostasiens der Fall ist, und letztlich auf uns Menschen übergehen. Eine solche Kette ist etwa für SARS-CoV-1 nachgewiesen, das ursprünglich von Fledermäusen stammt, dann auf bestimmte Schleichkatzen überging und schließlich Menschen infizierte.[19]

Zoonosen haben aus ganz unterschiedlichen Gründen zugenommen: Wir Menschen dringen immer mehr in unberührte Lebensräume ein, etwa um wertvolle Urwaldbäume zu fällen oder die Flächen für die Landwirtschaft nutzbar zu machen. Dabei kommen wir regelmäßig in Kontakt mit für uns neuen Krankheitserregern. Viele der uns heute schon betreffenden Krankheitserreger stammen aus den Regenwaldgebieten Afrikas – darunter Viren wie HIV, Ebola, Zika und Chikungunya.[20] Mit wachsender Bevölkerungszahl und oft auch wachsendem Wohlstand nimmt dort der Bedarf an Fleisch zu, und so gelangt «Bushmeat», Wildtierfleich aus dem Regenwald oder den Savannen, auf die Märkte. Auch in südostasiatischen Ländern wie China und Vietnam wird Wildtierfleisch als teure Delikatesse verkauft – und, weil die eigenen Wälder bereits leergeplündert sind, aus anderen Teilen der Welt importiert. Dadurch geraten nicht nur immer mehr Arten auf die Rote Liste der vom Aussterben gefährdeten Spezies, auch neue Krankheitserreger landen mitten in großen Städten. Weltweiter Handel und globaler Verkehr bringen diese Erreger also schnell und direkt aus dem Urwald in die Ballungszentren Afrikas und Asiens – ideal, um rasch viele Menschen zu infizieren.[21]

So tragen die Zerstörung von Ökosystemen und Lebensräumen sowie der Handel mit und der Verzehr von Wildtieren allein schon zur Zunahme von Zoonosen bei, aus denen bereits die erwähnten Epidemien und Pandemien hervorgegangen sind. Und wie so oft kommt die Klimakrise noch obendrauf. Auch sie wird dazu beitragen, dass die Zahl solcher neuen Krankheitserreger zunimmt, und das aus mehreren Gründen. Mit dem sich verändernden Klima verschieben sich nicht nur weltweit die Klimazonen (ähnlich wie im Fall des zuvor beschriebenen PETM vor fünfundfünfzig Millionen Jahren). Auch die Erreger und ihre Überträger, die sogenannten Vektoren, wandern mit. Oft genug schleppen wir sie selbst mit unseren Verkehrsmitteln um die Welt: Insekten, die Überträger vieler Krankheiten sind, können in Flugzeugen oder auch als wasserlebende Mückenlarven in großen Schiffen mittransportiert werden. In den bereits wärmer gewordenen Lebensräumen können sie sich festsetzen und als invasive Arten ausbreiten. Zu beobachten ist, dass es in Europa schon deutlich mehr Infektionen gibt, die auf Würmer, Zecken oder Mücken zurückgeführt werden können. Längst lebt die Asiatische Tigermücke bei uns, die potenzielle Überträgerin des Zika-, Chikungunya- und Denguevirus.[22] Das Zika- und das Chikungunyavirus sind bereits in Südeuropa angekommen, das von verschiedenen Stechmückenarten übertragene West-Nil-Virus sogar in Deutschland.[23] Auch zwei der häufigsten Tropenkrankheiten sind schon bei uns in Europa gelandet: Die Malaria ist in Italien und Griechenland, die Bilharziose auf Korsika nachgewiesen worden. Beide Erkrankungen werden nicht von Viren verursacht; so wird Malaria zwar ebenfalls von Stechmücken verbreitet, diese übertragen allerdings verschiedene Arten des krankheitserregenden Einzellers Plasmodium. Die Bilharziose hingegen wird von bestimmten Saugwurmlarven verursacht, die sich über Schnecken als Zwischenwirte in Süßwassergewässern verbreiten.

Auch auf andere Weise tauchen aufgrund der globalen Erwärmung längst bekannte Erreger wieder auf, im dritten Kapitel war davon schon die Rede. Der bereits tauende Permafrost Sibiriens muss gar nicht seinen endgültigen Kipppunkt erreichen, um Gefahren freizusetzen, die gar nichts mit Treibhausgasen zu tun haben. Auf der sibirischen Halbinsel Jamal erkrankten im Jahr 2016 Rentiere und Rentiernomaden an Milzbrand; ein zwölfjähriger Junge starb, nachdem er vom Fleisch eines infizierten Rentiers gegessen hatte. Zuletzt grassierte diese Seuche hier vor einem Dreivierteljahrhundert. Damals hatte man die Kadaver der toten Hirsche tief im Boden vergraben. Doch während einer sommerlichen Hitzewelle, die den Permafrost auftaute, erwachten die tiefgefrorenen Sporen des gefährlichen Anthraxerregers, sodass sich daraus die tödlichen Milzbrandbakterien entwickelten.[24] Schon im Jahr 2005 meldeten Forscher, dass sie das Erbgut der extrem tödlichen Spanischen Grippe entziffert und zu einem funktionstüchtigen Virus zusammengesetzt hätten.[25] Sie fanden es im Lungengewebe eines Toten, der nach dem Ersten Weltkrieg an der Spanischen Grippe gestorben und im Permafrost Alaskas bestattet worden war. Ohne Zweifel liegen in sibirischen Per-

mafrostgräbern auch Tote, die an den Pocken gestorben sind.[26]
Auch wenn die Pocken mittlerweile durch Impfung ausgerottet
sind, findet sich dort noch mit großer Wahrscheinlichkeit ihr
intaktes Erbgut. Viren aus dem Permafrost können ausgesprochen lebenstauglich sein: Aus einer einzigen Bodenprobe aus
dem Permafrost Sibiriens aktivierte der französische Genetiker
Jean-Michel Claverie im Jahr 2015 im Labor zwei bislang unbekannte Riesenviren. Sie hatten tiefgefroren über dreißigtausend
Jahre in einer kleinen Höhle überdauert, die wohl ein Hörnchen
gegraben hatte.[27] Diese neuen Viren scheinen für den Menschen
nicht gefährlich zu sein, doch ihr Entdecker warnt davor, dass im
Zuge der Klimakrise völlig unbekannte Erreger aus vorzeitlichen
sibirischen Tier- oder Menschenpopulationen dem schmelzenden
Permafrost entweichen könnten, auf die wir in keiner Weise vorbereitet sind.[28]

Auf ähnliche Gefahren macht der Weltbiodiversitätsrat
IPBES[29] in seinem Bericht zum Thema Artenvielfalt und Pandemien aufmerksam: Schätzungsweise 1,7 Millionen bisher unbekannte Viren leben auf Säugetieren und Vögeln – achthundert-
tausend davon könnten potenziell auch auf uns Menschen
überspringen und uns infizieren.[30] Hauptursachen dieser Gefahr
seien der weiterhin zunehmende Landverbrauch für Landwirtschaft und Urbanisierung sowie der Klimawandel, so heißt es
in der Studie weiter.[31] Lebensräume werden dadurch regelrecht
durcheinandergewirbelt. Arten, die vorher nicht nebeneinander
gelebt haben, kommen auf diese Weise zusammen. Neben Viren
können so übrigens auch neue Bakterien, Pilze, Einzeller und
Vielzeller ihre Wirte wechseln. Wann die neuen Viren letztlich auf
den Menschen überspringen, ist einfach eine Frage der Statistik.

Der amerikanische Parasitologe Daniel Brooks beschreibt
noch eine zweite Gefahr: Die neuen Erreger treffen nicht nur auf

uns Menschen, sondern auch auf unsere Nutztiere und Nutzpflanzen.[32] Kommende Pandemien werden also nicht nur uns krank machen, sondern die Nahrungsmittelproduktion weltweit betreffen und unsere Versorgung gefährden: Hungersnöte durch Pandemien – ein Punkt, der bisher zu wenig Beachtung gefunden hat.

Was haben wir gelernt?

Wir haben in Deutschland die Coronakrise immer dann gut bewältigt, wenn Politik und Wissenschaft sehr eng zusammengearbeitet haben. Gesetzmäßig wurden die Ergebnisse schlechter, wenn Politik und Wissenschaft sich voneinander trennten. All das lief halbwegs im nationalen Alleingang, auch wenn viele Impfstoffe in internationaler Kooperation entwickelt wurden. Dass ein wirksames Vakzin gegen das Virus gefunden werden konnte, ist übrigens nicht selbstverständlich. Bis heute ist es aus unterschiedlichen biologischen Gründen nicht gelungen, funktionierende Impfstoffe gegen so weit verbreitete Krankheiten wie HIV/AIDS und Malaria[33] herzustellen. Was also wäre, wenn wir bei kommenden Pandemien keinen Impfstoff entwickeln könnten?

Diese Frage zu stellen, ist keine Panikmache, sondern schlichtweg realistisch. Schon deshalb, weil auch für SARS-CoV-2 zunächst kein Impfstoff zur Verfügung stand. Ich war sehr früh zuversichtlich, nachdem Christian Drosten mich davon überzeugt hatte, dass gegen ein Coronavirus mit dieser Struktur eine Impfung gelingen müsste. Eine ähnliche Einschätzung hatten der Forschungsleiter von Moderna und andere Spezialistinnen und Spezialisten. Trotzdem lohnt sich ein Blick in den Abgrund: Wäre die

Impfung nicht gelungen, hätten wir das Coronavirus nicht erfolgreich bekämpfen können. Sukzessive hätte sich unsere komplette Gesellschaft infiziert, und Lockdowns hätten nur dazu dienen können, Chaos auf den Intensivstationen zu vermeiden.

Wie geht es weiter? Zunächst einmal geht es darum, die Pandemie möglichst rasch zu beenden und den armen Ländern weltweit endlich genug Impfstoff zur Verfügung zu stellen. Wie beschrieben müssen wir uns auf die nächste Pandemie vorbereiten – durch die Beschaffung von Masken, durch Forschung zur Entwicklung von Impfstoffen und Arzneien. Dazu gehören auch verstärkte Bemühungen, neue Erreger rasch zu identifizieren. Denn sie werden kommen, und de facto können wir sehr wenig dazu beitragen, das zu verhindern. Die Ökosysteme der Erde zu schützen, allen voran gegen die Abholzung der Regenwälder zu kämpfen und den Handel mit Wildtieren besser zu kontrollieren, ist auf jeden Fall unabdingbar.

Funktionierende und stabile Ökosysteme sind durch die Klimakrise noch stärker bedroht als zuvor. Von den Auswirkungen der Klimakrise war bereits ausführlich die Rede. Auch davon, wie schwer es der Politik in Deutschland fällt, angemessen schnell zu handeln. Weltweit ist das noch schwieriger. Die Verbindung zwischen diesen Ökosystemfragen, künftigen Pandemien und dem Weltklima am Rande des Kippens macht deutlich, welch existenzielle Herausforderungen vor uns liegen. Längst folgt eine Krise auf die nächste. Business as usual ist vorbei. Auch wenn es viele in der Politik noch nicht begriffen haben. Der Notfall ist bereits da, längst spüren wir die ersten Symptome einer großen Krise.

7. KAPITEL

Ende des Routinebetriebs –
die Zukunft und ihre Zumutungen

Als ich diesen Schlussteil schreibe, im November 2021, rollt gerade die heftige vierte Welle der Coronapandemie über Europa hinweg. Wir sind erneut mit Problemen konfrontiert, die wir eigentlich längst für gelöst gehalten hatten. Obwohl die Impfung gegen SARS-CoV-2 für die allermeisten ohne nennenswerte Nebenwirkungen einen fast vollständigen Schutz vor schwerer Krankheit und Tod ermöglicht – etwas, von dem unsere Vorfahren bei ähnlichen Heimsuchungen nur hätten träumen können –, gibt es so viele Ungeimpfte, dass diese Welle schwer zu kontrollieren ist. Die Impfzentren wurden zu früh geschlossen, obwohl schon lange klar war, dass eine dritte Impfung notwendig ist. Der «Spiegel» schrieb Anfang des Monats in seinem Leitartikel: «Die Politik handelt nicht vorausschauend, sie reagiert bestenfalls hektisch. So lässt sich diese Krise nicht bekämpfen.»[1]

Die Situation in Deutschland ist besonders bedrückend. Nachdem wir relativ gut durch die ersten drei Wellen der Pandemie gekommen sind, haben wir jetzt, in der vierten Welle, eine der höchsten Inzidenzen weltweit. Die Welt wundert sich. Noch in der ersten Welle riefen mich Kollegen aus Boston an, um mich zu fragen, wie wir das alles so gut geschafft hätten. Ich hielt Vorträge zum Thema. Heute meldet sich Michael Mina, ein Kollege von der

Harvard School of Public Health, und bietet unaufgefordert seine Unterstützung an. Was passiert ist, lässt sich einfach zusammenfassen. Die Wissenschaftler, die die Bundesregierung beraten, hatten seit Wochen vor der vierten Welle gewarnt. Genauso das RKI. Trotzdem ergriff die Regierung nicht die Initiative. Wissenschaft und Politik hatten sich entfremdet. Sofort stiegen die Fallzahlen. Ein besseres Beispiel für die Abhängigkeit wirksamer Politik von wissenschaftlicher Leitung kann man sich gar nicht ausdenken.

Zur gleichen Zeit wird über die Ergebnisse der gerade zu Ende gegangenen Klimakonferenz in Glasgow debattiert.[2] Dabei geht es vor allem um die Deutungshoheit. Dass die erzielten Ergebnisse relativ dürftig sind, ist klar. Dennoch werden sie so optimistisch wie möglich präsentiert, damit die Bevölkerung nicht die Zuversicht und den Mut verlieren möge. Derweil zeigen die Fakten, dass die Erfolgserzählung fadenscheinig ist. China war ohne die Staatsführung vor Ort. Russlands Präsident Putin war nur digital anwesend. Indien, das Land mit den drittgrößten CO_2-Emissionen der Welt, verkündete, erst im Jahr 2070 die Klimaneutralität anzustreben – mehr als hundertdreißig Staaten wollen dieses Ziel schon zwanzig Jahre früher erreichen.[3] Aus den Vereinigten Staaten war zu hören, dass Joe Biden in der Bevölkerung an Rückhalt verliere und dass Donald Trump, nicht gerade als Kämpfer gegen den Klimawandel bekannt, geschickt seine Wiederwahl vorbereite. Sogar von einer Veränderung des Wahlrechts ist die Rede – zugunsten der Republikaner. Bidens riesiges Investitionspaket, das auch den Klimaschutz beinhaltet, wurde mehr als halbiert. Jair Bolsonaro war ebenfalls nicht auf der COP26. Der Schutz des brasilianischen Regenwalds scheint also in Glasgow nicht ernsthaft verhandelt worden zu sein.

Enttäuschung im Lager der Aktivisten. Verlässlich und unermüdlich kämpfen unsere Kinder und Jugendlichen für ihre Zukunft. Im tristen Novemberregen demonstrieren die Anhänger von Fridays for Future gegen die Ergebnisse des Gipfels. Sie hatten die Klimakonferenz beobachtet und mussten um Tickets für die einzelnen Veranstaltungen ringen. Greta Thunberg qualifizierte den Gipfel schon vorab als ein «Greenwashing-Festival des Globalen Nordens, eine zweiwöchige Feier des Business as usual und des Blablabla»[4] – eines Blablabla, das wir schon seit zwanzig Jahren kennen. Damit stieß sie auf den Widerspruch der amtierenden Umweltministerin Svenja Schulze: Mit so einer Haltung, meinte diese, komme man nicht weiter. Der so qualifizierte wie erfahrene Chefunterhändler Deutschlands, Umweltstaatssekretär Jochen Flasbarth, versuchte bereits vor Ort, die Abschlüsse zu retten. Er ist mittlerweile zu einer Art Sherpa fast aller europäischen Delegationen geworden. Mit dem ihm eigenen Optimismus berichtete er über Erfolge bei der Aufforstung von Wäldern, die Beschränkung des Methanausstoßes, die Verpflichtung weiterer Länder, aus der Kohleverstromung auszusteigen, oder den nun möglichen zwischenstaatlichen Handel mit Emissionsreduktionen. Dazu kamen Zusagen der Industrieländer, den Umbau der Energiewirtschaft in weniger entwickelten Ländern zu unterstützen. All dies darf nicht gering geschätzt werden. Deutschland hat erneut durch Moderation und glaubwürdige Zusagen viele wichtige Beschlüsse erst möglich gemacht. Und das, obwohl die neue Regierung zu diesem Zeitpunkt noch nicht stand und die alte, amtierende Regierung zum Teil Oppositionspolitik machte. Verkehrsminister Andreas Scheuer etwa blockierte einen Beschluss zum Ausstieg aus dem Verbrennungsmotor. Trotzdem muss man die Ergebnisse des Gipfels würdigen.

Das Problem ist ein anderes. Selbst wenn die neuen und alten

Zusagen eingehalten werden, gilt: Um die Erwärmung der Erde auf 1,5 Grad zu begrenzen, müsste der weltweite Treibhausgasausstoß von derzeit rund sechzig Gigatonnen CO_2-Äquivalenten pro Jahr bis 2030 um jährlich knapp dreißig Gigatonnen reduziert werden.[5] Das entspricht etwa einer Halbierung unseres weltweiten Treibhausgasausstoßes – ab sofort, was realistisch gesehen selbst bei bestem Willen nicht zu erreichen ist. Eine Klimaneutralität im Jahr 2050 ist mit den Zusagen nicht möglich. Und ehrlicherweise müssen wir zugeben, dass wir Emissionseinsparungen, die wir in der Vergangenheit zugesagt haben, in der Praxis nie auch nur im Ansatz eingehalten haben. Es ist sehr schwer zu sagen, auf welchem Klimapfad sich die Welt mit den Beschlüssen von Glasgow befindet. Der 1,5-Grad-Pfad ist es sicher nicht. Auch nicht der 2,7-Grad-Pfad, den wir einschlagen würden, wenn wir so weitermachen wie bisher. Realistisch könnte ein 2,4-Grad-Pfad sein, und genau hier liegt das Problem: In dem Bereich zwischen 1,5 Grad und 2,4 Grad liegen bereits so viele Kipppunkte, dass wir die Zukunft einer für viele bewohnbaren Erde riskieren. Ich komme zurück auf meine Ausgangsthese: Ohne die Kipppunkte wären wir in einer ganz anderen Situation.

Warum bewegen wir uns auf 2,4 Grad zu und nicht auf 1,5 Grad? Weshalb sind 1,5 Grad zwar noch möglich, aber nicht mehr realistisch? Ein Beispiel: Glasgow hat noch einmal klar gezeigt, dass es nicht nur um CO_2, sondern auch um andere Treibhausgase geht. Die Bedeutung von Methan etwa, das aufgrund seiner kurzen Halbwertszeit in der Atmosphäre auch einen wichtigen Hebel für die Abbremsung der globalen Erwärmung bietet, wurde lange unterschätzt. Nun sind die Beschlüsse von Glasgow zur Senkung des Methanausstoßes zwar wichtig und konkret. Aber sie werden wahrscheinlich nicht viel fruchten, weil sie voraussetzen, dass erheblich weniger Rindfleisch gegessen wird. Dabei steigt die

Menge des Rindfleischkonsums derzeit sogar an. Ähnlich sieht es in vielen anderen Bereichen aus. Deshalb kommen Thinktanks wie Climate Tracker zu dem Ergebnis, dass es auf die genannten 2,4 Grad bis zum Jahr 2100 hinauslaufen könnte.[6] Während ich das schreibe, erscheint im angesehenen Wissenschaftsjournal «Nature Climate Change» eine neue Studie, die in zahlreichen Modellierungen den Temperaturanstieg im Jahr 2100 irgendwo zwischen 2,2 bis 2,9 Grad sieht, je nachdem, wie weit sich die einzelnen Staaten an die gegebenen Zusagen halten.[7]

Ich selbst habe nach Glasgow den Eindruck, dass nun jedes Land für sich versuchen muss und wird, die eigenen Klimaziele zu erreichen. Jedes Land weiß jetzt, welches Budget an CO_2-Äquivalenten ihm noch zur Verfügung steht. Jedes Land muss alleine einen Weg finden, mit diesem Budget klarzukommen. Die Budgets der ärmeren Länder dieser Welt berücksichtigen dabei nicht, dass diese in der Vergangenheit auch aufgrund mangelnder Entwicklung kaum größere Mengen an CO_2 ausstoßen konnten. Diese Länder haben bis vor kurzem ganz auf Wachstum gesetzt, um eine eigene Industrie aufzubauen, und zwar oft auf Grundlage von Kohleverstromung. Das kohlegeförderte Wachstum setzten sie mit Entwicklung gleich. Jetzt beklagen sie, nie dieselben Möglichkeiten zur Entwicklung gehabt zu haben wie die Industrieländer. In gewisser Weise belohnt das Paris-Abkommen von 2015 die industrialisierten Länder, die schon immer einen hohen CO_2-Ausstoß hatten. Diese müssen ihre Emissionen zwar jetzt abbauen. Aber die Vorteile, die ihnen die fossile Wirtschaft in der Vergangenheit gebracht hat, bleiben ihnen erhalten – etwa die aufgebaute Infrastruktur. Die ärmeren Länder dagegen müssen mit erneuerbarer Energie erst einmal ihre Wirtschaft aufbauen.

Die dafür benötigte Technologie ist besonders teuer. Auch darüber wurde in Glasgow verhandelt. Industrieländer haben sich wie erwähnt dazu verpflichtet, ärmere Länder bei der Transformation ihrer Wirtschaft zu unterstützen. Bisher sind sie ihren Verpflichtungen allerdings nicht ausreichend nachgekommen. Auch in dieser sehr wichtigen Debatte konnten in Glasgow meines Erachtens nur überschaubare Fortschritte gemacht werden. Den ärmeren Ländern sollen pro Jahr hundert Milliarden Dollar für diesen Zweck zukommen. Das wird, auch auf der Grundlage einer Intervention Deutschlands, wahrscheinlich gelingen. Doch was sich nach viel Geld anhört, macht womöglich keinen großen Unterschied: Letztlich bleiben, rechnet man den Betrag auf die betroffenen Menschen um, etwa fünf Euro pro Person und Monat. Sicher ist Klimaschutz nicht nur eine Sache des Geldes. Aber für den Aufbau einer Infrastruktur braucht es eine Anschubfinanzierung. Und es geht auch um die Bereitschaft der ärmeren Länder, beim Aufbau der eigenen Wirtschaft auf fossile Energieträger zu verzichten. Die gute Nachricht ist, dass diese Bereitschaft bald gratis kommt. Weil in wenigen Jahren fast überall auf der Welt Energie aus Solaranlagen und zum Teil auch aus Windkraft günstiger sein wird als Energie aus Kohle und Gas. Wahrscheinlich wird Russland bereits im Jahr 2030 das einzige große Land sein, in dem Gas günstiger ist als erneuerbare Energie.

Die Debatte um die UN-Klimakonferenz hat in Deutschland die breite Öffentlichkeit erstaunlicherweise kaum erreicht. Zwar fanden ein paar Talkshows zum Thema statt, aber sie konkurrierten mit denen zur vierten Coronawelle. Bei Letzteren war auch ich mehrfach eingeladen. Als ich zur Vorbereitung der Sendungen über die Pandemie nachdachte, wurde mir erneut klar, dass es ohne einen wirksamen Impfstoff eine weltweite humanitäre Katastrophe gegeben hätte. Allein mit Public-Health-Maßnahmen wie Abstands- und Hygieneregeln sowie vorübergehender Isolation hätten wir es nicht geschafft, das Virus einigermaßen unter Kontrolle zu bringen. Es wären vor allem Europa, Amerika und Russland gewesen, die extrem gelitten hätten, weil deren Bevölkerung einen hohen Altersdurchschnitt aufweist und alte Menschen einer schweren Coronainfektion kaum gewachsen sind. Nun haben wir eine absurde Situation: Wir haben zwar gute Impfmöglichkeiten, aber die Delta-Variante setzt sich schnell durch, weil es zu viele Ungeimpfte gibt. Vor Monaten, als noch nicht klar war, dass die Impfbereitschaft nicht ausreicht, war für mich der Unterschied zwischen Coronakrise und Klimakrise der folgende: Gegen Corona gewinnen wir, weil wir rasch gute Impfstoffe entwickeln konnten. Gegen den Klimawandel verlieren wir möglicherweise, weil eine Impfung gegen diese Herausforderung unmöglich ist. Jetzt sehen wir, dass es für viele auch im Fall von Corona keine Rettung gibt, weil sie die rettende Impfung ablehnen.

Wenn ein großer Teil der Bevölkerung nicht einmal dazu bereit ist, sich impfen zu lassen, um das eigene Leben zu retten oder zumindest das Leben anderer nicht zu gefährden – wie wäre es dann erst um die Bereitschaft bestellt, jene Veränderungen im Lebensstil zu akzeptieren, die für das Erreichen des 1,5-Grad-Ziels unabdingbar sind? Die notwendigen Einschränkungen müssen schon heute kommen. Der zu erwartende Gewinn aber ist unsicher, zeitlich in weiter Ferne, und er betrifft zudem noch mehrheitlich andere Menschen. Natürlich werden auch in Deutschland in den nächsten Jahren die Konsequenzen des Klimawandels spürbar sein. Trotzdem versteht jeder, dass er stärker unsere Kinder und Enkel treffen wird als uns selbst. Sie werden durch die Dominoeffekte der Klima-Kipppunkte gefährdet, nicht wir. Deshalb gehen sie auf die Straße. Natürlich wird man auch in Deutschland unter Hochwasser und Hitzewellen leiden. Aber jeder versteht, dass Feuchtigkeit und Hitzebelastung um den Äquator herum und im Nahen Osten sowie in Nordafrika eine ganz andere Dimension erreichen werden. Natürlich ist klar, dass auch wir Ernteausfälle haben werden. Aber diese Ernteausfälle sind nicht vergleichbar mit den künftigen Dürrekatastrophen, die in Afrika und in Asien zu erwarten sind. Diese Unterschiede spüren die Bürger. Die Deutschen wissen, dass sie, obwohl sie zusammen mit den anderen Industrienationen den allergrößten Anteil am menschengemachten Klimawandel zu verantworten haben, nicht am stärksten von seinen unmittelbaren Folgen betroffen sein werden.

Doch der Norden wird die Konsequenzen der globalen Erwärmung auch auf eine ganz andere Art erfahren und spüren. In Europa und insbesondere in Deutschland unterschätzt man den Exodus aus stärker betroffenen Regionen. 2015 haben zum Teil ebenfalls klimabedingte Migrationsbewegungen in Deutschland zu einer Staatskrise geführt. Dabei sind damals nicht mehr als zwei Millionen Flüchtlinge, die meisten aus Syrien, nach Europa gekommen. Der absehbare Klimawandel in Nordafrika könnte zu Fluchtbewegungen von mehreren Hundert Millionen Menschen führen. Das hat eine ganz andere Dimension. Die Kombination aus Feuchtigkeit und Hitze, Dürre, Wassermangel und politischer Instabilität führt dazu, dass die betroffenen Regionen nicht mehr bewohnbar sein werden. Es wird für die Menschen gar keine andere Möglichkeit geben, als den Weg nach Europa zu suchen. Und auch dieses ungelöste Problem hat das Potenzial, die Arbeit gegen den Klimawandel zu blockieren, denn systematische Investitionen gegen den Klimawandel in diesen Regionen können durch politische Instabilitäten zu jeder Zeit unterbrochen werden. Wem die Phantasie fehlt, sich vorzustellen, wie so etwas passieren könnte, der muss sich nur die Programmatik rechter Parteien sowohl in der Flüchtlingsfrage als auch in der Klimapolitik anschauen. Diese Parteien verharmlosen oder leugnen gar die Klimakrise – und wollen deren «Opfer» fernhalten. Übrigens gilt das nicht nur in Europa, sondern auch in den Vereinigten Staaten. Diese leugnende rechtspopulistische Haltung verschärft sowohl die Klimakrise als auch das Migrationsproblem.

Warum es auf Deutschland ankommt

Schon im Kapitel über die Zukunft des Klimas ging es um die besondere Rolle, die Deutschland im Kampf gegen die Klimakatastrophe spielt. Zunächst einmal hat Deutschland an der Entstehung des Problems einen Anteil, der weit über seinen Bevölkerungsanteil in der Welt hinausgeht. Mit einer Bevölkerung von dreiundachtzig Millionen Einwohnern, etwa einem Prozent der Weltbevölkerung, ist Deutschland historisch gesehen für 4,6 Prozent des bisherigen menschengemachten Treibhausgasausstoßes verantwortlich.[8] Darüber hinaus verfügt Deutschland über eine große Zahl besonders gut ausgebildeter Ingenieure und hochqualifizierter Facharbeiter sowie Unternehmen, die in der Lage sind, neue Umwelttechnologien zu entwickeln und zu fertigen. Während die grundsätzliche Funktionsweise etwa von Elektroautos, Lithiumspeichern, Redox-Flow-Speichern, Photovoltaikanlagen, Windkrafträdern, Wärmepumpen, Carbon-Capture-Anlagen oder Wasserstoffturbinen längst klar ist, müssen für all diese Technologien qualitativ hochwertige und preiswerte Umsetzungen für den Alltag entwickelt, gebaut und verkauft werden. Ein Beispiel wären Photovoltaikschichten, mit denen man Häuserwände und andere Flächen bekleben könnte. Ich würde mir wünschen, dass Deutschland zu einem Land wird, das sich eine neue Zukunft als Exportnation aufbaut und dabei international einen wesentlichen Beitrag zur Energiewende leistet. Statt Kohle, Gas und Öl zu verbrennen und Autos zu verkaufen, entstünde neuer Wohlstand auf der Grundlage erneuerbarer Energie.

In der Regel wird die Bedeutung Deutschlands darin gesehen, dass das Land zeigen könnte, wie eine Industrienation auch mithilfe von erneuerbaren Energien überlebt. Der Gedanke dabei ist: Wenn Deutschland es schafft, als Autonation mit erneuerbaren Energien durchzukommen, dann können alle Staaten das schaffen. Ich halte es für plausibel, dass sich andere Länder in dieser Hinsicht an Deutschland orientieren könnten. Überzeugend finde ich außerdem die Idee, unsere am Export orientierte und innovative große Mittelstandsindustrie für die Produktion von Maschinen und Technologien zur Bewältigung des Klimawandels zu nutzen. Die jetzt nach Deutschland zurückkehrende Photovoltaikindustrie ist dafür ein gutes Beispiel. Mit der zunehmenden Automatisierung der Produktion steigt der Anteil der Transportkosten an den Gesamtkosten, gleichzeitig sinkt der Anteil der Arbeitskosten. Damit könnte zumindest die Produktion nach Deutschland zurückkommen, und es könnten hier beispielsweise die erwähnten hochwertigen aufklebbaren Photovoltaikschichten hergestellt werden. Mittlerweile werden Solarpanels mit mehreren Schichten zur perfekten Ausbeutung von Sonnenstrahlen bei wenig wie bei viel Hitze in Deutschland produziert, die Zusammenarbeit des Fraunhofer-Instituts für Solare Energiesysteme in Freiburg mit der Industrie ist beispielhaft. Profitieren könnte Deutschland sogar im Automobilbau. Bei der Produktion eines Automobils nimmt der Anteil an den Kosten, der auf die Batterie entfällt, stetig ab. So steigt der Anteil der Wertschöpfung durch das eigentliche Fahrzeug. Unter optimalen Bedingungen könnte Deutschland anderen Ländern Produkte und technologische Hilfe bieten, um die Energiewende zu schaffen.

Lernen von China?

In der Einleitung habe ich – durchaus etwas provozierend – erwähnt, dass China einen besonders ehrgeizigen und überraschend direkten Weg zur Überwindung der fossilen Wirtschaft eingeschlagen hat und bis 2060 Kohlenstoffneutralität erreichen will. Dies wäre von größter Bedeutung, weil China für bis zu einem Drittel der CO_2-Emissionen weltweit verantwortlich ist.[9] Wie passt Chinas Bekenntnis zum Klimaschutz zu der Tatsache, dass der Staatschef am Klimagipfel in Glasgow nicht einmal selbst teilgenommen hat? China hat darüber hinaus im Jahr 2020 viele neue Kohlekraftwerke im eigenen Land gebaut und war bis vor kurzem der wichtigste finanzielle und logistische Unterstützer für neue Kohlekraftwerke in ärmeren Ländern.[10] Trotz dieser Einschränkungen darf man annehmen, dass China einen wichtigen Sonderweg eingeschlagen hat. Zum einen überprüft die chinesische Staatsführung den Ausstoß von Kohlekraftwerken und kohleabhängigen Industrien mittlerweile auf fast täglicher Basis. Regionen oder Industrien, die die vereinbarten Ziele nicht einhalten, müssen mit unmittelbaren Sanktionen rechnen. Zum anderen werden in den weiten Wüsten des Landes großflächige Solarkraftanlagen aufgebaut, besonders im Nordwesten. Da in vielen Teilen Chinas zudem hohe Windgeschwindigkeiten erreicht werden, sind die Voraussetzungen für den Aufbau von erneuerbarer Energie in der Kombination von Wind und Sonne sehr gut.[11]

Dazu kommt, dass China den eigenen Bürgerinnen und Bürgern nicht erklären muss, dass die Energiewende notwendig ist, damit in anderen Ländern Klimaschäden vermieden werden. Die Bevölkerung ist durch Kohleförderung und kohlebasierte Industrie in den letzten Jahrzehnten so sehr geschädigt worden, dass der Ausbau der erneuerbaren Energien auch als ein Beitrag zum allgemeinen Gesundheitsschutz gesehen wird. Der rasant fort-schreitende Aufbau von Ladesäulen und die Herstellung preis-werter Elektroautos sind meines Erachtens ebenso gute Voraus-setzungen für die Energiewende. Die Berücksichtigung neuer wissenschaftlicher Erkenntnisse im politischen Prozess ist aus chinesischer Sicht eine Selbstverständlichkeit. Einspruchsrechte oder wesentliche Verzögerungen durch bürokratische Hürden scheinen – anders als bei uns – nicht vorgesehen zu sein. Die für den Aufbau erneuerbarer Energien notwendige Digitalisierung, etwa bei der Nutzung von lokalen Speichern zur Stabilisierung des Netzes, stellt China nicht vor unlösbare Probleme. Die Digi-talisierung ist dort in allen Bereichen des Lebens bereits viel wei-ter fortgeschritten als in Europa. Somit kann es sogar sein, dass China noch deutlich vor 2060 klimaneutral wird.

Wir können von China einiges lernen. Gleichzeitig kann das Land für uns kein Modell sein, weil das politische System in Europa nicht mit dem chinesischen vergleichbar ist. Wenn wir versuchen, wissenschaftliche Erkenntnisse ohne Verluste in den politischen Prozess einzubringen, kann dabei nicht die Demo-kratie zur Disposition stehen. Was wir dagegen von China lernen können, ist etwa, wie man die Erfolge der Klimapolitik unmittel-bar überprüft. Bald wird es auch bei uns möglich sein, den CO_2-Ausstoß einzelner Länder in Echtzeit zu messen – und zwar per Satellit.[12] Solche Überwachungssatelliten können sogar zwischen dem menschengemachten und dem natürlichen CO_2- und Treib-hausgasausstoß unterscheiden. So lässt sich der Erfolg oder Miss-erfolg einzelner Regierungen und Länder visualisieren. Auch für Deutschland würde dann klar, ob wir uns auf dem eingeschlage-nen Pfad wirklich auf das 1,5-Grad-Ziel zubewegen – oder nicht.

Mehr Wissenschaft wagen

Weder bei der Klimaschutzkonferenz in Glasgow noch in der neueren Literatur ist die beschriebene Bedeutung der Kipppunkte für das Klima relativiert worden. Wenn wir so weitermachen wie bisher, bewegen wir uns auf einem Pfad der Emissionsentwicklung, der zu einer globalen Erwärmung von rund 2,7 Grad am Ende des Jahrhunderts führen wird.[13] Dabei würden wir auf Kipppunkte treffen, die unumkehrbar sind. Somit haben wir streng genommen zwei Probleme gleichzeitig: ein gravierendes Problem und ein möglicherweise katastrophales. Das gravierende Problem ist, dass eine um 2,7 oder sogar um drei Grad wärmere Welt für viele Menschen insbesondere in den ärmeren Ländern mit Überschwemmungen, Hungersnöten, Dürren und Pandemien einhergehen würde. Migrationsströme von vielen Millionen Menschen wären unausweichlich. Das möglicherweise katastrophale Problem sind die beschriebenen Kippvorgänge, deren Eintreten sich offenbar nicht genau simulieren oder berechnen lässt. Sicher ist, dass die nächsten zehn Jahre die entscheidenden sein werden, weil wir nur jetzt die Chance haben, eine nicht mehr beherrschbare Verselbstständigung der Klimaverschlechterung noch zu verhindern.

Was können wir tun? Deutschland kann auch international einen wichtigen Beitrag leisten, indem es bis zum Jahr 2050 die Klimaneutralität erreicht, besser noch bis 2040. Darüber hinaus gibt es nicht viele Länder, in denen die benötigte Technologie entwickelt und produziert werden kann. Deutschland könnte daher bei der Bewältigung des Klimawandels eine Rolle spielen, die weit über die Größe des Landes hinausgeht. Aus meiner Sicht können wir diese Chance aber nur dann nutzen, wenn wir wie im ersten Kapitel des Buchs beschrieben unsere Politik sehr viel stärker als bisher an den wissenschaftlichen Erkenntnissen ausrichten. Um es frei nach Willy Brandt zu sagen: Wir müssen viel mehr Wissenschaft wagen. Dabei geht es nicht darum, dass Politik derzeit zentrale wissenschaftliche Erkenntnisse infrage stellen würde. Das macht allenfalls die AfD. Oder dass Wissenschaftlerinnen und Wissenschaftler nicht gehört würden in der Politik. Wissenschaft wird gehört, und echte Klima-Querdenker spielen zumindest bei uns keine wichtige Rolle. Vielmehr geht es darum, die wissenschaftlichen Erkenntnisse vollständig umzusetzen. Was die Forschung betrifft, ist zum Beispiel klar, dass wir wesentlich mehr Speicherkapazität für erneuerbare Energie benötigen, wenn Kohle- und Gaskraftwerke nicht mehr zur Stabilisierung des Netzes zur Verfügung stehen. Nun stellen sich Fragen, die äußerst kompliziert sind, aber schon in den nächsten Jahren entschieden werden müssen. Wo sollen diese Speicher sein? Welche Rolle spielen Haushalte oder Fahrzeuge? Welche Speicherformen sollten verwendet werden? Wie werden die Speicher vernetzt? Ein weiteres Beispiel sind die Pläne, grünen Wasserstoff herzustellen. Lohnt sich die Produktion in Deutschland, etwa auf Inseln «offshore»? Oder sollte man auf den Import aus Nordafrika setzen? Welche Rohrleitungen sollten verwendet werden? Lässt sich das alte Gasleitungssystem aus dem Ruhrgebiet weiter nutzen? Fragen über Fragen – und sie lassen sich nur mithilfe der Wissenschaft beantworten.

Der Ausbau der Photovoltaik auf Hausdächern ist wissenschaftlich unstrittig und unbedingt notwendig für die Energiewende. Hier könnten Wissenschaftler aus der Ökonomie und der Psychologie dazu beitragen, das Beantragungs- und Umsetzungssystem so zu vereinfachen, dass es sich für den Einzelnen lohnen würde und keine komplizierten Hindernisse zu überwinden wären. Keine Psychologin, die die Hemmnisse beim freiwilligen Aufbau einer Photovoltaikanlage bei zum Teil schon älteren Hausbesitzern kennt, würde empfehlen, dass diese mit ihrer Solaranlage auf dem Dach zugleich Unternehmer würden und Steuervorauszahlungen leisten müssten. Bei einer guten wissenschaftlichen Begleitung wäre das sicher nicht das Ergebnis der Reform gewesen. Man hätte das Verfahren so einfach gestaltet, dass die Hauseigentümer bei minimalem bürokratischen Aufwand nur ein minimales privates Risiko hätten tragen müssen. Aus wissenschaftlicher Sicht wäre vermutlich auch die Integration eines Speichers in die Anlagen sinnvoll gewesen, der möglicherweise aus öffentlichen Mitteln hätte bezahlt werden müssen. Nur so können die Solaranlagen ihren Nutzen optimal entfalten.

Bei der Planung von neuen Windkraftanlagen hätten Wissenschaftlerinnen und Wissenschaftler wahrscheinlich berücksichtigt, dass die Vetorechte der umliegenden Gemeinden und die vorhandene Bebauung den Genehmigungsprozess massiv behindern können. Das sieht natürlich auch jeder Politiker. Aber durch welche Anreize und Verfahren sich das Problem am besten lösen lässt, ist schon wieder eine wissenschaftliche Frage. Wie stark sollen die betroffenen Gemeinden am Ertrag der Anlagen beteiligt werden? Welche Rolle sollen Ausschreibungen spielen? Diese Fragen klingen einfach, sind sie aber gar nicht. Der Windkraftausbau ist mehrmals eingebrochen, nachdem die Anreize auf falsche Weise verändert wurden. Zudem hätte man auf der Grundlage wissenschaftlicher Begleitung bei Windkraftanlagen vermutlich eine deutlich größere Speicherkapazität aufgebaut, damit sie ihre gesamte Energie auch dem Netz zur Verfügung stellen können. Denn es war zu erwarten, dass der Ausbau der Netze nicht wirklich planbar ist. Kommt ein Windpark in die Gemeinde, profitiert diese oft mit. Läuft dagegen eine Stromtrasse vorbei, verlieren nur die Grundstücke an Wert. Mit wissenschaftlichen Modellrechnungen hätte man belegen können, welche Bedeutung die lange Dauer von Genehmigungsverfahren hat, um die Verfahren massiv zu beschleunigen und zu entbürokratisieren. Mithilfe wissenschaftlicher Methoden lassen sich auf lokalem Raum Energienetze aufbauen, die die Abhängigkeit der Energienutzung von langen Transportwegen und großen Speicheranlagen mindern.

Wissenschaft durchleuchtet jeden Winkel des Klimawandels, sogar das Essen. Bei der Kennzeichnung von Lebensmitteln wäre mit wissenschaftlichem Sachverstand nicht nur der Gehalt von Zucker, Fett und Salz auf der Verpackung ausgewiesen worden, sondern auch der Treibhausgasausstoß, gemessen in CO_2-Äquivalenten, der durch die Produktion verursacht wurde. Psychologen könnten die schädigende Wirkung des übermäßigen Fleischkonsums so darstellen, dass jedem sowohl die gesundheitlichen Nachteile für uns Menschen als auch die qualvollen Umstände der Massentierhaltung präsent wären. Hier käme man vielleicht schon in den Bereich des Nudgings, also des gezielten «Anstupsens» auch von staatlicher Seite aus – mit dem Ziel, die Gewohnheiten der Bevölkerung zu verändern,[14] was ich in diesem Fall durchaus vertretbar fände. Mit wissenschaftlicher Expertise könnten die Förderrichtlinien der Europäischen Union so verändert werden, dass die Massentierhaltung von Großbetrieben mit ihren Konsequenzen für das Tierwohl, die Bodendüngung und den ungesunden Konsum von Billigfleisch begrenzt würde. Die Preise von Fleisch und Fisch würden die tatsächlichen Kosten ihrer Produktion besser abbilden. Aus wissenschaftlicher Sicht wäre der Anbau von Gemüse und Früchten unterhalb von Solarpanels hochsinnvoll, und er sollte nicht zum Verlust von EU-Agrarsubventionen führen. So ließe sich die Liste der vor uns liegenden Herausforderungen, bei denen wissenschaftlicher Sachverstand nicht nur sehr hilfreich, sondern absolut notwendig ist, beliebig fortführen.

Wenn wir all diese Probleme ohne ausreichende Einbeziehung der Forschung bearbeiten, laufen wir Gefahr, Fehler zu machen. Ein Beispiel ist die Einführung der Maut: Das Konzept war nie stimmig, und es hat auch nicht geklappt. Oder die Planung des neuen Berliner Flughafens: zu klein, zu weit draußen, zu kompliziert. Zu viele Ausschreibeverfahren für Windenergie oder Photovoltaik.

Mehr Wissenschaftler in der Politik sowie die stärkere Beteiligung von Wissenschaft bei politischen Entscheidungen, dies würde in jedem Fall wesentlich bessere Ergebnisse versprechen. Schon deshalb, weil bei der Vorbereitung von Gesetzen und Verordnungen dann die Fachpolitiker des Bundestags eigenständiger den Beamten und Experten der Regierung und auch den zahlreichen Lobbyisten entgegentreten könnten. Im Klimabereich müssen jetzt in kurzer Zeit viele große komplizierte Gesetzespakete beschlossen werden. Gerade hier sollte der Lobbyismus zurückgedrängt werden. Während früher der Klimawandel oder zumindest die Bedeutung Deutschlands für den Klimawandel im Vordergrund standen, konzentrieren sich Lobbyisten jetzt auf den Kampf gegen die Maßnahmen, mit denen der Klimawandel bekämpft werden soll. Es geht dann beispielsweise nicht mehr darum, wann der Verbrennungsmotor ausscheiden muss, sondern ob er nicht zumindest als «E-Fuel» (also betrieben mit synthetischen Kraftstoffen, die mittels Strom aus Wasser und Kohlenstoffdioxid hergestellt werden) überleben könne. Gegen solchen Lobbyismus gibt es keine bessere Impfung als Wissenschaftler im Parlament.

Mehr Wissenschaft in der Politik würde auch bedeuten, dass die Debatten über den Klimawandel im Deutschen Bundestag offener und realistischer geführt werden. Es würde zum Beispiel niemand mehr unwidersprochen vortragen, dass unsere Energieprobleme kurzfristig durch eine vierte Generation von Atomkraftwerken zu lösen wären oder die Kernfusion jetzt komme, alles Dinge, die ich im Bundestag schon gehört habe. Weil dann genug Wissenschaftlerinnen und Wissenschaftler in den Parteien mitreden würden, die sich darüber im Klaren wären, dass weder die technischen Voraussetzungen noch die ökonomische Umsetzbarkeit dieser Technologien gegeben sind. Niemand würde mehr darauf setzen, dass Windkraft und Solarenergie durch grünen Wasserstoff aus Afrika ersetzt werden könnten, zumindest nicht in der Zeit, die uns bis zum Erreichen der Klimaneutralität noch bleibt. Auch würden wir uns von der Illusion verabschieden, dass reine Offshore-Anlagen oder Gezeitenanlagen die nötigen Windkraftanlagen auf mindestens zwei Prozent der Landfläche ersetzen könnten. All diese sehr allgemeinen und wissenschaftlich relativ unstrittigen Zusammenhänge sind Fachpolitikern natürlich bekannt. Wissenschaftlerinnen und Wissenschaftler im Parlament könnten sie allerdings besonders überzeugend begründen, und auch bei strittigeren Analysen wären sie eine unersetzbare Bereicherung.

Die zu beschließenden Gesetze zum Ausbau der erneuerbaren Energien und zu vielen anderen Maßnahmen des Klimaschutzes sind ausgesprochen komplex, auch in der konkreten Umsetzung. Der Gesetzestext umfasst häufig mehr als hundert Seiten, und er muss vom Entwurf der Referenten des zuständigen Ministeriums bis zum Kabinettsentwurf in zahlreichen Runden und oft zum Schluss noch einmal für den Bundesrat oder sogar für eine Vermittlung zwischen Bundestag und Bundesrat überarbeitet werden. Hier leisten die Fachpolitiker der Parteien schon jetzt ganz herausragende Arbeit. Wir werden in den Bereichen Umwelt, Energie und Verkehr aber zukünftig eine so unfassbar große Dichte von sehr umfänglichen Gesetzen bearbeiten und verabschieden müssen, dass eine Verstärkung durch Wissenschaftler auf allen politischen Ebenen dringend notwendig ist. Und wir brauchen nicht nur mehr Wissenschaftler im Parlament, sondern müssen auch viel enger mit ihnen zusammenarbeiten. Die Beratung muss ergebnisoffener und verbindlicher organisiert werden. Wissenschaftler sollten sehr viel stärker schon in die frühesten Phasen der Gesetzgebung eingebunden werden. Auch in den Ministerien müssen mehr Wissenschaftler beschäftigt werden.

Die Parteien sollten aktiv versuchen, Wissenschaftlerinnen und Wissenschaftler zu rekrutieren. Diejenigen, die in der Forschung für den Klimaschutz kämpfen, müssen sich überlegen, ob sie in Anbetracht der Bedeutung, die ihnen in den nächsten Jahren zukommt, nicht in die Politik wechseln wollen. Mittlerweile arbeiten zum Glück sehr viele in der Forschung zum Klimawandel und beispielsweise an Lösungen für den Ausbau der erneuerbaren Energien. Es ist faszinierend zu sehen, dass sich seit mindestens zwanzig Jahren ein wahrscheinlich deutlich überproportionaler Anteil begabter und idealistischer junger Menschen für das Studium von Fächern entscheidet, in denen man zur Bekämpfung der Klimakatastrophe beitragen kann. Aber an der Forschung und Entwicklung scheitert die Energiewende nicht. Klar, auch dort kann jeder Einzelne einen Unterschied machen, und wir brauchen auch weitere technologische Durchbrüche. Größeren Einfluss haben Wissenschaftlerinnen und Wissenschaftler aber meines Erachtens heute in der Politik oder in der direkten Zusammenarbeit mit der Politik. Wir haben längst das notwendige Wissen, um eine klimaneutrale Wirtschaft aufzubauen und unsere Lebensweise anzupassen. Die Umsetzung dieses Wissens, in einer Art und Weise, dass die Bevölkerung bei der Transformation mitmacht, ist die eigentliche Herausforderung. Die Parteien müssen Wissenschaftlerinnen und Wissenschaftlern auch die notwendigen Freiräume geben, damit sie in den entsprechenden

Ausschüssen ausreichend Einfluss gewinnen können. Die Verteidigung von Privilegien oder eines Systems, in dem Machtfragen und Seilschaften mehr zählen als wissenschaftliche Expertise und Sachkompetenz, können wir uns nicht mehr leisten. Zumindest nicht, wenn es um die Bewältigung des Klimawandels geht.

Meine Sicht auf die vor uns liegende Transformation ist nicht unstrittig. Ich sehe einen Weg darin, dass der Staat durch ein System gezielter Investitionen, Planungen, Anreize und Sanktionen den technologischen Wandel sehr aktiv gestaltet und maximal beschleunigt. Viel stärker als in anderen Bereichen der Wirtschaft und Gesellschaft. Daher mein Plädoyer für mehr Wissenschaftlerinnen und Wissenschaftler in der Politik, von der Physik bis zu Psychologie. Aber genügt es nicht, wenn ausreichend viele Wissenschaftler und Unternehmer zusammenarbeiten und sich am Markt bessere Lösungen quasi durch die unsichtbare Hand entwickeln? Genügt es nicht, einem Markt zu vertrauen, auf dem ein stetig steigender CO_2-Preis die Entwicklung von klimaneutralen Produktionsweisen und Endprodukten fördert? Wären unsere Probleme mit einem angemessenen CO_2-Preis und technologischem Fortschritt nicht viel unbürokratischer und ohne politische Dauerintervention zu lösen?

Die einfache Antwort lautet: nein. Ein CO_2-Preis, der eine solche Wirkung entfalten könnte, läge wahrscheinlich bei über zweihundert Euro pro Tonne. Keine Regierung könnte einen solchen CO_2-Preis überstehen. Selbst dann, wenn der hohe Preis mit einer Energieprämie für niedrigere Einkommensklassen ausgeglichen würde, entstünden für zahlreiche Einzelgruppen extreme Härten. Dazu kommt, dass der größte Teil unseres CO_2-Ausstoßes von einer kleinen Bevölkerungsgruppe ausgeht. Diese Menschen könnten sich auch weiterhin selbst hohe Kosten für ihren CO_2-

Ausstoß leisten. Einfach ausgedrückt: Es reicht nicht, wenn die Armen klimaneutral sind, es kommt besonders auf die Reichen an. Und schließlich ersetzt der Markt nicht die gigantischen Investitionen, die in die Infrastruktur für erneuerbare Energie getätigt werden müssen. Wissenschaftler wie Ottmar Edenhofer vom Potsdam-Institut für Klimafolgenforschung, die sich für stimmige CO_2-Preise einsetzen, unterschätzen nicht, wie brisant diese politische Operation ist. Sie wissen, dass die bei einem hohen CO_2-Preis am Markt stark nachgefragten Mengen an erneuerbarer Energie, Verbraucherprodukte wie Wärmepumpen und Elektroautos oder auch Wasserstoffspeicher und Wasserstoffindustrieanlagen erst einmal vorhanden sein müssen. Anders ausgedrückt: Der CO_2-Preis kann zwar die Produktion und auch den Konsum klimaschädlicher Produkte unbezahlbar machen. Dass aber Alternativen zur Verfügung stehen, dafür kann der Markt nicht alleine sorgen. Das ist Aufgabe der Politik. Solange die notwendigen Voraussetzungen nicht von den Parlamenten geschaffen worden sind, manövriert uns ein steigender CO_2-Preis, so sinnvoll er im Konzert anderer Maßnahmen auch ist, in die Sackgasse. Politisch wäre es der Suizid, aus der fossilen Energie auszusteigen, ohne für ausreichend erneuerbare Energie zu sorgen.

Worauf wir hoffen können

Wird es uns also gelingen, die vor uns liegende Herausforderung zu meistern? Werden wir in Deutschland zumindest unseren Beitrag dazu leisten können, die Erderwärmung bis zum Jahr 2100 unter zwei Grad zu halten? Ich denke, dass Deutschland im Vergleich zu vielen anderen Ländern dafür gute Voraussetzungen hat.

Wir haben Wissenschaftlerinnen, Ingenieure und Handwerker, eine Infrastruktur und, was das Wichtigste ist: eine für den Klimaschutz offene Bevölkerung. Trotzdem wird es auch für uns unfassbar schwer werden. Oft lese ich von «positiven Kipppunkten», mit dem Hinweis auf die schnelle Einführung und Verbreitung von Tablets, Smartphones oder zuvor PCs. Ähnlich wie diese, so wird behauptet, könnten sich auch Geräte und Technologien für den Klimaschutz explosionsartig verbreiten. Das mag sein. Aber all diese technologischen Neuerungen konnten bereits bestehende Infrastruktur nutzen. Neue Leitungen zu ihrer Vernetzung zu schaffen, dauert dagegen Jahrzehnte. Deutschland ist notorisch schlecht im Aufbau neuer Infrastruktur. Ob es um Telekommunikation geht, die Straßen in den Städten, die nicht gebauten Bahntrassen oder die jetzt festhängenden Stromtrassen. Es ist aber die Infrastruktur, die für die Bewältigung des Klimawandels benötigt wird. Nicht der Einsatz der Endgeräte zählt. Wenn genug erneuerbarer Strom vorhanden ist, werden wir schnell entsprechende Wärmepumpen für die Wohnungen produzieren und einbauen können. Die größere Herausforderung aber wird der Aufbau der Infrastruktur für die Produktion und den Transport sowie für die Speicherung der erneuerbaren Energie sein. Genau daran wird sich die Frage entscheiden, ob wir unseren Beitrag zu den Zielen des Pariser Abkommens leisten können.

Viel schwieriger ist die Situation für Länder, die nicht auf eine bereits bestehende Infrastruktur zurückgreifen können. Wenn sie mithalten wollen, müssen sie frühere Technologien überspringen, um sofort im Zeitalter der erneuerbaren Energien anzukommen. Ob dies gelingen kann, weiß niemand.

Wir werden kollektiv Glück brauchen. Denn aus meiner Perspektive werden wir, wie ich es weiter oben beschrieben habe, auf jeden Fall in Bereiche vorrücken, in denen wir die Überschreitung wichtiger Kipppunkte nicht mehr ausschließen können. Natürlich würde ich mich freuen, wenn ich in dieser Hinsicht unrecht hätte. Aber es ändert nichts daran, dass wir um jedes Zehntelgrad kämpfen müssen. Das schulden wir nicht zuletzt all denen, die nach uns kommen. Wir dürfen unsere Kinder im wahrsten Sinne des Wortes nicht im tristen Novemberregen stehen lassen. Wir müssen alles geben, um sie in ihrem Kampf zu unterstützen. Sie sind es, die nach uns das dünne Eis der Kipppunkte betreten werden. Und es sind die Kinder auf der ganzen Welt, die betroffen sind. Nicht nur unsere eigenen.

Es gibt nur einen einzigen Pfad, der uns aus dem Labyrinth der Gefahren herausführen kann. Es ist die Wissenschaft. Nie war es notwendiger als heute, sich am Wissensstand, ja sogar an den tagesaktuellen Ergebnissen der Wissenschaft zu orientieren. Die Coronakrise hat uns im Kleinen gezeigt, was passiert, wenn man die Wissenschaft auch nur für kurze Zeit ignoriert. Wenn wir den Klimawandel nicht bewältigen, werden wir vergleichbare und schlimmere Pandemien in regelmäßigen Abständen durchleben müssen. Hunderten von Millionen Menschen droht die Hungersnot. Bis zu eine Milliarde Menschen werden an Wassermangel leiden. Große Teile der Bevölkerung Afrikas werden ihre Heimat verlieren. Das Leben wird geprägt sein durch Hiobsbotschaften über Brände, Dürren, Erntcausfällc und Flutkatastrophen.

Meine Hoffnung ist daher nicht der große technologische Durchbruch, auf den alle warten. Ich glaube, dass die notwendigen technologischen Durchbrüche schon stattgefunden haben. Für mich ist der positive Kipppunkt, auf den alle gewartet haben, die Entstehung von Fridays for Future. Hier nimmt eine Generation das eigene Schicksal in die Hand. Dieser Bewegung und Generation wünsche ich den Erfolg, den sie verdient, und das Glück, das sie braucht. Wir sollten es dieser Generation so leicht machen wie nur möglich. So oder so bleiben Risiken, die wir nicht kalkulieren und auch nicht mehr komplett umgehen können. Wollen wir auch nur im Ansatz erfolgreich sein, müssen wir der Wissenschaft deutlich mehr Freiheit, Autorität und Einfluss auf unsere politischen Entscheidungen gewähren. Sonst werden wir scheitern.

Anhang

Anmerkungen

Einleitung: Das Jahrzehnt der Entscheidung

1 https://taz.de/UN-Klimaziele-vor-dem-Scheitern/!5797656/
https://www.zeit.de/wissen/umwelt/2021-10/1-5-grad-ziel-
weltklimakonferenz-glasgow-nationale-klimaziele

2 https://ethz.ch/content/dam/ethz/main/news/eth-news/
medienmitteilungen/2019/pdf/190704-crowther-lab/190702_
MM_Wo_Aufforstung_m%C3%B6glich_ist.pdf

3 https://www.spiegel.de/wissenschaft/weltklimarat-warnt-vor-
irreversiblen-folgen-bei-erderwaermung-von-ueber-1-5-grad-a-
bca12dcd-99c5-4fbd-af2b-f2336dc33566

4 https://www.tagesschau.de/ausland/europa/weltklimarat-
bericht-klimawandel-101.html

5 https://www.pik-potsdam.de/de/aktuelles/nachrichten/
risikoanalyse-von-klima-domino-effekten-kippelemente-
koennen-sich-gegenseitig-destabilisieren

6 Von 2018: https://www.deutschlandfunknova.de/nachrichten/
weltklimarat-die-naechsten-zehn-jahre-sind-entscheidend,
https://www.deutschlandfunk.de/klimawandel-und-artenschutz-
die-suche-nach-einer.676.de.html?dram:article_id=498631

7 Martin L. Weitzman: On modeling and interpreting the economics
of catastrophic climate change. In: Review of Economics and
Statistics 91(1)/2009, S. 1–19.

8 https://www.faz.net/aktuell/wissen/klima/klimakonferenz-die-
pruefung-der-menschlichkeit-1901195.html?printPaged
Article=true#pageIndex_2; https://www.zdf.de/dokumentation/
terra-x/interview-hansjoachim-schellnhuber-klimawandel-
100.html

9 https://www.welt.de/politik/deutschland/article231438675/
Schaeuble-Haben-schon-groessere-Probleme-als-den-
Klimawandel-bewaeltigt.html

10 Michael Ignatieff: Liberalism in the Anthropocene (2021). https://
www.michaelignatieff.ca/assets/pdfs/Ignattief_FormalPDF_
LibertiesJI1.pdf.

11 Jonathan Franzen: Wann hören wir auf, uns etwas vorzumachen? Gestehen wir uns ein, dass wir die Klimakatastrophe
nicht verhindern können. Hamburg 2020.

12 https://www.bundesverfassungsgericht.de/SharedDocs/
Pressemitteilungen/DE/2021/bvg21-031.html

13 Dieses Video des amerikanischen Nachrichtensenders CNBC
verdeutlicht die beschriebene Entwicklung Chinas: https://www.
youtube.com/watch?v=4zt-SMlaaM8.

1. Eine schwierige Beziehung – Wissenschaft und Politik

1 https://www.spektrum.de/news/ueber-46-grad-kanada-
erlebt-gerade-eine-jahrtausendhitze/1889218?utm_medium=
newsletter&utm_source=sdw-nl&utm_campaign=sdw-nl-
daily&utm_content=heute

2 https://www.spiegel.de/panorama/kanada-und-usa-menschen-
suchen-in-tiefgaragen-schutz-vor-hitze-a-8a3c1884-a802-
42be-a9d1-8f1a9a166c78

3 https://www.tagesschau.de/ausland/amerika/usa-duerre-
101.html

4 https://www.klimareporter.de/erdsystem/wenn-der-jetstream-
einrastet

5 https://www.spiegel.de/panorama/zhengzhou-in-china-solche-
regenfaelle-gibt-es-normalerweise-nur-einmal-in-100-jahren-a-
0c60a474-8957-46cd-9ef6-4e59962c3069

6 https://www.tagesschau.de/ausland/madagaskar-hungersnot
107.html

7 https://www.diw.de/de/diw_01.c.821924.de/energieversor
gung_ausschliesslich_durch_erneuerbare_ist_moeglich_und_
sicher.html

8 https://www.tagesschau.de/wirtschaft/technologie/nordlink-
suedlink-erneuerbare-energien-101.html

9 https://www.rnd.de/wirtschaft/stromversorgung-tennet-chef-

im-interview-ueber-herausforderungen-der-energiewende-
JDIM6MUB75FBFMVCMAPGSOVWXQ.html?outputType=amp

10   https://www.bund.net/fileadmin/user_upload_bund/
publikationen/energiewende/energie_sparen_sparichmir_
stromtrassen_factsheet.pdf
https://www.bund-hessen.de/pm/news/suedlink-kosten
guenstige-umweltfreundliche-alternativen-machen-
ueberdimensionierte-stromtrassen-ueberfluessig/

11   Zum Glück lassen sich solche Verluste bedrohter Arten, die von
Windkraftrotoren regelrecht geschreddert werden, durch die
Entwicklung spezieller Kamerasysteme zunehmend minimieren:
Nähern sich Vögel oder Fledermäuse, stoppt die Anlage für
einige Minuten. Vgl. Fred Langer: Eine Formel für die Zukunft.
In: GEO 11/2021, S. 88 ff.

12   Der Tweet mitsamt der Kaskade an Kommentaren kann hier
nachgelesen werden: https://twitter.com/karl_lauterbach/
status/1405870103284092930.

13   https://www.tagesschau.de/wirtschaft/verbraucher/
grillfleisch-fleischersatz-preisunterschied-studie-umwelt-
billigfleisch-101.html

14   https://twitter.com/Karl_Lauterbach/status/
1439588675474558980. Hier die Studie: https://med.stanford.
edu/news/all-news/2021/09/covid-19-autoantibodies.html.

15   Zum Weiterlesen ein paar Links zum Thema: https://www.
deutschlandfunkkultur.de/wissenschaft-in-den-medien-
false-balance-ist-der-groesste.1264.de.html?dram:article_
id=495461; https://www.deutschlandfunk.de/problem-false-
balance-journalisten-sollen-einordnen.2907.de.html?dram:
article_id=498526; https://medienwoche.ch/2021/07/28/
false-balance-in-den-medien-was-wissenschaftlich-stimmt-ist-
keine-frage-der-mehrheitsmeinung/.

16   https://www.spiegel.de/politik/deutschland/bundestagsabge
ordnete-wie-repraesentativ-ist-das-parlament-a-1276568.html

17   Eine Statistik zeigt den Anteil der Bundestagsabgeordneten mit
Doktor- oder Professorentitel nach Parteizugehörigkeit geglie-
dert: https://de.statista.com/statistik/daten/studie/798117/
umfrage/anteil-der-doktoren-und-professoren-im-bundestag-
nach-parteien/.

18   An FHs oder Pädagogischen Hochschulen, Akademien oder
Universitäten – egal, ob mit oder ohne Abschluss:https://www.
bundestag.de/resource/blob/272942/924eeff93db104ce0007
5a72ee529f7/Kapitel_03_09_Schul-_und_Hochschulbildung-
pdf-data.pdf.

19 https://www.bundestag.de/abgeordnete/biografien/mdb_ zahlen_19/studienfaecher-529490

20 https://www.deutschlandfunk.de/politiker-als-lobbyisten-keine- schwer-vermittelbaren.862.de.html?dram:article_id=397519

21 https://www.spiegel.de/karriere/bundestag-viele-ex- abgeordnete-sind-arbeitslos-a-961698.html

22 Natürlich kann die wissenschaftliche Arbeit, die man in den Bundestag einbringt, manchmal auch zur Grundlage schlechter Beschlüsse werden. Um hier nicht allzu einseitig und verklärend zu berichten, möchte ich auch dafür ein Beispiel bringen. Ich hatte in meinem Institut Ende der neunziger Jahre sehr intensiv an Finanzierungssystemen für Krankenhäuser gear- beitet, insbesondere dem System der sogenannten Fallpau- schalen. Im Rahmen meiner Beratungstätigkeit für die damalige grüne Gesundheitsministerin Andrea Fischer wurden die Fall- pauschalen für alle deutschen Krankenhäuser eingeführt. Mit den Details der Einführung und der Umsetzung dieser besonders großen Reformen war ich als Bundestagsabgeord- neter später intensiv beschäftigt. Im Nachhinein haben sich die Fallpauschalen als wesentlich problematischer erwiesen, als es auf der Grundlage der Forschung Ende der neunziger Jahre zu erwarten gewesen wäre. Ohne hier auf Einzelheiten eingehen zu können, habe ich daher in den Jahren seit 2015 regelmäßig an Korrekturen für eine Reform gearbeitet, die ich selbst mehr als zehn Jahre vorher miteingeführt hatte. Weitere Wissenschaftler im Bundestag hätten die Debatte damals sicherlich nicht nur belebt, sondern auch zu besseren Entscheidungen beigetragen.

23 https://www.derstandard.de/story/2000114715581/chancen- und-risiken-von-gen-manipulation-beim-menschen

24 So zum Beispiel im Verkehrsministerium: https://www.bmvi.de/ DE/Ministerium/Wissenschaftlicher-Beirat/wissenschaftlicher- beirat.html.

25 In dieser Hinsicht hat die Klimapolitik sehr viel Ähnlichkeit mit der Coronapolitik. Auch in der Coronakrise war die Existenz großer Teile der Bevölkerung gefährdet. Daher wäre es politisch nicht im Ansatz zu rechtfertigen gewesen, den entsprechenden Stand der Wissenschaft zu ignorieren. Ethisch wäre dies der Politik untersagt gewesen. Auch hätte die Politik nicht entscheiden können, sich statt der Pandemiebekämpfung auf andere gesellschaftliche Probleme wie die ja leider noch immer viel zu hohe Arbeitslosigkeit zu konzentrieren.

26 https://www.mpg.de/trauer-um-paul-crutzen

27 Tim Flannery: Wir Wettermacher. Wie die Menschen das Klima

verändern und was das für unser Leben auf der Erde bedeutet. Frankfurt am Main 2006. Siehe das Kapitel «Ein knappes Rennen», S. 241 ff. Die meisten hier genannten Fakten zum Ozonloch und zu den FCKW gehen auf Flannerys Schilderung zurück.

28 https://www.tagesschau.de/ausland/amerika/hitze-duerre-kanada-kalifornien-kanada-klimawandel-101.html; https://www.nature.com/articles/d41586-021-01869-0

29 https://www.tagesschau.de/inland/studie-starkregen-101.html

2. Vom Urknall bis zum Treibhauseffekt – eine kurze Geschichte des Klimas

1 Zahlreiche Anregungen und Fakten in diesem Kapitel stammen aus den folgenden Büchern: David Christian: Big History. Die Geschichte der Welt – vom Urknall bis zur Zukunft der Menschheit. München 2018; Stefan Rahmstorf, Hans Joachim Schellnhuber: Der Klimawandel. Diagnose, Prognose, Therapie. München 2019; Lothar Frenz: Lonesome George oder Das Verschwinden der Arten. Berlin 2012. Auch viele andere Bücher, von Max Tegmark bis zu Roger Penrose oder Stephen Hawking, kamen zum Tragen. Sie wurden jedoch weder als direkte Quelle genutzt, noch wird aus ihnen zitiert.

2 Hier noch einmal der Verweis auf das bereits in Anm. 1 erwähnte Buch «Big History» von David Christian, das es schafft, ausgehend vom Urknall die Entstehung des Kosmos, unserer Biosphäre und unserer Spezies in verschiedenen Entwicklungsstufen zu beschreiben. Es macht wunderbar deutlich, wie sehr unsere Zivilisation auf dem Planeten Erde letztlich auf das Zusammenspiel natürlicher Kräfte zurückgeht.

3 Wer sich für die Entstehung unseres Planeten im Weltall interessiert, findet eine spannende Zusammenfassung und Erläuterung der Geschehnisse in der «GEO kompakt»-Ausgabe Nr. 1 / 2004: «Die Geburt unserer Erde – und die Entstehung des Lebens: Wie aus einem glühenden Plasmahaufen der Blaue Planet wurde».

4 https://www.spektrum.de/news/stand-die-rna-am-anfang-des-lebens/1413735

5 Das bereits in Anm. 1 erwähnte Buch «Der Klimawandel» von Stefan Rahmstorf und Hans Joachim Schellnhuber berichtet nicht nur über die Grundlagen der Klimakatastrophe, sondern

erläutert auch ausführlich, wie unser Klima überhaupt entstand und warum der Treibhauseffekt nötig ist. Über Klimageschichte und den Treibhauseffekt erzählt populärwissenschaftlich auch Lothar Frenz in dem Buch «Aha! Eis, das brennt – und andere verblüffende Phänomene» (Berlin 2010).

6 Hintergründe über die Bedeutung und Vielfalt des pflanzlichen Wirkens auf der Erde erfährt man in der «GEO kompakt»-Ausgabe Nr. 38 / 2014: «Das geheime Leben der Pflanzen. Wie sie fühlen, riechen, sehen, weshalb sie warnen und täuschen – und warum sie den Planeten beherrschen».

7 Was war zuerst da: die Henne oder das Ei? Wer sich mit dieser und anderen Fragen aus der Evolution beschäftigen möchte, dem sei «Als das Leben laufen lernte. Evolution in Aktion» von Matthias Glaubrecht, Annette Kinitz und Uwe Moldrzyk (München 2007) empfohlen. Auch die «GEO kompakt»-Ausgabe Nr. 23 / 2010 informiert anschaulich über «Evolution. Die ersten vier Milliarden Jahre: Von der Urzelle zum Säugetier».

8 Ein aktueller Abriss der menschlichen Evolution findet sich bei Matthias Glaubrecht: Das Ende der Evolution. Der Mensch und die Vernichtung der Arten. München 2019.

9 Die «GEO kompakt»-Ausgabe Nr. 37 / 2013 gibt einen guten Überblick über «Die Geburt der Zivilisation. Der Aufbruch des Menschen in die Moderne – 100 000 – 1500 vor Christus». Dazu natürlich auch Yuval Noah Harari: Eine kurze Geschichte der Menschheit. Übersetzt von Jürgen Neubauer. München 2011.

10 https://www.wissenschaft.de/erde-klima/wie-kalt-war-die-letzte-eiszeit/

11 Was wir heute übers Klima wissen, https://www.deutsches-klima-konsortium.de/fileadmin/user_upload/pdfs/Publikationen_DKK/basisfakten-klimawandel.pdf, S. 5.

12 https://www.dw.com/de/faktencheck-klimawandel-ist-globale-erw%C3%A4rmung-nat%C3%BCrlicher-prozess/a-57876170 https://bildungsserver.hamburg.de/treibhausgase/2052404/kohlendioxid-konzentration-artikel/

13 David Wallace-Wells: Die unbewohnbare Erde. Leben nach der Erderwärmung. München 2019, S. 12.

14 Was wir heute übers Klima wissen, S. 5.

15 https://www.rnd.de/panorama/methanausstoss-neuseelands-schafe-sollen-weniger-gas-geben-TN4HFOEJOFAKDM4IN7 PMKK3ORA.html

3. Wenn die Dominosteine fallen – unsere Zukunft auf der Erde

1 Fünf sogenannte gemeinsame sozioökonomische Entwicklungspfade («Shared Socioeconomic Pathways» oder SSPs) ergänzen die vier RCPs, die sich im Kern auf die mögliche Entwicklung der Treibhausgasemissionen und deren Auswirkungen auf die Erwärmung des Planeten beschränken. Die SSPs beschreiben grundsätzliche Wege, wie sich Gesellschaften weltweit entwickeln könnten. Mehr zu den SSPs finden interessierte Leserinnen und Leser hier: https://www.spektrum.de/magazin/fuenf-wege-in-waermere-welten/1807463; https://www.nationalgeographic.de/umwelt/2021/08/klimawandel-weltklimarat-zeigt-fuenf-moegliche-szenarien-fuer-die-zukunft-auf; https://www.klimareporter.de/gesellschaft/fakten-in-fussnoten; https://www.dwd.de/DE/klimaumwelt/klimawandel/klimaszenarien/naechste-generation_node.html.

2 http://www.pik-potsdam.de/~stefan/Publications/Kipppunkte%20im%20Klimasystem%20-%20Update%202019.pdf

3 https://www.piqd.de/klimawandel/erderhitzung-auf-rcp-8-5-kurs

4 Der Artikel «Horrorvision oder Realität?» aus der «Süddeutschen Zeitung», https://www.sueddeutsche.de/wissen/klimawandel-klimaschutz-szenarien-1.4989443, bezieht sich auf folgende Originalarbeit: https://www.pnas.org/content/117/33/19656.

5 Vgl. Lothar Frenz: Lonesome George oder Das Verschwinden der Arten, S. 322 ff.

6 Die Angaben zu den Methanhydratreserven schwanken zwischen 100 000 und 530 000 Gigatonnen Kohlenstoff. Von Erdöl und Kohle dagegen seien nur noch rund 5000 Gigatonnen vorhanden, so das GEOMAR Helmholtz-Zentrum für Ozeanforschung in Kiel: https://www.geomar.de/news/article/methanhydrat-das-brennende-eis.

7 Lee R. Kump: Was lehrt uns die letzte Erderwärmung. In: Spektrum der Wissenschaft 10/2011, S. 81.

8 https://www.heise.de/tp/features/Das-Eozaen-als-Modell-fuer-die-zu-erwartende-Klimaerwaermung-4534470.html

9 https://www.spektrum.de/kolumne/die-welt-wird-viel-schneller-heiss/1626358

10 https://www.spektrum.de/kolumne/die-welt-wird-viel-schneller-heiss/1626358

11 https://www.pik-potsdam.de/de/aktuelles/nachrichten/neue-

fruehwarnsignale-teile-des-groenlaendischen-eisschildes-koennten-kipppunkt-ueberschreiten

12 Vgl. u. a. Stefan Rahmstorf, Hans Joachim Schellnhuber: Der Klimawandel. Diagnose, Prognose, Therapie. München 2019.

13 https://futurezone.at/science/studie-westantarktischer-eisschild-schmilzt-unwiederbringlich/401340144

14 https://www.nature.com/articles/s41586-018-0006-5

15 https://www.nature.com/articles/s41586-021-03629-6
    https://www.spiegel.de/wissenschaft/natur/amazonas-groesster-regenwald-der-erde-wird-zur-kohlendioxid-quelle-a-d507c69c-ad8a-40cb-af1d-33ffec5010ea

16 https://www.nature.com/articles/d41586-020-00508-4

17 https://www.pik-potsdam.de/de/produkte/infothek/kippelemente/kippelemente

18 https://www.pik-potsdam.de/de/aktuelles/nachrichten/risikoanalyse-von-klima-domino-effekten-kippelemente-koennen-sich-gegenseitig-destabilisieren; https://esd.copernicus.org/articles/12/601/2021/esd-12-601-2021.pdf

19 https://esd.copernicus.org/articles/12/601/2021/esd-12-601-2021.pdf

20 https://www.zdf.de/nachrichten/heute/klima-kipppunkte-wohl-schneller-erreicht-100.html

21 https://www.pik-potsdam.de/de/produkte/infothek/kippelemente

22 Was schon heute im Permafrost Sibiriens geschieht, zeigt eindrucksvoll der Film «Erlebnis Erde: Rentiere auf dünnem Eis» von Henry Mix und Boas Schwarz, der im Februar 2021 auch in der ARD ausgestrahlt wurde.

23 http://www.bbc.co.uk/programmes/articles/1nfX6qBR3CZktzZJdjnmpdg/capturing-the-worlds-bleaching-corals

24 https://www.tagesschau.de/inland/korallen-klimawandel-101.html; https://www.nature.com/articles/nature21707; https://www.sueddeutsche.de/wissen/korallen-klimawandel-korallenriffe-retten-1.5357686

25 https://www.umweltbundesamt.de/sites/default/files/medien/publikation/long/3283.pdf, S. 14.

26 https://nachhaltig-entwickeln.dgvn.de/klimawandel/folgen-des-klimawandels/
    http://www.pik-potsdam.de/~stefan/Publications/Kipppunkte%20im%20Klimasystem%20-%20Update%202019.pdf

27 https://www.pik-potsdam.de/de/produkte/infothek/kippelemente/kippelemente

http://www.pik-potsdam.de/~stefan/Publications/
Kipppunkte%20im%20Klimasystem%20-%20Update%202019.
pdf

28 https://www.pik-potsdam.de/de/produkte/infothek/
kippelemente

29 Grafik hier zu finden: http://www.pik-potsdam.de/~stefan/
Publications/Kipppunkte%20im%20Klimasystem%20-%20Update
%202019.pdf. Seite 2.

30 https://www.forum-csr.net/News/10852/Die-wichtigste-Grafik-
der-Klimawissenschaft.html

31 Dennis Wallace-Wells: Die unbewohnbare Erde. Leben nach der
Erderwärmung. München 2019, S. 22.

32 https://www.spiegel.de/wissenschaft/natur/hitzestress-in-der-
arktis-a-b00f4658-0db5-43da-af12-2660d60ff7d0

33 https://wiki.bildungsserver.de/klimawandel/index.php/Klima%
C3%A4nderungen_in_Deutschland

34 https://scilogs.spektrum.de/klimalounge/deutschland-istschon-
2c-waermer-geworden/

35 https://www.derstandard.de/story/2000111534109/
klimaforscher-schellnhuber-wir-verbrennen-das-buch-des-
lebens

36 https://www.iea.org/reports/the-future-of-cooling

37 https://www.bmu.de/themen/gesundheit-chemikalien/
gesundheit-und-umwelt/gesundheit-im-klimawandel

38 https://www.aerzteblatt.de/archiv/209155/Ueuebersterblichkeit-
bei-Hitzewellen-in-Deutschland-Zahl-der-hitzebedingten-
Todesfaelle-zwischen-einigen-Hundert-und-vielen-Tausenden

39 https://www.report-k.de/Panorama/Deutschland-Nachrichten/
Bericht-Tausende-Hitzetote-im-Sommer-2018-118802

40 https://www.spiegel.de/wissenschaft/natur/extremregen-
wie-der-klimawandel-mit-den-ueberschwemmungen-
zusammenhaengt-a-98c195ad-c489-42da-9b44-58a6ef96223b

41 https://www.spiegel.de/kultur/peter-wohlleben-ueber-
ursachen-der-flutkatastrophe-viele-unserer-waelder-sind-
gruene-wuesten-a-642fe9a2-07a3-469a-b456-28aca2a23b45

42 https://www.pik-potsdam.de/de/aktuelles/nachrichten/
gesellschaftliche-kippmechanismen-konnen-den-durchbruch-
zur-klimastabilisierung-auslosen

43 https://www.mcc-berlin.net/forschung/co2-budget.html:
Hier tickt eine CO_2-Uhr, die den tagesaktuellen Stand zeigt.

44 https://www.dw.com/de/deutschland-bis-2038-klimaneutral-
klimawandel-experten-der-bundesregierung-empfehlen-co2-
budget-sru/a-53427340

45 https://www.fr.de/wirtschaft/klimaschutz-siegt-vor-bundes
verfassungsgericht-90481382.html
46 https://www.bundesregierung.de/breg-de/themen/
klimaschutz/klimaschutzgesetz-2021-1913672
https://www.zdf.de/nachrichten/politik/klimaschutzgesetz-
kabinett-fridays-for-future-100.html
47 https://www.zdf.de/nachrichten/wirtschaft/klimaschutz-
vermieter-co2-100.html
48 https://www.zeit.de/politik/2021-06/klimaschutzgesetz-
bundestag-klimapoltik-co2-klimaneutralitaet-nachrichten
podcast; https://taz.de/Neues-Klimagesetz-verabschiedet/
!5777935/
49 https://www.wind-energie.de/themen/zahlen-und-fakten/
deutschland/
50 https://www.diw.de/de/diw_01.c.821924.de/energieversor
gung_ausschliesslich_durch_erneuerbare_ist_moeglich_und_
sicher.html
https://www.diw.de/de/diw_01.c.821878.de/publikationen/
wochenberichte/2021_29_1/100_prozent_erneuerbare_
energien_fuer_deutschland__koordinierte_ausbauplanung_
notwendig.html
51 https://www.wirtschaftsforum.de/interviews/klimaschutz-ist-
kein-nice-to-have-es-geht-um-das-ueberleben-der-menschheit/
https://www.volker-quaschning.de
52 https://www.prognos.com/de/projekt/klimaneutrales-
deutschland-2045
53 https://ariadneprojekt.de/
54 https://ariadneprojekt.de/publikation/deutschland-auf-dem-
weg-zur-klimaneutralitat-2045-szenarienreport/
55 https://m.faz.net/aktuell/wirtschaft/klima-nachhaltigkeit/
warum-deutschland-ein-klima-kanzleramt-braucht-17580409.
amp.html
56 Vgl. Fred Langer: Eine Formel für die Zukunft. In: GEO 11/2021,
S. 88 ff.
57 https://www.derstandard.de/story/2000126553316/
desertecwo-bleibt-der-guenstige-strom-aus-der-wueste
58 Ein guter Überblick über den Stand der Diskussion um den
«grünen Wasserstoff»: https://www.deutschlandfunk.de/woher-
kommt-der-gruene-wasserstoff-kueste-oder-wueste.740.
de.html?dram:article_id=496752
59 https://www.zdf.de/nachrichten/panorama/planet-e-co2-
tresor-100.html
https://www.fr.de/wirtschaft/co2-in-der-tiefe-90058411.html

60 Ein Beispiel dafür: https://cordis.europa.eu/article/id/
206011-calcium-carbonate-looping-carbon-capture-ready-
for-precommercialdemonstration/de
61 Ein Beispiel: https://energypost.eu/extract-co2-from-our-air-
use-it-to-create-synthetic-fuels/
62 https://www.pik-potsdam.de/de/aktuelles/nachrichten/archiv-
nachrichten/2011/the-dilemma-of-geoengineerig-another-
inconvenient-truth
63 https://www.pik-potsdam.de/de/aktuelles/nachrichten/
gebaeude-koennen-zu-einer-globalen-co2-senke-werden-mit-
dem-baustoff-holz-statt-zement-und-stahl
https://www.br.de/nachrichten/kultur/bauen-fuer-die-zukunft-
das-projekt-bauhaus-der-erde,SVIqmvE
64 https://www.pnn.de/wissenschaft/potsdamer-klimaforscher-
hans-joachim-schellnhuber-was-heute-geschieht-gleicht-einem-
kollektiven-suizidversuch/22937968.html
65 https://www.umweltbundesamt.de/themen/klima-energie/
fluorierte-treibhausgase-fckw
66 https://www.umweltbundesamt.de/themen/klima-energie/
fluorierte-treibhausgase-fckw

4. So einfach könnte Klimaschutz sein – unsere Ernährung

1 https://theconversation.com/global-food-system-emissions-
alone-threaten-warming-beyond-1-5-c-but-we-can-act-now-to-
stop-it-149312
https://science.sciencemag.org/content/370/6517/705
2 https://news.stanford.edu/2020/07/14/methane-emissions-
climb/
https://iopscience.iop.org/article/10.1088/1748-9326/ab9ed2
3 Zahlen aus dem «Fleischatlas» der Heinrich-Böll-Stiftung
gemeinsam mit dem Bund für Umwelt und Naturschutz (BUND)
und der Monatszeitung «Le Monde diplomatique»: https://www.
boell.de/de/fleischatlas, S. 10.
4 Nach der bis heute üblichen Einteilung der Ernährungs- und
Landwirtschaftsorganisation der Vereinten Nationen (FAO), so
heißt es im «Fleischatlas», zählen zu den entwickelten Ländern:
Kanada, USA, Europa, die Mitgliedstaaten der GUS, Japan, Israel,
Südafrika, Australien und Neuseeland.

5 Diese und die folgenden Zahlen aus dem «Fleischatlas» der Heinrich-Böll-Stiftung, S. 22.

6 https://www.umweltbundesamt.de/themen/klima-energie/klimaschutz-energiepolitik-in-deutschland/treibhausgas-emissionen/die-treibhausgase

7 https://www.scinexx.de/service/dossier_print_all.php?dossier ID=91749

8 CO_2-Neutralität ist daher etwas anderes als Treibhausneutralität – das Erste bezieht sich nur auf emittierte CO_2-Mengen, das Zweite auf den gesamten Treibhauseffekt.

9 https://de.statista.com/statistik/daten/studie/1197941/umfrage/co2-fussabdruck-von-fleisch-fisch-und-fleisch alternativen-in-deutschland/

10 https://www.greenpeace.de/themen/landwirtschaft/fleisches lust-was-das-stuck-lebenskraft-tatsachlich-kostet. Im Internet gibt es viele Seiten, mit deren Hilfe man vergleichbare Werte für den eigenen Konsum errechnen kann, zum Beispiel: https://www.klimatarier.com/de/CO2_Rechner.

11 https://www.spiegel.de/wissenschaft/mensch/berechnung-zum-klimaeffekt-was-fleischverzicht-fuer-den-klimaschutz-bringt-a-1280923.html; https://projekt-enera.de/blog/wie-beeinflusst-fleischkonsum-den-klimawandel/

12 Zahlen aus dem «Fleischatlas» der Heinrich-Böll-Stiftung, S. 16.

13 https://de.statista.com/statistik/daten/studie/478063/umfrage/menge-der-abgeholzten-waldflaeche-im-amazonas gebiet/

14 https://de.statista.com/statistik/daten/studie/478063/umfrage/menge-der-abgeholzten-waldflaeche-im-amazonas gebiet/; https://www.tagesschau.de/ausland/amerika/regenwald-amazonas-107.html. Dazu ein kleiner Exkurs. In Afrika wurde in den vergangenen Jahren sogar noch mehr Wald gerodet als in Südamerika – allerdings weniger für Fleisch als für andere Exportgüter wie Kakao (der zu der von uns so geliebten Schokolade weiterverarbeitet wird), für Palmöl und Kautschuk (https://www.dw.com/de/korruption-palm%C3%B6ltropenholz-logging-ghana-kakao/a-54482809). Auch in Indonesien, wo noch 10 Prozent der Regenwälder der Welt wachsen, wird kräftig abgeholzt – vor allem für riesige Palmölplantagen. Aus diesem Öl entstehen viele unserer Margarinen, Shampoos und Seifen oder sogenannte Biotreibstoffe. Der angeblich klimaneutrale «Biodiesel», der beim Verbrennen genauso viel CO_2 erzeuge, wie die Pflanze vorher aufgenommen

hat, braucht ziemlich lange, bis er seine Klimaneutralität eingelöst hat: Erst nach 423 Jahren ununterbrochener Biospritproduktion auf den vom Regenwald gerodeten Flächen hat sich das Kohlendioxidkonto wieder ausgeglichen. Das haben bereits 2008 Wissenschaftler um den Ökologen David Tilman von der University of Minnesota im amerikanischen St. Paul berechnet (https://www.eurekalert.org/news-releases/820815).

15 Siehe dazu Karl Lauterbach: Die Krebs-Industrie. Wie eine Krankheit Deutschland erobert. Berlin 2015, S. 188 ff.

16 Ebd., S. 214 ff.

17 https://taz.de/Ich-mache-Solar-Grillen-mit-dem-Umweltminister/ !624461/; https://www.spiegel.de/politik/karl-lauterbach-a-40bf7cfa-0002-0001-0000-000066568035; https://taz.de/SPD-Politiker-im-Barbecue-Wahlkampf/!5159219/

18 Drei Beispiele: https://taz.de/Vegetarische-Kantine-beim-Autobauer/!5788085/; https://www.welt.de/wissenschaft/ article233055807/Fleischlos-bei-VW-Die-Currywurst-steht-fuer-den-alten-weissen-Mann.html https://www.sueddeutsche.de/panorama/volkswagen-currywurst-nachhaltigkeit-schweinefleisch-1.5377476

19 https://www.rnd.de/politik/tonnies-spenden-an-cdu-nimmtfleischkonzern-einfluss-auf-politik-XNBNJEBFTRFE3CDFRFKYOYTNXM.html; https://www.rnd.de/ politik/tonnies-spenden-an-cdu-nimmtfleischkonzern-einfluss-auf-politik-XNBNJEBFTRFE3CDFRFKYOYTNXM.html

20 «Fleischatlas» der Heinrich-Böll-Stiftung, S. 18.

21 https://twitter.com/Karl_Lauterbach/ status/1273368047403905024

22 https://www.rebelmeat.com/post/warum-wir-eine-co2-steuer-auf-lebensmittel-fordern

23 https://www.br.de/nachrichten/bayern/greenpeace-will-mercosur-handelsabkommen-stoppen,SY8n586; https:// www.bund.net/fileadmin/user_upload_bund/publikationen/ ttip_und_ceta/wirtschaft_welthandel_eu_mercosur_ reisefuehrer.pdf

24 https://www.ufz.de/index.php?de=36336&webc_pm=47/2020

25 https://www.dw.com/de/merkel-zweifelt-an-mercosur-abkommen/a-54652509

26 Die Zahlen stammen aus dem «Fleischatlas» der Heinrich-Böll-Stiftung, S. 27.

5. Eine unterschätzte Gefahr – der Wassermangel

1 Wolfram Mauser: Wie lange reicht die Ressource Wasser? Vom Umgang mit dem blauen Gold. Frankfurt am Main 2007, S. 29 ff.

2 https://www.ds.mpg.de/132572/07

3 https://www.unicef.de/informieren/aktuelles/blog/weltwassertag-2021-zehn-fakten-ueber-wasser/172968

4 https://www.unwater.org/water-facts/scarcity/

5 https://orf.at/stories/3137248/

6 https://orf.at/stories/3137248/

7 https://www.tagesspiegel.de/politik/dramatische-duerreperiode-im-krisengebiet-wenn-bei-53-grad-das-trinkwasser-knapp-wird/27466602.html
https://www.heise.de/tp/features/Khuzestan-hat-Durst-6149449.html?seite=all

8 https://www.tagesschau.de/ausland/amerika/duerre-kalifornien-109.html; https://www.tagesschau.de/ausland/duerre-kalifornien-107.html; https://www.ndr.de/fernsehen/Amerikas-Kampf-ums-Wasser-Der-neue-Goldrausch,sendung1178232.html

9 https://www.nytimes.com/2021/08/16/climate/colorado-river-water-cuts.html?referringSource=articleShare; https://edition.cnn.com/2021/08/16/us/lake-mead-colorado-river-water-shortage/index.html; https://www.spiegel.de/wissenschaft/natur/lake-mead-am-colorado-river-groesstes-wasserreservoir-der-usa-so-leer-wie-nie-zuvor-a-636b478b-44ab-4e86-be4c-3f6f60f9252e; https://www.faz.net/aktuell/gesellschaft/ungluecke/in-den-stauseen-der-usa-wird-das-wasser-knapp-17489256.html

10 https://www.ndr.de/fernsehen/Amerikas-Kampf-ums-Wasser-Der-neue-Goldrausch,sendung1178232.html

11 https://www.unesco.de/sites/default/files/2020-03/UN-Weltwasserbericht2020-web.pdf

12 https://www.wri.org/water

13 Carole Dalin u.a.: Groundwater depletion embedded in international food trade. In: Nature 543, S. 700–704. https://www.nature.com/articles/nature21403; https://www.researchgate.net/publication/315807375_Groundwater_depletion_embedded_in_international_food_trade.

14 https://www.boell.de/de/2017/01/25/iran-geht-das-wasser-aus

15 Erica Gies: Überschwemmte Felder gegen die nächste Dürre. In: Spektrum der Wissenschaft 6/18, S. 54 ff.

16 https://www.ppic.org/blog/groundwater-and-the-colorado-river/

17 Natürlich wurden auch schon früher Zitrusfrüchte im Mittelmeergebiet angebaut, aber eben nicht in diesen Mengen. Die Folgen für den Wasserverbrauch diskutiert schon das folgende Hintergrundpapier des WWF aus dem Jahr 2008: https://www.wwf.de/fileadmin/fm-wwf/Publikationen-PDF/Hintergrundpapier_Zitrusfruechte_2008.pdf. Hier wird auch bereits jene Tröpfchenbewässerung erwähnt, auf die ich später im Kapitel kurz zu sprechen komme. Es zeigt sich: Sie spart natürlich Wasser im Vergleich zu einer offenen Bewässerung. Doch wenn in einer Region übermäßig wasserintensive Kulturen angepflanzt werden, hat es auch dann gravierende Folgen für das Grundwasser.

18 https://www.energiezukunft.eu/klimawandel/spanien-trocknet-aus/
    https://www.fian.de/mitmachen/termine/detailansicht/202004-22-online-seminar-wasserkrise-in-spanien-ursachen-und-konflikte/
    https://www.spanien-reisemagazin.de/kunst-und-kultur/umwelt/spaniens-wasserproblem.html

19 https://orf.at/v2/stories/2380409/2380408/#; Lothar Frenz: Wer wird überleben? Die Zukunft von Natur und Mensch. Berlin 2021, S. 43 ff. und S. 381 ff.

20 https://www.augsburger-allgemeine.de/kultur/Journal/Umwelt-Teheran-Bangkok-Mexiko-City-Weltweit-versinken-Millionenstaedte-id53143846.html

21 https://www.nature.com/articles/s41467-020-16757-w

22 Walter Immerzeel: Wasser aus den Bergen. In: Spektrum der Wissenschaft 5/2021, S. 64 ff.

23 http://www.fao.org/aquastat/en/overview/methodology/water-use

24 https://www.zdf.de/nachrichten/heute/ein-viertel-der-welt bevoelkerung-lebt-in-laendern-mit-extremer-wasserknappheit-100.html. Seit 2021 ist Steer Präsident und Geschäftsführer des Bezos Earth Fund.

25 C. P. Kelley u. a.: Climate change in the Fertile Crescent and implications of the recent Syrian drought. In: Proceedings of the National Academy of Sciences (PNAS) 112 (2015), S. 3241–3246; https://www.pnas.org/content/112/11/3241.

26 https://www.tagesspiegel.de/politik/wasserknappheit-warum-

die-wassernot-im-nahen-osten-zu-konflikten-fuehrt/23097300.
html

27 https://www.spiegel.de/ausland/nil-staudamm-warum-
sich-aegypten-der-sudan-und-aethiopien-um-das-nilwasser-
streiten-a-0f012290-8d7d-49ef-9880-71bc832025c4?utm_
source=pocket-newtab-global-de-DE

28 https://www.nature.com/articles/s41586-019-1822-y
https://www.riffreporter.de/de/umwelt/wasser-klima-
szenario-konflikt-indien-china-gletscher-geoengineering;
https://www.welt.de/politik/ausland/article108412963/
Der-Krieg-der-Zukunft-geht-ums-Wasser.html; https://
www.ipg-journal.de/rubriken/wirtschaft-und-oekologie/
artikel/wasserschlachten-3882/

29 http://wasseraktien.de/wasser/wasser-in-china

30 https://www.deutschlandfunknova.de/beitrag/wasserknappheit-
ein-eisberg-fuer-suedafrika

31 https://reset.org/knowledge/mangelware-wasser

32 https://www.bayer.com/de/news-stories/loesungen-fuer-das-
problem-der-weltweiten-wasserknappheit

33 Mehr zum Handel mit der Mangelware Wasser in Australien und
anderswo unter folgenden Links: https://pursuit.unimelb.edu.
au/articles/how-to-undo-australia-s-epic-water-fail; https://
www.awe.gov.au/water/policy/markets/history; https://
www.deutschlandfunk.de/wasser-als-spekulationsobjekt.697.
de.html?dram:article_id=75611; http://www.murrayriver.com.
au/river-management/water-trading/; https://www.srf.ch/
news/international/wasser-als-handelsobjekt-australiens-
lebensader-blutet-aus.

34 https://dievolkswirtschaft.ch/de/2019/05/lanz-06-2019/

35 Erica Gies: Überschwemmte Felder gegen die nächste Dürre.
In: Spektrum der Wissenschaft 6/18, S. 54 ff.

36 Nick Reimer, Toralf Staud: Deutschland 2050. Wie der Klimawandel unser Leben verändern wird. Köln 2021, S. 105.

37 https://www.umweltbundesamt.de/themen/trockenheit-in-
deutschland-fragen-antworten

38 Nick Reimer, Toralf Staud: Deutschland 2050. Wie der Klimawandel unser Leben verändern wird. Köln 2021, S. 109.

39 https://www.helmholtz.de/erde-und-umwelt/wasserwirtschaft-
im-globalen-wandel/

40 Ein paar Beispiele: Weltbank und PIK erwarten bis 2050 mehr
als hundert Millionen Klimamigranten, Greenpeace bis 2040
bis zu zweihundert Millionen. https://www.pik-potsdam.de/de/
aktuelles/nachrichten/weltbank-bericht-mit-pik-klimawandel-

kann-millionen-menschen-zu-migranten-machen; https://www.
greenpeace.de/presse/presseerklaerungen/200-millionen-
klimafluchtlinge-bis-2040.

41 https://www.theguardian.com/environment/ng-interactive/
2021/oct/14/climate-change-happening-now-stats-graphsmaps-
cop26

42 https://www.spiegel.de/panorama/waldbraende-in-frankreich-
griechenland-italien-portugal-tausende-menschen-fliehen-a-
b8747d21-0844-4c81-af98-cf18b98eb2d4

43 https://www.handelsblatt.com/technik/medizin/hirnerkrankung-
durch-schlechte-luft-macht-feinstaub-uns-anfaellig-fuer-
alzheimer/14506824.html?ticket=ST-6948464-w3OfhBwTkMo
3qqMVecvf-ap4

44 Es ist auch erstaunlich, dass noch immer so viele Menschen sich
dem Risiko aussetzen, das schlecht belüftete Kamine bedeuten. Oft
entweicht Feinstaub aus dem Kamin in den Innenraum. In Wohn-
gegenden mit vielen Kaminöfen oder Kaminfeuern ist die Feinstaub-
konzentration häufig bedenklich hoch. Das Gleiche gilt natürlich
an viel befahrenen Straßen. Die beschriebenen gesundheitlichen
Konsequenzen des Feinstaubs kann man noch in einer Entfernung
von zweihundert Metern an stark frequentierten Straßen eindeutig
nachweisen.

45 Siehe zum Beispiel: https://www.cleanenergy-project.de/
technologie/wissenschaft/almeria-das-herz-der-spanischen-
solarenergie/; https://www.sens-energy.com/de/sens-baut-
180-mw-anlage-in-andalusien.

6. Und das war erst der Anfang –
kommende Pandemien

1 Zahl der Coronatoten weltweit und in Deutschland (Stand
19. November 2021): https://covid19.who.int/. SARS-CoV-2
ist der offizielle Name für das neuartige Coronavirus, das im
Januar 2020 erstmals in China identifiziert wurde. Wenn ich hier
von Corona oder dem Coronavirus spreche, meine ich damit
SARS-CoV-2. Das Virus ist der Erreger der Covid-19-Infektions-
erkrankung, die zum ersten Mal Ende 2019 – ebenfalls in China –
diagnostiziert wurde. Das Virus heißt also SARS-CoV-2, die zuge-
hörige Krankheit Covid-19.

2 https://www.welt.de/wirtschaft/article231305853/IW-

Koeln-Corona-Krise-kostet-Deutschland-fast-300-Milliarden-
Euro.html
https://www.oeaw.ac.at/detail/news/wer-soll-das-alles-
bezahlen
https://www.zdf.de/nachrichten/politik/corona-kosten-scholz-
interview-100.html
3 https://de.statista.com/statistik/daten/studie/1251/umfrage/
entwicklung-des-bruttoinlandsprodukts-seit-dem-jahr-
1991/
4 https://apps.who.int/gpmb/assets/annual_report/2020/
GPMB_AWID_ES_2020_EN.pdf, S. 5. Zum Vergleich: Im
Jahr 2020 betrug das weltweite BIP rund fünfundachtzig
Billionen US-Dollar (https://de.statista.com/statistik/daten/
studie/159798/umfrage/entwicklung-des-bip-bruttoinlands
produkt-weltweit/).
5 https://www.theguardian.com/global-development/2019/
sep/18/a-deadly-virus-could-kill-80-million-people-in-hours-
experts-warn
6 Vgl. Daniel R. Brooks, Eric P. Hoberg, Walter A. Boeger: The
Stockholm Paradigm. Climate Change and Emerging Disease.
Chicago/London 2019, S. 2.
7 https://www.nejm.org/doi/10.1056/NEJMoa030747
8 Hier als Download: https://dserver.bundestag.de/btd/17/120/
1712051.pdf. Erstaunlicherweise wird in diesem Bericht
zum Bevölkerungsschutz auch ausführlich die Bedrohung
durch extremes Schmelzhochwasser aus den Mittelgebirgen
analysiert. Aus heutiger Sicht wäre das eine Steilvorlage für
präventive Schutzmaßnahmen gewesen, die auch bei extremen
Sturzregen wie im Sommer 2021 hätten helfen können.
9 Das RKI erstellte den Nationalen Pandemieplan nicht zuletzt
aufgrund dieses Szenarios: https://www.rki.de/DE/Content/
InfAZ/N/Neuartiges_Coronavirus/ZS/Pandemieplan_
Strategien.html. Dem Bundestag wurde 2017 eine weitere
Drucksache vorgelegt: https://dserver.bundestag.de/
btd/19/095/1909520.pdf.
10 Studien zu SARS-CoV-1, dem ersten Coronavirus also, zeigten
bereits, wie der Körper der Infizierten auch langfristig beschä-
digt wurde, selbst bei jungen Menschen, die nur kurze Zeit
infiziert waren. Das beunruhigte mich zwischenzeitlich schon.
Dieses Phänomen ist in Bezug auf das zweite Coronavirus mittlerweile als Long-Covid bekannt.
11 https://www.tagesschau.de/inland/sterberate-corona-
vergleich-101.html

12 Mehr zur 2G-Regel («Geimpft und genesen») auf der folgenden Seite des Bundesministeriums für Gesundheit: https://www.zusammengegencorona.de/informieren/alltag-und-reisen/aktuelle-regelungen/.

13 Auf dieser Seite des RKI lässt sich für jeden einzelnen Tag seit dem 4. März 2020 das Infektionsgeschehen in Deutschland nachverfolgen: https://www.rki.de/DE/Content/InfAZ/N/Neuartiges_Coronavirus/Situationsberichte/Gesamt.html.

14 Auf dieser Website werden die weltweiten Impffortschritte täglich aktualisiert: https://ourworldindata.org/covid-vaccinations?country=OWID_WRL.

15 https://www.spiegel.de/wissenschaft/corona-mutation-wissenschaftler-warnen-vor-ay-3-a-45ecb9cc-7b5d-4099-9884-63991fee53e8

16 So ist das ursprüngliche Coronavirus in Großbritannien zur Alpha-, in Indien zur Delta-Variante mutiert – und aus Letzterer ist nun eben die Delta-AY.3-Variante entstanden.

17 Wer sich für die Hintergründe interessiert, dem seien diese beiden Texte empfohlen: https://www.newscientist.com/article/mg24933283-600-as-coronavirus-variants-evolve-how-much-more-dangerous-can-they-get/#ixzz6rLqc2C00; https://www.spektrum.de/news/varianten-wie-das-coronavirus-noch-mutieren-kann/1911421?utm_medium=newsletter&utm_source=sdw-nl&utm_campaign=sdw-nldaily&utm_content=heute

18 https://www.medrxiv.org/content/10.1101/2021.08.08.21261768v2

19 https://journals.asm.org/doi/10.1128/JVI.02219-09; https://wwwnc.cdc.gov/eid/article/11/12/04-1293_article

20 https://www.sciencedirect.com/science/article/pii/S2052207518300842

21 Vgl. etwa https://blogs.egu.eu/divisions/cl/2020/03/16/corona/https://www.acmicrob.com/microbiology/the-impact-of-climate-change-and-other-factors-on-zoonotic-diseases.php?aid=220. Über die Auswirkungen des Wildtierhandels mehr in den Büchern von Lothar Frenz, «Lonesome George oder Das Verschwinden der Arten» (Berlin 2012) und «Wer wird überleben? Die Zukunft von Natur und Mensch» (Berlin 2021).

22 https://www.echo24.de/baden-wuerttemberg/heilbronn-asiatische-tigermuecke-info-lga-freiburg-bekaempfung-gesundheitsamt-zr-90888280.html

23 https://www.spektrum.de/pdf/spektrum-kompakt-moderne-seuchen/1669158; https://www.deutsche-apotheker-zeitung.

de/news/artikel/2020/09/11/weitere-infektionen-mit-west-nil-virus-in-deutschland.

24 https://www.zeit.de/wissen/umwelt/2016-08/russland-sibirien-anthrax-rentiere-kind-milzbrand
https://www.geo.de/natur/oekologie/23609-rtkl-gefahr-aus-dem-eis-viren-und-bakterien-werden-durch-den-auftauenden

25 Terrence Tumpey u. a.: Characterization of the Reconstructed 1918 Spanish Influenza Pandemic Virus. In: Science 310, 5745 (2005), S. 77–80.

26 https://www.wienerzeitung.at/nachrichten/wissen/natur/2063352-Alte-Krankheiten-lauern-im-tauenden-Eis.html;
https://www.aerztezeitung.de/Panorama/Rueckkehr-alter-Seuchen-durch-tauenden-Permafrostboden-410110.html

27 https://www.nature.com/news/giant-virus-resurrected-from-30-000-year-old-ice-1.14801

28 https://www.theatlantic.com/science/archive/2017/11/the-zombie-diseases-of-climate-change/544274/; https://www.smithsonianmag.com/smart-news/microbiologists-keep-finding-giant-viruses-melting-permafrost-180956647/?no-ist;
http://www.bbc.com/earth/story/20170504-there-are-diseases-hidden-in-ice-and-they-are-waking-up

29 IPBES steht für Intergovernmental Platform on Biodiversity and Ecosystem Services, auf Deutsch: Zwischenstaatliche Plattform für Biodiversität und Ökosystemleistungen.

30 https://ipbes.net/sites/default/files/2020-12/IPBES%20Workshop%20on%20Biodiversity%20and%20Pandemics%20Report_0.pdf, S. 11. Diese Zahlen gehen auf eine Studie im angesehenen Wissenschaftsmagazin «Science» zurück:
https://science.sciencemag.org/content/359/6378/872.

31 https://ipbes.net/sites/default/files/2020-12/IPBES%20Workshop%20on%20Biodiversity%20and%20Pandemics%20Report_0.pdf, S. 18.

32 https://www.washingtonpost.com/news/innovations/wp/2015/02/18/the-weird-way-that-climate-change-could-lead-to-new-disease-outbreaks-around-the-world/

33 Einen ersten Impfstoff gegen Malaria hat die Weltgesundheitsorganisation WHO jüngst zugelassen – nach Jahrzehnten der Forschung: https://www1.wdr.de/nachrichten/malaria-impfstoff-kinder-100.html; https://www.aerzteblatt.de/nachrichten/127913/Malariabekaempfung-Durchbruch-moeglich-Experten-pruefen-Impfstoff.

7. Ende des Routinebetriebs –
die Zukunft und ihre Zumutungen

1   https://www.spiegel.de/politik/deutschland/coronavirus-
    die-selbst-verschuldete-welle-a-0bcc4164-98e3-4aa6-b267-
    6e6209d1ea51
2   Hintergrundinformationen zur COP26 hat die Bundeszentrale
    für politische Bildung zusammengestellt: https://www.bpb.de/
    politik/hintergrund-aktuell/342741/cop-26-un-klimakonferenz-
    in-glasgow. Von dort aus gelangt man unter anderem zum
    Abschlusspapier der Konferenz: https://unfccc.int/sites/
    default/files/resource/cma2021_L16_adv.pdf.
3   https://www.tagesschau.de/ausland/indien-klimaziel-101.html
4   https://www.faz.net/aktuell/politik/ausland/tausende-
    menschen-weltweit-demonstrieren-fuer-klimaschutz-
    17622083.html
5   https://www.unep.org/news-and-stories/press-release/
    updated-climate-commitments-ahead-cop26-summit-fall-far-
    short-net
6   https://www.zdf.de/nachrichten/panorama/klima-
    erderwaermung-prognose-klimakonferenz-100.html
7   https://www.nature.com/articles/s41558-021-01206-3
    https://www.spiegel.de/wissenschaft/mensch/modellierung-
    zum-emissionsausstoss-die-erde-koennte-sich-bis-2100-um-2-
    9-grad-erwaermen-a-b5641779-f1f7-4c2f-84d4-5aebc2cb203b
8   https://www.bmu.de/fileadmin/Daten_BMU/Pools/
    Broschueren/klimaschutz_zahlen_2020_broschuere_bf.pdf,
    S. 6.
9   https://de.statista.com/statistik/daten/studie/179260/
    umfrage/die-zehn-groessten-c02-emittenten-weltweit/
10 https://www.spektrum.de/news/energiewende-was-chinas-
    kohleversprechen-leisten-kann/1932049; https://www.
    energiezukunft.eu/wirtschaft/chinas-rueckzug-aus-der-
    globalen-kohlefinanzierung/
11 Schon 2016 galt China als «Weltmeister der erneuerbaren
    Energien» wegen der enormen Energiemengen, die dort bereits
    durch Wind- und Solarkraft erzeugt wurden – auch wenn da
    noch zwei Drittel der Energie aus Kohle stammten. https://
    internationalepolitik.de/de/china-trippelschritte-die-richtige-
    richtung.
12 https://www.deutschlandfunkkultur.de/klima-polizei-im-orbit-
    satelliten-messen.976.de.html?dram:article_id=456775;
    https://www.en-former.com/ein-eu-satellit-soll-die-weltweiten-

co%E2%82%82-emissionen-genauer-messen/; https://www.
laborpraxis.vogel.de/kohlendioxid-messung-aus-dem-all-a-
909028/

13 https://www.tagesschau.de/ausland/amerika/un-klimaziele-
verfehlt-erderwaermung-101.html; https://www.unep.org/
resources/emissions-gap-report-2021

14 https://www.br.de/wissen/nudging-verhalten-Gewohnheiten-
leichter-veraendern-100.html

Zum Weiterlesen

Die folgenden Werke möchte ich zur vertiefenden Lektüre empfehlen. Sie beleuchten Hintergründe zu den Themen dieses Buches und verknüpfen sie auf vielfältige Weise. So zeigen sie, wie Klimawandel, kommende Pandemien und die Biodiversitätskrise zusammenhängen, was auf Politik und Gesellschaft zukommt und welchen gewaltigen Herausforderungen wir uns stellen müssen – in der Praxis, aber auch in unserem Denken. Manche der Bücher provozieren mit Thesen, die man nicht teilen muss – anregend sind sie dennoch, weil sie wichtige Fragen stellen. Die Auseinandersetzung mit ihnen trägt dazu bei, für die anstehenden Aufgaben gerüstet zu sein.

Frank Adloff, Sighard Neckel (Hrsg.): Gesellschaftstheorie im Anthropozän. Frankfurt am Main 2020.

Christoph Bonneuil, Jean-Baptiste Fressoz: The Shock of the Anthropocene. The Earth, History and Us. London, New York 2017.

Daniel R. Brooks, Eric P. Hoberg, Walter A. Boeger: The Stockholm Paradigm. Climate Change and Emerging Disease. Chicago, London 2019.

Eric Chivian, Aaron Bernstein: Sustaining Life. How Human Health Depends on Biodiversity. Oxford 2008.

David Christian: Big History. Die Geschichte der Welt vom Urknall bis zur Zukunft der Menschheit. Übersetzt von Hainer Kober. München 2018.

Paul J. Crutzen: Das Anthropozän. Schlüsseltexte des Nobelpreisträgers für das neue Erdzeitalter. Herausgegeben von Michael Müller. München 2019.

Tim Flannery: Wir Wettermacher. Wie die Menschen das Klima verändern und was das für unser Leben auf der Erde bedeutet. Übersetzt von Hartmut Schickert. Frankfurt am Main 2006.

Jonathan Franzen: Wann hören wir auf, uns etwas vorzumachen? Gestehen wir uns ein, dass wir die Klimakatastrophe nicht verhindern können. Übersetzt von Bettina Abarbanell. Hamburg 2020.

Lothar Frenz: Aha! Eis, das brennt – und andere verblüffende Phänomene. Reinbek bei Hamburg 2011.

Lothar Frenz: Lonesome George oder Das Verschwinden der Arten. Berlin 2012.

Lothar Frenz: Wer wird überleben? Die Zukunft von Natur und Mensch. Berlin 2021.

Matthias Glaubrecht: Das Ende der Evolution. Der Mensch und die Vernichtung der Arten. München 2019.

Matthias Glaubrecht, Annette Kinitz, Uwe Moldrzyk: Als das Leben laufen lernte. Evolution in Aktion. München 2007.

Fred Guterl: The Fate of the Species. Why the Human Race May Cause Its Own Extinction and How We Can Stop It. New York 2012.

Yuval Noah Harari: Eine kurze Geschichte der Menschheit. Übersetzt von Jürgen Neubauer. München 2011.

Yuval Noah Harari: Homo Deus. Eine Geschichte von Morgen. Übersetzt von Andreas Wirthensohn. München 2017.

Yuval Noah Harari: 21 Lektionen für das 21. Jahrhundert. Übersetzt von Andreas Wirthensohn. München 2018.

Stephen Hawking: Eine kurze Geschichte der Zeit. Übersetzt von Hainer Kober. Reinbek bei Hamburg 1988.

Stephen Hawking, Roger Penrose: Was sind Raum und Zeit? Übersetzt von Claus Kiefer. Stuttgart 2021.

Sabine Hossenfelder: Das hässliche Universum. Warum unsere Suche nach Schönheit die Physik in die Sackgasse führt. Übersetzt von Gabriele Gockel und Sonja Schuhmacher. Berlin 2018.

Stefan H. E. Kaufmann: Wächst die Seuchengefahr? Globale Epidemien und Armut: Strategien zur Seucheneindämmung in einer vernetzten Welt. Frankfurt am Main 2008.

Philipp Kohlhöfer: Pandemien. Wie Viren die Welt verändern. Frankfurt am Main 2021.

Elizabeth Kolbert: Wir Klimawandler. Wie der Mensch die Natur der Zukunft erschafft. Übersetzt von Ulrike Bischoff. Berlin 2021.

Mojib Latif: Heißzeit. Mit Volldampf in die Klimakatastrophe und wie wir auf die Bremse treten. Freiburg 2020.

Karl Lauterbach: Die Krebs Industrie. Wie eine Krankheit Deutschland erobert. Berlin 2015.

Karl Lauterbach: Der Zweiklassenstaat. Wie die Privilegierten Deutschland ruinieren. Berlin 2007.

Graeme Maxton: Change! Warum wir eine radikale Wende brauchen. Übersetzt von Nina Sattler-Hovdar. München/ Grünwald 2018.

Graeme Maxton, Maren Urner, Felix Austen: Globaler Klimanotstand. Warum unser demokratisches System an seine Grenzen stößt. Übersetzt von Nina Sattler-Hovdar. München 2020.

Graeme Maxton, Bernice Maxton-Lee: Fuck the System. Was Covid-19 uns lehrt und warum die liberale Demokratie uns bei der Klimakrise nicht weiterhilft. Übersetzt von Nina Sattler-Hovdar. München 2021.

Dennis Meadows: Die Grenzen des Wachstums. Bericht des Club of Rome zur Lage der Menschheit. Übersetzt von Hans-Dieter Heck. Stuttgart 1972.

Roger Penrose: Zyklen der Zeit. Eine neue ungewöhnliche Sicht des Universums. Übersetzt von Thomas Filk. Heidelberg 2011.

Christoph Podewils: Deutschland unter Strom. Unsere Antwort auf die Klimakrise. München 2021.

David Quammen: Die neuen Seuchen. Übersetzt von Sebastian Vogel. München 2013.

Stefan Rahmstorf, Hans Joachim Schellnhuber: Der Klimawandel. Diagnose, Prognose, Therapie. München 2019.

Jorgen Randers: 2052. Der neue Bericht an den Club of Rome: Eine globale Prognose für die nächsten 40 Jahre. Übersetzt von Annette Bus u. a. München 2012.

Jorgen Randers, Graeme Maxton: Ein Prozent ist genug. Mit wenig Wachstum soziale Ungleichheit, Arbeitslosigkeit und Klimawandel bekämpfen. Übersetzt von Gabriele Gockel und Sonja Schuhmacher. München 2016.

Nick Reimer, Toralf Staud: Deutschland 2050. Wie der Klimawandel unser Leben verändern wird. Köln 2021.

Hans Joachim Schellnhuber: Selbstverbrennung: Die fatale Dreiecksbeziehung zwischen Klima, Mensch und Kohlenstoff. München 2015.

Vaclav Smil: Global Catastrophes and Trends. The Next Fifty Years. Cambridge/Mass., London 2012.

Jörg Sommer, Michael Müller (Hrsg.): Unter 2 Grad? Was der
    Weltklimavertrag wirklich bringt. Stuttgart 2016.
Max Tegmark: Unser mathematisches Universum. Auf der Suche
    nach dem Wesen der Wirklichkeit. Übersetzt von Hubert
    Mania. Berlin 2015.
Max Tegmark: Leben 3.0. Mensch sein im Zeitalter Künstlicher
    Intelligenz. Übersetzt von Hubert Mania. Berlin 2017.
Claudia Traidl-Hofmann, Katja Trippel: Überhitzt. Die Folgen
    des Klimawandels für unsere Gesundheit. Berlin 2021.
David Wallace-Wells: Die unbewohnbare Erde. Leben nach
    der Erderwärmung. Übersetzt von Elisabeth Schmalen.
    München 2019.
Edward O. Wilson: Der Wert der Vielfalt. Die Bedrohung des
    Artenreichtums und das Überleben des Menschen. Übersetzt
    von Thorsten Schmidt. München 1995.